意味解釈の
マーケティング

人間の学としての探究

武井 寿［著］

Marketing for Meaning Interpretation
Hisashi Takei

東京 白桃書房 神田

はしがき

1. 研究の目的

　マーケティングの研究に携わったことのある者であれば誰でも，消費という行為が人間の生き方を映し出しているのではないかという問いをもったことがあると思う．それは個人としての行動に対しても，集団の行動についても発することのできる問題意識であろう．逆の視点からみれば，消費を購買と使用という商品やサービスのもつ効用の消滅の過程と考えるのではなく，消費が人間の生きることに与える影響を基軸として，創造的な「生」をつくり出すことに寄与する行為と認識することができる．そのために必要なことは消費における「意味（meaning）」の生成と展開について考えることである．本書は前著『解釈的マーケティング研究―マーケティングにおける「意味」の基礎理論的研究―』（白桃書房，1997年）の問題意識と内容をひき継ぎ，発展させることによって，消費者の生活世界を探究し，「生きる」ことの目的や意味とのつながりのなかで，消費のあり方をマーケティングの立場から考察することをさらに進める意図をもってまとめた研究書である．

　「意味」を問うというメタフィジカルな問題設定の利点はいくつか考えられる．第1に，「無意識」の心理のような重要ではあるが，いまだ十分に解明されていない研究領域やアプローチの存在を意識させることである．容易には捉えにくい対象について，深く考えようとする動機づけを研究者に与えるともいえよう．第2に，日常生活をおくるヒトの生活世界に目を向けることである．ヒトは同じような毎日の暮らしを経験するなかで，「意味」を考えることを契機として他者とは異なる生活世界に生きる意義に目を向ける．これは主観性の本質についての探究ともいえよう．第3に，学問としての「認識」を問うこと，あるいは問い直すことである．マーケティング研究のなかで「意味」を探ることは，市場や，それを構成する消費者をどのようなものと認識するかという問題と直結する．また，

それは企業や消費の存在をどのように把握するかという疑問とも関連しよう.

マーケティングにおける文献や論文を発表し,「意味」という課題に正面から, 最も長期にわたって取り組んできた研究者がS. J. Levyであった. その初期の研究成果は1950年代に著されており, 60年に及ぶ蓄積を重ねている. 代表的著作であるS. J. Levy, *Marketplace Behavior* (Amacom, 1978) は, 当時の支配的研究方法としての行動科学的アプローチに基づくものであった. その後に発表された論文などは, その時々のマーケティング研究と実践の重要なテーマを適切に指摘するものであった. 本書のなかで詳しく述べるように, 彼の社会調査の専門機関での経験と, アカデミックとしての経歴は相まって, その主張を極めて鋭く, 説得的な内容としている. Levyの究極の問題意識は, 消費者のモチベーションとパーセプション (知覚) の相互作用の解明にあり, そこから派生した製品やブランドが人々の「生」を象徴化する意味あいと, 人々が語るストーリーを知ることにあったと考えられる. 彼は今日までのマーケティングのなかで質的研究の本質を探り, その方法の具体化を論じた最も優れた研究者といえよう. 本書の目的あるいは支柱のひとつは, Levyの研究を整理し, その内容を紹介することによって, マーケティング研究の現状を知り, その課題を方法を中心として明らかにすること, ならびに認識や存在も含めたマーケティング研究のあり方を探ることにある.

マーケティングにおける「意味」の研究は, 1980年代初頭に消費者研究のパラダイム革新を伴って大きな進展を見せた. それは1982年のM. B. HolbrookとE. C. Hirschmanの論文を契機とした一連の研究であった. それは今日まで消費者研究 (consumer research) として研究の系譜を形造っている. その特色といえるのは, 解釈学的方法, 解釈的手法を通じて「意味」を探ることにあり, それが人の「経験」を対象としていることであった. 消費者の行動という現象を因果論を中心として説明するという実証的方法の規範とは異なり, これは対象をより深く理解することに重きを置いた解釈の方法である. そのために, 対象 (相手) の存在をトータルに, 丸ごとつかむための工夫がいろいろとなされる. 文脈 (コンテクスト) を踏まえた理解はそのための重要な方法のひとつであり, また, 参与

観察に代表される研究者が身体や視点を移動させての観察や認識の進展を図る方法もある．またエンパシー（感情移入）の重要性も指摘された．Holbrookらの研究は消費におけるhedonismの探究と称されたが，それは節約的消費という産業社会での伝統的ノーム（規範）を越えて，人間としての楽しさを消費理論のなかに適切に位置づけようとする狙いがあったように思われる．情動（emotion）という概念が頻度高く使用されるようになったのも，この時期以降であった．

　ヒドニズム（hedonism）はマネジリアルな観点から商品の分類枠組みとしても使用されている．消費の人間的側面あるいは解釈への注目が研究の方法論という観点から重要であると考えられるのは，マーケティング研究において，存在論，認識論，価値論，方法論などについての本格的議論を招来したことである．とくに，存在や認識についての論考が，それまでのマーケティング研究では手薄であったことは否めないといえよう．こうした進展のもつマーケティング研究上の意義はつぎのように要約できる．①消費の捉え方を中心として学問の厚みを増した，②哲学，歴史，文化などの人文系の学問との接点に目を向けることの必然性に気づいた．前著ではHolbrookらの研究を中心として，その内容の紹介を行うことに努めたが，本書ではそれ以降の2000年代までの消費者研究のさまざまな発展について文献と論文に依拠して論述することを目的とした．

　つぎに，20世紀において最も大きく発展した学問と評される認知科学（cognitive science）に関連した内容について，その歴史的展開も含めて触れることを目的とした．認知科学は知的存在と外界との相互作用を研究する学問であるが，その範囲は哲学，言語学，人類学，コンピュータ科学，神経科学など多岐にわたっており，実に奥深いものといえる．マーケティング領域では，1970年代後半以降の消費者行動研究のなかでの情報処理の研究として紹介されることが多いが，かつての行動科学と同様に，認知科学の考えと手法を応用した研究はマーケティングの多くの領域に浸透し，現代マーケティングの方法的基盤を形造っていると考えられる．そして，「認識」あるいは「知る」ということの本質とメカニズムを探る認知科学についてさらに学ぶことによって，マーケティングとして考察を加えるべき領域が明らかになると思われる．既述の「意味」や「解釈」とい

った内容もその例外ではない．

　本書は，広い意味では，コミュニケーション分野に関係するものであり，筆者のマーケティングにおける問題意識もそこにある．ヒトの経験を媒介とした情報の意味の広がりは多様で，イマジネーションの面白さや，人間のもつ創造力の豊かさを感じさせる．これは語，文章，ストーリーなどの水準のすべてに当てはまるように思われる．Levy, Holbrook, Hirschman らは，いずれも，ヒトを外界に向けて動かす情報というよりは，ヒトの内側に向かう情報（イメージ）の働きに強い関心を抱き，そこに人間の知的イマジネーションの源を発見していたのかもしれない．本書では，意味の解釈をつうじた対象（相手）の「理解」に関する結論的部分においてリフレクションを経た「存在論的理解」という主客一体の様式を提起することを試みた．これはマーケティングの解釈論者の主張する一元的理解に関する，筆者の一応の到着点となったものである．内側に向かう思考としてのリフレクションの示唆する意義は大きいと感じられ，それは日本文化における「思考」の深層と通底するように思う．

　意味解釈を主題としたマーケティングにおいて取りあげるべきテーマの標準形はない．本書では Levy, Holbrook, Hirschman，そして J. O'Shaughnessy などの研究業績に依拠して，各章で詳しく論じるテーマの選択を行った．それらは研究者たちが今後のマーケティングで重要であると判断している項目であると考える．消費者や顧客について深く知るという共通的課題はあるものの，本書で論じる意味解釈や理解の方法は，マネジメント・サイクルでいうコントロール（制御）の思想に乏しく，解釈や理解の方向性も消費者に向けてのものを再度研究者たちが内面に向けて吟味し，意義を確認するという，むしろ内に向かうイメージを重視する点が通常のマーケティング体系とは異なるといえる．本質はどこにあるか，重要なことは何かを原点に戻って徹底して考えるモメンタム（momentum）をマーケティング思考のなかに導入しようとすることが，意味解釈のマーケティングの目的のひとつである．

　以上のように，本書は，1980年代初頭に発表された Holbrook と Hirschman の論文を契機として成長した消費者研究，ならびにその基盤の上に立つ意味解釈のマーケティングの誕生と今日までの発展を，関連文

献や論文を中心として年代を追って詳述し，マーケティング現象を人間的側面に焦点を当てて整理し，理解するための新たな理論体系や，概念，方法等について論ずること，ならびに人間としての消費者を深く識るための学の展開について関連学問領域の研究成果を交えて説明することを目的とした文献である．

2. 研究の内容と執筆の経緯

　つぎに，本書の編成と各章の狙い，ならびに各章で素材としたものについて説明したい．

　本書は全体で11章で構成されている．

　第1章では，本書の問題意識とその学問的意義，関連学問領域とのつながりなどをLevyやO'Shaughnessyなどの所説に基づき論述し，あわせて意味解釈の技術的側面に触れた．本章の内容の基盤となったものは拙稿「マーケティングにおける意味解釈の理論的基盤と技法」『早稲田商学』（第436号，早稲田商学同攻会2013年6月）である．

　第2章では，マーケティング，とりわけ消費者研究において1980年代以降に見られた認識方法の広がりについて，相対主義，ナチュラリスティック・インクワイアリー，人文主義の観点から説明し，さらに消費者研究の学問的位置づけへの観点を論じた．本章の内容は，拙著『解釈的マーケティング研究』（白桃書房，1997）の第1章と第2章を中心に，削除，加筆など大幅な修正を行って新たな章としてまとめたものである．

　第3章では，消費における経験と意味についての基礎的かつ応用的研究の系譜と内容について，記号論，HolbrookとHirschmanによるヒドニズムの研究体系，Levyのマーケティング・ダイアローグに関する所説，言語学を応用した研究，認知科学の基本，人間の内面的価値を探るための方法などに関する説明を中心として論述した．本章の内容は，『解釈的マーケティング研究』の第6章と第7章を中心に，削除，加筆など大幅な修正を行って新たな章としてまとめたものである．

　第4章では，「解釈」や「理解」について基礎的研究の内容を主に社会学の研究成果を中心として歴史的展開も含めて紹介し，マーケティングへの応用のなかで留意すべき事柄，ならびにL. A. HudsonとJ. L. Ozanne

による存在論，価値論，認識論という3つの次元から見た場合の当該方法論に基づくマーケティング研究の特色を実証主義との比較のもとに説明した．本章の内容は，『解釈的マーケティング研究』の第8章と第9章を中心に，削除，加筆など大幅な修正を行って新たな章としてまとめたものである．

　第5章では，認知科学の発展を1950年代以降から跡づけ，その基礎となる考え方，「意味」へのアプローチなどを論じ，さらに90年代前半までに発表された消費者研究を中心としてマーケティングにおける「意味」の研究の方法や手順について説明した．とりわけ文脈（コンテクスト）を焦点とした意味創造の過程に焦点をあてた．また，解釈学的手法を応用したマーケティングでの「意味」の研究の特色について指摘した．さらに消費者が表現する意味の背景を理解するうえでの文化的要因に触れた研究にも言及した．そして，意味解釈の技術的側面として，エスノグラフィーの方法，視聴覚機器を活用したもの，内観法について海外の諸研究を引用して説明した．本章の内容の基盤となったものは拙稿「マーケティングにおける「意味」研究の理論と技法」『早稲田商学』（第384号，2000年3月）である．

　第6章では，1990年代後半の消費者研究に関連した諸研究に依拠して，マーケティングにおけるポストモダニズムの潮流とその影響について論述した．とりわけ，詳細な内容を備えたA. F. FiratとA. Venkateshの研究に注目した．そして，経済以外の次元へのマーケティング研究者の関心の高まり，規範的内容を焦点とした研究，ディスコースやダイアローグなどの概念の重要性をさまざまな研究を用いて指摘した．本章の内容の基盤となったものは拙稿「マーケティングにおけるポストモダニズムの潮流」『早稲田商学』（第396号，2003年3月）である．

　第7章では，解釈的特質をもつマーケティング研究のアプローチのひとつとして，消費者の生活世界の意味や価値を探るための記述と分析のフィールドワークの方法としてのエスノグラフィーの展開について論じた．内容的にはマーケティング研究者，社会学者，文化人類学者などの所説を用いて，フィールド・リサーチの研究系譜も包摂して論じた．本章の内容は『解釈的マーケティング研究』の第13章を中心に，第10章の一部を統合

し，削除，加筆などの修正を行って新たな章としてまとめたものである．

　第8章では，本書の結論的部分で主張するマーケティングにおける存在論的理解を構想する際の重要な枠組みともなると考えられるクリニカル・アプローチ（臨床的接近）について，購買行動の研究，情報を用いた認識の形成のメカニズム，広告コミュニケーション，人類学的研究と精神医学の対比，E. H. Scheinを中心とした組織とコンサルテーションの研究，共感法などの観点から幅広く論じた．対象について深く知ることを目的とする手法の開発をそれぞれの専門領域で工夫するという特質のために，卓越した個人の力量を背景とした研究成果が認められる内容となっている．本章の内容は『解釈的マーケティング研究』の第14章を中心に，第2章と第10章の一部を統合し，削除，加筆などの修正を行って新たな章としてまとめたものである．

　第9章では，2000年代の消費者研究の発展を跡づけるとともに，「意味」研究と関連が深いと考えられる反射，反映，内省などを表すリフレクションについて，心理学，哲学，社会学などの研究も参照することによって考察した．この時期の消費者研究は内容の深まりを見せており，消費を「生」とのかかわりで研究した貴重な成果を指摘できる．またリフレクションについては学問分野によって多様な研究があり，今後のマーケティング研究に示唆を与える点が少なくない．本章では，リフレクションの本質の探究，ならびにマーケティングとのかかわりを中心として論じた．本章の内容の基盤となったものは拙稿「マーケティングにおけるリフレクション研究の意義」『早稲田商学』（第405号，2005年9月）である．

　第10章では，ひき続いて2000年代の消費者研究の動向を整理するとともに，解釈的行為のなかでよく使用される「移転」を原義とした比喩的表現のメタファーについて，言語学，心理学，認知科学の研究なども参照して説明した．とくに隣接学問領域としての組織論に当該分野にかかわる優れた研究成果があるため，参考とした．消費者研究との関連では，2000年代前後から数多くの注目すべき業績が著されている．体系的研究としてはG. Zaltmanを中心とした理論と技法があり，これについて詳しく論じた．本章の内容の基盤となったものは拙稿「マーケティングとメタファー」『早稲田商学』（第413・414合併号，2007年12月）である．

第11章では，本書の狙いと意図を最終的に確認し，各章のポイントを示すことによって論旨を整理した．そして，本書の結論と課題を，意味解釈で対象とすべき事柄，存在論的理解を図るための認識の規範，意味解釈をより効果的にするための演出的技法，意味解釈の意義として論述した．本章は本書執筆の機会に書き下したものである．

　そして，本書の主題目を『意味解釈のマーケティング』として，副題目に当該マーケティングの学問的位置づけ，今後の展開において参考とし，考慮すべき要因などを意識して『人間の学としての探究』を加えた．なお，既述のように，本書は拙著『解釈的マーケティング研究―マーケティングにおける「意味」の基礎理論的研究―』の発展的内容の研究書であるが，前著で基礎とした筆者の論文等は前著に詳しく記載している．

　本書で論述したような内容は明白な証拠（エビデンス）や制度の変化を基盤としたものではなく，多くの研究者や実践者が頭や意識のなかで日頃考え，感じているものをまとめ，文章として表現し，検討し，整理したものである．したがって，本書の執筆で依拠したのは文献や論文として著された多くの研究業績である．人は自分の行動の「意味」を常に考えている訳ではない．「意味」を考えるのは，本文中でも触れたように，自分の思い通りにならないような状況に陥った際で，危機に面したときといえるように思う．そうした場合に人は自分の「存在」に目を向けることになる．将来に向けての意識の流れが断たれたり，弱くなることによって，人は現在の自分と，過去からの流れやつながりをはじめて自覚する．すなわち「意味」は「存在」と結びついて把握されるが，それは過去からの，そして将来へ向かう自己の時間感覚のなかに自分を位置づけることによって可能になるといえる．「意味」を探ることは，このように，内面へ向かう思考を基盤とした行為を本質のひとつとしていると考える．それは人間やマーケティングン行為を対象とした研究者や実践者の，さらには消費行為を対象とした消費者自身の自己凝視の行動である．こうした思考方式を私たちは文化として，長い歴史のなかで育て，大切に保持してきたように思う．その結果，海外の文物を導入し，巧みに日本的様式に同化させて，厚

みや深みのある精神世界をつくってきた．時代の転換期のなかでそうした思考の伝統を正しく評価することが必要であると筆者は考える．

筆者は自己の問題意識に沿って，遅々とした歩みのなかで文献と論文を読んできたが，難解と感じられるものも多く，正直なところすべてを十分に消化し，自分のものとして吸収できたとはいえない状況である．また，「意味」を表わすミーニング（meaning）もセマンティクス（semantics）も，領域横断的に，強引に「意味」にかかわるものとして論じた．こうした事柄の整理も十分とはいえない．年代的には2000年代までのマーケティングにおける意味解釈の研究，消費者研究の進展までをカバーしたと考えるため，HolbrookとHirschmanの1980年代初頭の論文から計算すれば約30年間の研究成果を対象としている．それは筆者の大学教員としての期間と符合している．

HolbrookとHirschmanの論文の存在に気づかせてくれたのは大学院時代に御指導いただいたチャールズ・ヤン先生であった．学内での研究会の後に「武井さんのやろうとしている領域は解釈とか理解と呼ばれるものですよ」と教えてくれたのはM. Weberの研究者である社会学・社会思想を専門とした大分大学の嘉目克彦先生であった．情報の意味解釈における文脈の重要性を巧みな比喩によって平塚キャンパスの通勤バスのなかで解説してくれたのは，当時創設されたばかりの神奈川大学理学部で教えておられた日本のコンピューター研究の大御所の後藤英一先生であった．学部時代を含めて早稲田大学で御指導を受けた先生のなかには鬼籍に入られた先生も多い．岩波文庫の面白さに目を開かせてくれたのは哲学を担当されていた有田潤先生であった．宮澤永光先生と亀井昭宏先生には御在職中に本当に御世話になった．現在は両先生とも名誉教授になられている．その他，日頃，早稲田大学商学学術院に所属する多くの先生方から御教示いただいている．また，富松昌彦先生に御世話になった．一橋大学名誉教授の片岡寛先生には学会の場でさまざまな御指導をしていただいた．筆者の所属する日本商業学会，日本商品学会，組織学会の先生方には，大会や部会の場などでいろいろと御教示を賜っている．また，直接の面識がある訳ではないが，創建1300年を迎えた奈良興福寺の多川俊映貫首には，多数の一般向け書籍と，東京での月一度の講話を通じて，仏教の認識論のひとつ

である唯識の体系や，物の見方・考え方を教えていただいている．

　職場と並んで，筆者にとっての最大の学びの場は家庭である．すでに他界した両親は私たちの家族を身を投げうって守り，育んでくれた．妻の両親からは卸売業経営のダイナミズムを実地で学ばせてもらった．子供たちは独立し，夫婦二人の生活となった．新しい親戚ができたことはとても大きな喜びである．日常生活は私に「生きる」ことの意味を問い，答えを与えてくれていると感じる．

　本書は筆者にとっては3冊目の単著である．本書は，早稲田大学商学部の鹿野基金による学術出版助成を得て刊行するものである．心より感謝の意を表したい．今回も株式会社白桃書房に御世話になった．執行役員編集部長の平千枝子さんに心より御礼を申し上げたい．

　執筆のなかから新たな研究テーマに出会うことができたように感じる．大学教員としての残された日々を有意義に過ごしていきたいと考える．

2014年9月

著者

目　次

はしがき

第1章 マーケティングにおける意味解釈の理論的基盤と技法　　*1*

1. はじめに　*1*

2. 意味解釈における理論的基盤　*4*
   - (1) Levyの所説 …………………………………………………… *4*
   - (2) グラウンディド・セオリー ………………………………… *6*
   - (3) クリティカル・セオリー …………………………………… *7*
   - (4) 方法論としての解釈 ………………………………………… *9*
   - (5) テクスト解釈の方法 ………………………………………… *11*
   - (6) マーケティングへの意味合い ……………………………… *12*

3. 意味解釈の技術的側面　*13*
   - (1) 対象と手順 …………………………………………………… *13*
   - (2) 特色と実施上の要諦 ………………………………………… *15*

4. むすび　*16*

第2章 消費者研究における認識の拡張　　*23*

1. はじめに　*23*

2. 相対主義的認識　*24*
　　(1)　概　念 …………………………………………………………… *24*
　　(2)　特　色 …………………………………………………………… *25*

3. ナチュラリスティック・インクワイアリー　*28*
　　(1)　実証主義との対比 ………………………………………………… *28*
　　(2)　特　色 …………………………………………………………… *30*
　　(3)　手　順 …………………………………………………………… *31*

4. 人文主義的認識　*34*
　　(1)　基本理念 ………………………………………………………… *34*
　　(2)　研究方法 ………………………………………………………… *36*
　　(3)　認識論的特色 …………………………………………………… *39*

5. 消費者研究の学問的位置づけ　*40*
　　(1)　消費経験の探究 ………………………………………………… *40*
　　(2)　解釈的消費者研究 ……………………………………………… *43*

6. むすび　*44*

第3章
消費における「経験」と「意味」の探究　*51*

1. はじめに　*51*

2. 消費経験論　*53*
　　(1)　「感情」要因 ……………………………………………………… *53*
　　(2)　Holbrookの所説 ………………………………………………… *55*
　　(3)　特　色 …………………………………………………………… *57*

3. 意味の萌芽　*59*
　　(1)　行動科学的アプローチ ………………………………………… *59*

  (2) 「意味」の交換 …………………………………………………… *61*
  (3) 構成要因 ………………………………………………………… *62*
  (4) ブランド・イメージ …………………………………………… *64*

 4．意味研究の方法的基盤 *66*

  (1) 表象媒介過程 …………………………………………………… *66*
  (2) 言語学的アプローチ …………………………………………… *70*
  (3) 認知科学 ………………………………………………………… *71*
  (4) 「意味」の創造 ………………………………………………… *72*
  (5) 内面価値 ………………………………………………………… *73*
  (6) ホリスティック・アプローチ ………………………………… *75*

 5．むすび *77*

第4章
解釈的研究の理論的基盤と展開 *85*

 1．はじめに *85*

 2．社会学の基礎理論 *86*

  (1) 理論的背景 ……………………………………………………… *86*
  (2) 基礎的概念 ……………………………………………………… *88*
  (3) 人間行為 ………………………………………………………… *89*

 3．「理解」についての認識 *91*

  (1) 「理解」の研究 ………………………………………………… *91*
  (2) 「理解」研究の諸相 …………………………………………… *92*
  (3) 理解社会学 ……………………………………………………… *93*
  (4) Dilthey の所説 …………………………………………………… *94*

 4．マーケティング研究への応用 *95*

  (1) 解釈への注目 …………………………………………………… *95*
  (2) 研究動向 ………………………………………………………… *96*

(3)　解釈主義 ………………………………………………… 97
　5．むすび　*100*

第5章
マーケティングにおける意味解釈と文脈　*107*

　1．はじめに　*107*

　2．認知科学の発達　*108*
　　　(1)　方法的特色 ………………………………………………… 108
　　　(2)　「意味」の探究 …………………………………………… 110

　3．マーケティングにおける「意味」　*112*
　　　(1)　文脈の影響 ………………………………………………… 112
　　　(2)　解釈学的手法 ……………………………………………… 116
　　　(3)　文化的視点 ………………………………………………… 119

　4．「意味」解釈の技術的探究　*122*
　　　(1)　エスノグラフィーの方法 ………………………………… 122
　　　(2)　視聴覚機器の応用 ………………………………………… 124
　　　(3)　内観法 ……………………………………………………… 126

　5．むすび　*128*

第6章
マーケティングにおける
ポストモダニズムの潮流　*133*

　1．はじめに　*133*

　2．変化の方向性　*134*

(1)　方法の変化 …………………………………………………… 134
　　(2)　「意味」の拡散 ……………………………………………… 136

3. ポストモダニズムと消費生活　137
　　(1)　新たな展開 …………………………………………………… 137
　　(2)　「消費」の理論 ……………………………………………… 138
　　(3)　日常性の認識 ………………………………………………… 139

4. 諸研究　141

5. マーケティング研究の課題　143
　　(1)　質的研究 ……………………………………………………… 143
　　(2)　表　象 ………………………………………………………… 144
　　(3)　多様性 ………………………………………………………… 147

6. むすび　148

第7章
マーケティングとエスノグラフィー　155

1. はじめに　155

2. 新たな展開　156
　　(1)　研究動向 ……………………………………………………… 156
　　(2)　社会的構成活動 ……………………………………………… 157
　　(3)　調査手法 ……………………………………………………… 159

3. フィールドワークの認識論　160
　　(1)　文化の記述 …………………………………………………… 160
　　(2)　シカゴ学派 …………………………………………………… 161
　　(3)　実存的社会学，エスノメソドロジー ……………………… 161

4. エスノグラフィー　163

  (1) 目的と方法 ･････････････････････････････････････ 163
  (2) 理　解 ･･･ 164
  (3) 面　接 ･･･ 166
  (4) 分　析 ･･･ 168

 5. むすび *171*

第8章
マーケティングとクリニカル・アプローチ *175*

 1. はじめに *175*

 2. 「意味」研究の進展 *176*
  (1) 認知の研究 ･･････････････････････････････････････ 176
  (2) 消費者の意味解釈 ････････････････････････････････ 179

 3. エスノグラフィーとクリニカル・アプローチ *181*
  (1) 2つのアプローチ ･････････････････････････････････ 181
  (2) 比　較 ･･･ 183

 4. クリニカル・アプローチの方法 *185*
  (1) 主観的意味の把握 ････････････････････････････････ 185
  (2) 共感法 ･･･ 186
  (3) 援助の類型 ･････････････････････････････････････ 188
  (4) プロセス・コンサルテーション ･･････････････････････ 190

 5. むすび *192*

第9章
マーケティングにおける
リフレクション研究の意義 *197*

1. はじめに　*197*

2. 生活世界のマーケティング　*198*
   - (1) 「日常性」の消費……………………………………………… *198*
   - (2) 「生」と消費…………………………………………………… *201*

3. リフレクション　*203*
   - (1) 基礎概念……………………………………………………… *203*
   - (2) 再帰性………………………………………………………… *204*
   - (3) 解釈的意義…………………………………………………… *206*

4. 質的研究　*209*
   - (1) 解釈の水準と研究の類型…………………………………… *209*
   - (2) リフレクションの方法……………………………………… *212*

5. むすび　*215*

第10章
マーケティングとメタファー　*221*

1. はじめに　*221*

2. 消費者研究の動向　*222*

3. メタファーの概念と機能　*224*
   - (1) メタファーならびに類似概念……………………………… *224*
   - (2) メタファーの類型…………………………………………… *227*
   - (3) メタファーの機能…………………………………………… *229*

4. メタファー研究の内容　*231*
   - (1) 組織変革とメタファー……………………………………… *231*
   - (2) メタファーの意義…………………………………………… *234*

(3)　消費者研究とメタファー……………………………… *235*
　　　(4)　ZMET法 ……………………………………………… *238*
　　　(5)　手　順 ………………………………………………… *240*

　5．むすび　*243*

第11章
意味解釈のマーケティングの目的と課題　　*253*

　1．はじめに　*253*

　2．意味解釈のマーケティング　*254*
　　　(1)　意味解釈の理論 ……………………………………… *254*
　　　(2)　認識の拡張 …………………………………………… *256*
　　　(3)　消費における経験と意味 …………………………… *257*
　　　(4)　意味解釈の系譜 ……………………………………… *259*
　　　(5)　意味解釈と文脈 ……………………………………… *260*
　　　(6)　ポストモダニズムの潮流 …………………………… *262*
　　　(7)　エスノグラフィーの応用 …………………………… *264*
　　　(8)　クリニカル・アプローチ …………………………… *265*
　　　(9)　リフレクション研究 ………………………………… *267*
　　　(10)　メタファー研究……………………………………… *268*

　3．結論と課題　*270*
　　　(1)　「あたり前」の理解………………………………… *270*
　　　(2)　一体的理解 …………………………………………… *272*
　　　(3)　虚と実の演出 ………………………………………… *274*
　　　(4)　意味解釈の意義 ……………………………………… *276*

事項索引

人名索引

第1章

マーケティングにおける
意味解釈の理論的基盤と技法

1. はじめに

　われわれがこれから考察する意味解釈の理論と方法は，聖書解釈学を表わす"hermeneutics"に源を発している．「解釈」という方法が，マーケティング研究のなかで本格的に議論され始めたのは，E. C. Hirschman と M. B. Holbrook の 1980 年代初頭の研究以降である[1]．Holbrook らの研究は，商品やサービスの効用を中心に論じられてきた消費者行動の枠組みを越えて，情動，イメージ，幻想（fantasies），楽しさ（fun）などの消費の経験的側面や内面的部分に光をあて，人間性（humanity）に焦点を置いた消費者研究（consumer research）のあり方を提起した．また，それは，学問としてのマーケティングの理論体系の議論に大きな影響を与えたといえる．

　例えば，1988 年の L. A. Hudson と J. L. Ozanne の論文[2]を基礎として論じられることが多い，マーケティングにおける存在論（ontology），認識論（epistemology）などの内容は，実証主義に対する解釈主義という区分が示されることによって研究者の関心を喚起したといえる．また，マネジリアルな視点から消費者ニーズの把握を目的として，消費者の経験の一般化を図るマーケティングの手法に対して，消費経験を固有で，個別的なものと認識して，コンテクスト（文脈）を含めた人間の「生」との結びつきで捉えようとするホリスティック（holistic）な見方も提起した．そして，当事者の立場にできるだけ即して消費経験を知ろうとする現象学的立場への関心を呼び起こした．学問研究において長年にわたって培われてきた，主体と客体の分離，それによる第 3 者的視点からの現象の説明（explanation）という方法上の規範の他に，現象を構成する当事者や内部

者の立場に即した理解（understanding）の意義を提起することによって，マーケティング研究の幅を拡張した点に，80年代以降の消費者研究の意義を指摘することができよう．当事者や内部者の立場に研究者が物理的に，あるいは心理的に身を移して考察する研究の方式を表現するものとしては，"interpretation" "interpretative" "interpretive" などの「解釈（的）」という言葉がある．

人間の内面的（主観的）世界を含めた日常を表現する概念としての「生活世界」は社会学などで使用されてきた専門用語である．人は自分の内面をすべて知り得るわけではなく，「なぜ」そのような行動をとったのかについて完全な説明をすることはできない．言葉にならない想い，言葉では十分に表現できない感情，あるいは自分では認めたくないような隠れた行動動機があるかもしれない．これらは，無意識や，意識の深層などとしてこれまで多くの研究者が関心を寄せてきたものである．外界からの刺激（情報）が，受けとめる人間の既存知識や経験によって異なる解釈を生みだすことは，認知科学が教えるところである．国によって，社会によって，年齢や性別によって，集約化できる共通経験が存在し，それらが，企業からの働きかけと相互作用して，ニーズとして顕在化する仕組みを指摘できる一方で，経験が，本来，人間の存在と同じく個別的であることを前提とし，またコミュニケーションによる共通項の設定を意図しなければ，経験は多様な膨みを備えるといえよう．生活世界と商品やサービスとの接触，反応，そして変容は，消費者研究の中核を成すテーマのひとつといえよう．

「経験」と並ぶ，意味解釈における重要な要素が，手段としての言葉である．書かれた言葉を，部分と全体の循環のなかで深く解釈して，表現の明示的意味と隠れた意味を探ることは "hermeneutics" の基本であろう．それは文章をテクストとして読み解いていく試みといえる．解釈的手法を用いて消費者研究を中心にマーケティングを論ずる今日の代表的研究者の一人である J. O'Shaughnessy は，つぎのように指摘している[3]．「解釈（interpretation）は疑わしい状況，不確かさ，曖昧さに対処しようとするすべての人間活動のなかに浸透している．そして，学問のなかで使用されるすべての方法は何らかの形で解釈と関係しており，人文科学

(humanities) におけるように解釈が用いられる唯一の方法論である場合もある．このように解釈は探究すべき論題といえよう．私はこれを長年にわたって考察し，担当する組織とマーケティング・マネジメントのコースのほとんどで解釈という話題に触れている．」マーケティングを人文科学との接点で位置づけ，消費者の「生」のあり方や生活世界の課題を検討しようとするわれわれの企図においては，言葉を中心とした研究の体系を深めることが必要である．

　以上の他にも，マーケティングの解釈にかかわる研究では，ヨーロッパの研究者や機関が少なからず取り組んでいることを特色として指摘できる．

　本章では，まず，マーケティングと意味解釈という領域での巨人とも評し得る S. J. Levy の長い研究歴に基づく質的研究（qualitative research）についての論文[4]を取り上げ，意味解釈に関連した諸概念や技術の発達を跡づけたい．つぎに，E. Fischer と C. C. Otnes の研究[5]に依拠し，関連文献など[6]を参照しながら，質的・量的研究の両面を備え，意味に関する基礎理論的研究を含むグラウンディド・セオリー（grounded theory）の概要について探りたい．さらに，J. B. Murray と J. L. Ozanne の所説[7]に基づき，クリティカル・セオリー（critical theory）の基礎的事柄に考察を加える．質的研究にかかわる以上の考察に続いて，解釈的研究を社会生活，社会科学，そしてマーケティングという幅広い視点から探究する J. O'Shaughnessy の文献によって[8]，解釈的研究の理論的基盤を築いた研究者たちの理論と方法を渡邊による解説[9]を参考にしつつ，マーケティングとの関連性を意識しながら探りたい．こうした考察をつうじて，浅い歴史のなかにあるマーケティングの解釈的研究において，今後，充実を図るべき概念と方法はどこかを明らかにしたい．

　つぎに，意味解釈の技術的側面についての考察においては，D. Carson らの質的マーケティング研究についての文献[10]や，J. Moisander と A. Valtonen の文献[11]に依拠することによって，質的研究，異質性の探究などをテーマとした方法を明らかにすることによって，意味を知るための方法の特徴などに論及したい．

2. 意味解釈における理論的基盤

(1) Levy の所説

　戦後期のマーケティングにおける意味解釈の研究は Levy によって始められたといっても過言ではなく，その研究成果は1950年代以降に認められる．そして，今日に至るまで，象徴（symbol）や神話（mythology）などの概念や方法を用いて，消費者の意識の深層について独自の立場から所説を展開してきたことは広く知られている．また，60年を越える研究歴のなかで，G. Zaltman や P. Kotler などとの共同研究を通じて，マーケティング理論と実践を方向づける重要な成果[12]を生み出した．

　Levy は，マーケティングにおける質的研究法としてつぎのものを指摘している[13]．面接（personal interview），グループインタビュー（focus group interview），投影法（projective techniques），参与観察（participant observation），エスノグラフィー（ethnography），事例研究（case study），写真法（photography），ストーリーテリング（story telling）．そして，解釈的（interpretive），主観的（subjective），解釈学的（hermeneutic），内省（観）的（introspective），ポストモダン（post-modern）などと称される枠組みのなかでのデータの分析も，質的研究にかかわると述べている．Levy によれば，1930年代は，心理学者たちが社会におけるラジオの役割とインパクトについて検証した時期，40年代と50年代は心理学者，社会学者，政治学者，歴史学者，ジャーナリストらによるコミュニケーション研究の黄金時代であった．そして，理論と実務の両面においてマーケティング研究でも質的研究への関心が高まりを見せた．得られた情報が記述的で，機械的であって，説明力に欠けるという理由で，世論調査や実査に対する不満がマーケティング文献で見られるようになり，その結果，臨床的心理学の応用によるパーソナリティ分析や投影法の使用が始まり，解釈的次元に注目が集まった．30年代以降の研究の特色のひとつは，ヨーロッパ出身の研究者達の米国での活躍であり，そのなかで質的方法の導入が進んだことである．最も広く知られているのは，もともとは F. Lazarsfeld の門下生であった E. Dichter の研究であり，それはモチベーション・リサーチとして今日まで名を残している．彼の手法

は実務的に人気を得たが，その取り組みは回答の解釈などの観点から強い批判にもさらされた．同時期に，調査対象者が必ずしも自分自身の行動を説明できるとは限らないとの理由から，アンケート調査以外の手法，とりわけ会話型の面接法が有効と認められるようになり，それは，精神医学や心理学の専門化による深層面接法と呼ばれた．そのほか，C. R. Rogers の非指示的面接法（non-directive interview）などが知られている．

　社会科学の手法は戦後急速に発展したが，Levy によれば，シカゴ大学の研究者たちの関心を反映させる形で 1946 年に社会調査の専門機関（Social Research, Inc., SRI）が設立された．質的研究法のアカデミックな世界での普及は，マーケティング分野において必ずしも順調といえるものではなかったが，時代の進展と共に徐々に浸透を見せた．Levy 自身は，一般意味論（general semantics）との接触を経て，シカゴ大学での学際的研究へと進み，SRI での企業，製品，ブランドなどの人間にとっての意味の研究を本格的に開始したと述べている．その説明によれば，彼の研究の焦点は，モチベーションと知覚（perception）の相互作用にあった．すなわち，いかにして人々の動機（motive）が対象のなかに意味（meaning）を知覚させるのか，そして，こうした対象の意味がどのように動機に影響するのかを探るものであった．ここに，製品やブランドのもつ人々の「生」を象徴化する意味あい，人々が目的を追い求める際に語るストーリーという Levy の生涯にわたる研究テーマが誕生した．

　Levy によれば，行動科学的手法への社会の関心は 1950 年代半ばに広がり，市場での行動とパーソナリティ特性の関連性，消費者のモチベーションの探究，製品やブランドの知覚などの話題に注目が集まった．しかし，60 年代と 70 年代に入ると，コンピュータによる測定や認知科学の実験に主要な関心が移行するようになり，モチベーションリサーチは Levy を含めた人々が社会心理学的研究などの呼称で継承したが，その流れは大きなものではなかった．70 年代には，集団力学（group dynamics）などに影響を受けたグループインタビューが企業で人気を呼んだが，それは今日に至るまで実務では質的調査と同義と受けとられている．

　Levy は，その後，SRI を司る立場となり，理論と実務の両面で質的研究の拡充に貢献した．具体的手法では投影法があり，ロールシャッハや文

章完成法などの臨床的技法を応用し，非指示的アプローチを用いた方法が考案された．例えば，室内の写真を撮り，被調査者の言動を観察し，個人の歴史を知ることを行う．その成果は，本書で後に説明する写真を活用した投影法，ZMETと称される研究に反映されている．

Levyによれば，SRIの研究は，社会階層が消費者行動に与える影響の分析などを経て，1970年代末までにつぎのような3つの主要テーマを誕生させた．①ブランド・イメージ，②象徴の分析，③マーケティング概念の拡張．そして，質的研究は，80年代以降今日に至るまで，ヨーロッパからの学問的影響を享受しつつ，人類学者の研究などを包摂し発展を遂げている．

(2) グラウンディド・セオリー

質的研究として広く名を知られているにもかかわらず，マーケティング領域で論じられることが少ない理論のひとつがグラウンディド・セオリー[14]である．それはB. G. GlaserとA. L. Straussの研究に基づいたものであって，方法上の特色からデータ対話型理論[15]とも呼ばれる．著者たちの研究上の背景から，社会学や看護学との関連性の深い研究である．当該理論は象徴的相互作用論（symbolic interactionism）の影響を強く受けているといわれる[16]．U. Flickは，この理論の名前は，グランド・セオリー（grand theory＝大理論）とは反対の方向性での理論としてつけられたと指摘する[17]．後藤・大出・水野は，その名称は，データに根ざした理論という意味合いを有し，分析者があくまで現象にかかわることがらをデータとして読みとり変換し，データとの相互作用から理論を生み出すという基本的態度を表現しており，データに根ざすが故に，論理演繹的に導き出されてくる理論とは対照的に，現実の特定領域にかかわりのある人々にもわかりやすく，実際的な応用にも役立つという特色を備えていると述べている[18]．FischerとOtnesは，そのアプローチは米国のプラグマティズムの伝統に根ざしているとする[19]．当該理論がコンテクストや，研究者のフィールドへの没入（immersion）[20]を重視することは質的研究の条件を満たすといえよう．Fischerらによれば，グラウンディド・セオリーは，質的研究が記述のみで，理論を生まないという評価に反論する意図はあったもの

の，多くの社会科学者に共有された存在論的，認識論的前提に異を唱えたり，実証主義への挑戦，ポストモダン的批評とは一線を画するものであったと述べた[21]．

舟島は，グラウンディド・セオリーの最も大きな特徴は，理論の検証ではなく，開発を目指すことにあるとする[22]．後藤は，1960年代前半の米国の社会学，社会調査シーンでは「理論検証が強調されすぎた」ために，社会学，社会調査にとって本来重要な役割であったはずの新しい理論を生み出す作業，とりわけ特定の対象領域に「適合し有効性を発揮する」理論の産出が萎縮してしまったという批判に応えるかたちで，Glaserらの書籍がまとめられたと指摘した[23]．

Fischerらも指摘するように，マーケティングや消費者行動の研究においては，その内容が構成主義的であったり，批判理論的であったり，あるいはポストモダン主義的であっても，量的研究と関連した構成概念や仮説を志向するものは多数ある[24]．グラウンディド・セオリーは，単純にそれが量的アプローチか質的アプローチかで特色づけることは適切ではなく，むしろ両面を備えるともいえよう．舟島は，当該理論では，質的データを収集し，そのデータをコード化して，カテゴリーや特性を発見する過程を，同時にしかもらせん的に進行させると表現している[25]．そして，現実の特定領域あるいは経験的な領域に密着する形で展開される領域密着理論と，他の領域にも応用可能な一般性を備えた理論で，領域密着理論から斬新的にせり上げていく発想に基づいて構築されるフォーマル理論に分けられると述べている[26]．

グラウンディド・セオリーの方法上の要諦はつぎの3点に要約される[27]．①既存の文献というよりは，データを構成概念や関係の探究の出発点に位置づける，②出来事，対象，行為についての理論的比較を理論の発展の限界までコンスタントに行う（絶えざる比較），③既存の理論にあてはまらないネガティブケース（negative case）の分析を重視し，新しい構成概念の発見や，未確認の関係の解明へと進む．

(3) クリティカル・セオリー

つぎに，研究者の知的関心や学問的コミュニティからは解釈的研究に近

接するが，マーケティングや消費者研究のなかで論じられる機会の少ないクリティカル・セオリーについて，J. B. Murray と J. L. Ozanne の研究に依拠して考察を試みたい[28]．

批判理論とも訳される当該理論には，明確な定義があるわけではないが，その起源は 1920 年代のフランクフルト学派（Frankfurt School）にあるとすることもできる．クリティカル・セオリーは，本質的に，人々が苦悩の世界のただ中にあり，こうした苦しみを緩和するために多くのことをなし得るはずだという仮定から出発している．例えば，インターネットが可能とした多様な環境の広がりのなかで発生している問題を，われわれはミクロ的視点で，身近な問題に目を向け，コンテクストに基づいて解決すべきであると説く．当該理論の特色はつぎの 6 点に要約される．①現状についての経験的分析と「どうあるべきか」の規範的理論化の統合を図り，パワーと，人間の権利や価値の問題を問い直し，知識人の役割を考える，②支配と従属の関係を変えようとする啓蒙的色彩を備える，③社会を歴史的構築物と見なして，人々の役割を考える，④研究に埋め込まれた利害や仮定，そして社会的行為の文化への影響を振り返る（reflect），⑤社会は自己の利益を求める個人と，行為のコントロールを図る社会構造の対話（dialogue）で構築されていると考える，⑥代替案としての新しいイメージを提起する．

以上のように，クリティカル・セオリーは，社会的状況についての人々の解釈と現実との矛盾を発見し，変化を誘発する手続きを考えるための理論ともいえる．

Murray と Ozanne は，クリティカル・セオリーに対するポスト構造主義的批判を紹介している．その内容は哲学的で，難解ではあるが，理論的探究の面白さや本質の一端を表すと考えられるため，ここに付記したい．批判理論では，客観的な経験的実在（reality）が主観性とは独立してあることを前提にパワーの構造を論じており，現実世界とその解釈の間に矛盾がある場合には，解釈者側の見方に誤りがあると考える．すなわち，構造の側に真実は存するとの見方であり，外側の本当の世界を心が認識するという構図を用いている．これは言葉と概念が対象物を真に言及しているとする際の「知識」の定義でもある．したがって，矛盾を解消することによ

って真実は現れると考える．しかし，例えば'hot'という言葉の意味は，食物と組み合わせて使う場合と，ストーブの場合では異なっている．これは意味が対象との一致ではなく，使用のコンテクスト（文脈）から導かれることを示唆している．それは言語学体系の意義と難解さでもある．別の表現を用いれば，実在というよりは，抽象的解釈の世界が存するのみであり，それは実在論（realism）ではなく，言語相対主義（linguistic relativism）の立場である．つまりわれわれは解釈のみをもつことになる．

(4) 方法論としての解釈

つぎに，O'Shaughnessy の所説を中心として解釈的研究の理論的跡づけを行い，併せてマーケティングで考察すべきトピックについても検討したい[29]．

O'Shaughnessy は，人間行動の研究における解釈的立場を説明するうえで W. Dilthey の研究を引用し，自然科学は説明を目指すが，人間科学（human sciences）では理解を目的として，行動を方向づける人間の目的（purpose）と価値（value）が重要性をもつこと指摘した．そして，Dilthey の「生きた経験（lived experience）」の再構築という解釈的研究の特色を明らかにして，解釈的社会科学の焦点は意味を知ることにあって，それは個人にとっての意義（significance）に等しいと論じた．さらに，エスノメソドロジーや象徴的相互作用論などが解釈的研究の枠組みに入り，これらは経験された現実（実在）に注目する現象学と結びつくと指摘した．ここで，現象学は人々の行為の主観的解釈の理解と，それを用いた社会的世界の描写に関心を払う学問的立場である．また，解釈的アプローチはコンテクスト（文脈）と歴史を考慮に入れる．O'Shaughnessy は，そうしたアプローチによって，実証主義者が目を向けない「意味」が明らかになると述べる．そして，行為の意味を明らかにすることは，欲求（wants）と信念（beliefs）の観点から意義を知ることであるとする．また，人間の経験を豊かに把握するための鍵がコンテクストの理解にあると考える．そして，テクスト（text）の意味の解釈では，著者の意図を越える場合があると指摘している．すなわち，言葉や文章は著者の意図を離れて解釈されることがあり，こうした意味の自律性（semantic autonomy）

は両義性（ambiguity）を生んだり，新しい意味を創造する可能性をもつ．こうした見方はポストモダンの立場で強調される．例えば，広告は，使用された言葉の字的意味というよりは，個別の消費者自身の独自なニュアンスをもつ文脈的理解によって解釈されることがある．芸術作品も同様といえよう．

O'Shaughnessy は，ポスト構造主義者やポストモダニストにとって，著者の元々の意図を蘇らせようとする試みはあまり意味をもたないと述べる．むしろ，J. Derrida の「脱構築（deconstruciton）」という概念に示唆されるように，著者の意図の支配をつぎつぎと置きかえていくイマジネーションの自由さを尊重する立場があり，こうした見方に従えば，完成された解釈はないとすらいえるのである．

また，O'Shaughnessy は，行為の解釈学的解釈（hermeneutic interpretation）に関してつぎのような説明を展開する[30]．それは，通常，コンテクストとつながり，そして，作用する非線形の，水準相互間の過程を示すことを行うが，ここで，解釈学の輪（hermeneutic circle）として，全体（whole）の意味は部分（parts）の関係から推論され，つぎに，部分の意味は，それらが埋め込まれた全体の意味から推論される．

解釈学的アプローチでは，人間の行為や過程を解釈のテクストとみなし，社会を意味が言語学的慣習の仕組みのなかでつくられているテクストと考える[31]．そこで，つぎに，言葉，シンボル，そして行動の解釈をテクスト解釈学（text hermeneutics）として，O'Shaughnessy の所説に基づき，ひき続いて考察したい[32]．

テクストの解釈に際しては，内容の「意義」や著者の「意図（intentions）」を知ることに狙いがある．広告をテクストと考えれば，ターゲットであるオーディエンスにとっての意義から意味は捉えられ，著者としての広告の送り手の意図は説得にある．言葉や文章の解釈では，明示的意味（denotative meaning）と暗示的意味（connotative meaning）の区分があり，意味的意味（sense-meaning）と指示的意味（referential-meaning）の区別が知られている．また，行為の解釈では，後述する地平の融合（fusion of horizons）によって新たな視野を獲得する．過去の研究を総合化して，O'Shaughnessy はつぎの9つの「意味」の分類を明らか

にした．①言葉が実世界で指し示すものとしての指示的意味，②意義や意図としての意味的意味，③考えや思想を表す観念的意味，④言葉の実際的使われ方としての使用的意味，⑤聞き手に与える影響としての因果的意味，⑥論理実証主義と関連した訳(わけ)としての意味，⑦「ある条件のもとに」という真理の条件としての意味，⑧行為の理由としての意味，⑨意味が行為の手段的性格ではない表現的意味．

(5) テクスト解釈の方法

O'Shaughnessy はテクスト解釈の説明において，解釈学の研究にかかわった多数の研究者の所説を引用している[33]．そこで，つぎに，構造と解釈についての秀れた著作を残した渡邊の研究[34]も参照しながら，テクスト解釈の詳細について説明を深めたい．

F. Schleiermacher はテクストの部分と全体を行き来しながら解釈を深める「解釈学の輪」の重要性を説いたが，それをどこからスタートさせるかは輪のなかにとび込み，反復することによって直観的に解決されるとしている．他人の行動の解釈に必要とされる能力が感情移入（empathy）であり，これは「他人の靴をはいて」相手の身になって知る方法と説明される．それは W. Dilthey や M. Weber らの思想に通ずるものである．20世紀における解釈学の巨人が M. Heidegger と H. G. Gadamer であった．Heidegger は現象学を解釈学との関連で位置づけて，テクストのなかに示された伝統（tradition）と解釈者の相互作用の観点から，実存の立場での解釈の方法を論じた．その門下の Gadamer は，解釈者は中立的ではなく，テクストの伝統に向きあって位置づけられた存在であることを認めて，解釈者自身のテクストの伝統への見方は解釈者の「地平（horizon）」の一部分であるとしている．そして，彼は，必要なことはテクストの伝統と解釈者との地平の融合（fusion）であると指摘した．Gadamer は，他者の理解を可能とするのは解釈者の予断（preconceptions）であるとの理由から，解釈的行為での客観性や偏見のなさという観念を拒絶する．彼によれば，完全に客観的な方法による解釈は可能ではない．心は経験が歪みなく印象を記録する白紙状態ではなく，また解釈者は自分自身の意味を捨てたり，他人の身になろうとしても他者への理解は生じない．深い理解は，

自己の意味と，理解しようと思う意味の融合によってのみ生まれると考えられる．Gadamerはこれを地平の融合と称する．しかし，彼の意図する状態は地平が単一のまとまり（unity）に変化することではない．そこには，常に変化のなかでの緊張（tension）がある．

こうしたGadamerの解釈の哲学は，その時期と文脈での人々の心を理解するために行為の始発に戻ろうとする伝統的アプローチとは一線を画するものである．O'Shaughnessyによれば，Gadamerは，新しい解釈者の出現，新しい視座の提示によって，行為の意味は変化すると考え，元々の歴史的意味への回帰には意義を唱えた．それは，歴史的意味を理解するだけでは死んだ意味を回復することに等しく，現在の私たちにとっての真理を見落とす可能性があるためである．O'Shaughnessyは，プラトンのRepublicを理解することはプラトンがどのように考えたかを知ることよりはむしろ，私たちがテクストによって提起された論争について深く考えるように導かれることが必要であると指摘する．これはテクストと読者の会話の必要性を示唆しており，読者の事前の視座はその理解の地平をつくっているが，テクストの地平と融解することで新たなものに変化し，こうして新たな理解が誕生するとした．

(6) マーケティングへの意味合い

では，これまで説明してきた解釈（学）の方法論はマーケティング文脈においてどのような具体的示唆をわれわれに与えるのであろうか．ひき続きO'Shaughnessyの所説に依拠して説明したい[35]．

消費者の行為についての深い理解を得ようとする目的に，既述の解釈の方法は道具として有効であろう．しかし，テクストの表現に焦点をあてると解釈の方法論として新たな次元を指摘できる．例えば，ひとつの芸術作品はその全体として意味を表すのであって，細かな部分の集合が全体をつくるだけではない．鑑賞者はあくまで全体をひとつの印象として把握するといえ，部分は全体のなかで存在を保つ．HolbrookとHirschmanが提起した消費経験論の本質の一端はここにあると考えられる．すなわち経験的意味とは手段ではなく，それ自体が目的となるものである．消費者の態度形成を説明するための多属性態度モデルが知られているが，しかし，部分

の総和が全体としての価値になるとは限らない．全体は，表現的意味の解釈を経て捉えられるといえる．消費者による製品の購買行為は目的を達成する手段としては道具的であるが，行為自体が目的である場合には表現的理由に基づいている．頂上に至ることはあくまで手段であって，本質は興味のある山に登ることにある．同様に，感情表現としてのサイン（sign）は何かのための合図ではなく，表現的意味自体である．

　表現的意味の解釈においては，このように，要素（部分）の組み合わせが全体として新たな意味を誕生させることを認識する必要がある．消費を購買の属性（attributes）の総和のみではなく，表現的観点から理解するのである．消費者がニーズを常に知っていると考えるのは限定的仮定であって，刺激されてはじめて顕在化する欲求をもつ場合もある．消費者は所有，使用，そして消費がどのようなものかを生活世界を背景としてイメージする能力を備えているのである．そして，欲求や機能を満たすような統一的全体（unitary whole）として部分の集合が提供されるとすれば，製品属性は視覚化された全体（visualized whole）のなかで存在感をもつといえる．例えば，買い手は車の全体のイメージを心に描いてから，はじめてエンジンの大きさを考えるのである．

　以上の他に，解釈的方法を応用して考えることが有効と考えられるマーケティング関連の事項を列挙すればつぎのものがある．①ブランドネームとイメージ，②サインの解釈としての記号論，③シンボル，④信号・サイン・コード，⑤コード・パラダイム・シンタグマ（syntagm）．

3．意味解釈の技術的側面

(1) 対象と手順

　つぎに，意味解釈の技術的側面について D. Carson らの文献[36]，ならびに J. Moisander と A. Valtonen の文献[37]に依拠しながら説明を行いたい．

　これまでの論述から明らかなように，解釈的立場での研究は実証主義（positivism）とは理論的基盤において本質的な違いがある．Carson らによれば，実証主義は，個人が現実世界に直接に接近できることを前提とした存在論に立脚し，単一の外的な現実（実在）について確かな，客観的知

識が入手できると考える.これに対して,解釈主義は,人によって知覚された世界についての知識はそれ自体において意味があり,解釈主義者的,相対主義者的手順によって理解されると考える[38].実証主義の手続きが,因果関係,説明,理論と仮説,合理性,論理性,統計と数学的手法などに深く関係するのに対して,解釈主義では,人によって捉え方が異なる複数の現実,研究者の現象への関与,コンテクストなどに関心を払い,実在に対してパーソナルな立場で理解を図ることから,それを相対主義(relativism)と呼ぶこともできる[39].解釈主義の理解の内容は,深い信念,活動に埋め込まれた情動と意味,儀礼,コンテクストと結びついた個人の行動などに向けられる[40].

　MoisanderとValtonenは,解釈主義や相対主義への注目は,益々グローバル化する市場環境における文化的複雑さを理解しようとする動機に根ざしているとして,こうした動向を「文化的転回(cultural turn)」,あるいは「異端的アプローチ(heretical approach)」と呼んでいる[41].そして,マーケティングや消費者行動への文化的アプローチ(cultural approach)は,クリティカル,経験的,解釈的,ポスト構造的などの名を冠して過去20年間にわたって展開されてきたと指摘する.また,広告やブランド・マネジメントの領域でも,意味やシンボリズムなどへの関心が高まり,製品やサービスの表象性,共有的意味,規範,価値などについての文化的物語や神話が戦略的にも注目されていると述べる[42].

　MoisanderとValtonenによれば,意味解釈のためにはつぎのような考え方や手順が求められる[43].第1に,データ分析は焦点となる現象を理解するために行われる.素材は現象を明らかにするものと位置づけられる.データには,映画,eメール,新聞,面接,写真,コラージュなどが含まれる.分析では,データを詳細に把握する必要性があるが,同時に新しい洞察のために広い視座を備えるべきであり,そのために歴史的,社会文化的文脈を把握しなければならない.第2に,解釈的枠組みを備える必要がある.現代の質的研究では,解釈がデータ分析のなかから現れるとは考えておらず,それを解釈的枠組みと付随する原理,構成概念,技法,方法の結果とみなす.解釈的枠組みとは,何らかの理論的視座と解釈のための仮定,アイデア,原理の集合を指している.良好な枠組みを備えることによ

って，研究者は当然のことと思われている市場の現実を新たな見方で捉え直すことができるようになる．その基盤となる理論や方法論を指摘すればつぎのものがある．①構成主義的認識論，②「なぜ」よりも「いかに」に力点を置いた探究，③データを繰り返して検討すること，④即興的，想像的，創造的解釈．第3に，既述のグラウンディド・セオリーのように，データと理論を調和させるための対話のプロセスを重視する必要がある．理論の検証のためのデータというよりは，理論によってデータのなかから新しいものや，当初は思いもよらなかったものを発見することが大切となる．すなわち，予想もつかない驚きを得る局面である．第4に，つぎのような解釈の特色を確認する必要がある．①意味がテクストとの対話を通じて紡ぎ出される，②解釈も理解も言語体系に基づく世界観のなかにある，③解釈は事前理解と言説の産物であり，意味は固定的ではない，④意味は発見の対象というよりは生まれてくるものと考えるべきであって，文脈に左右される，⑤理解とは他者の主観的意識を貫通することではなく，何らかの解釈の条件を示すことである，⑥広告スローガン（部分）と市場の競争的文脈（全体）のように解釈は両者を往き来する，⑦解釈の目的は異なる解釈を提供して，意識の地平の拡張を図ることである．第5に，分析の手続きにおいては，解釈者は自己の関心を括弧に入れて日常の現実を見て，データが語りかけることに注意を払い，ノーム（規範），イメージ，メタファー，シンボル，レトリックなどに留意しながらテクストを読む必要がある．

(2) 特色と実施上の要諦

　理論の検証と測定に重点を置き，演繹的体系を特色とする実証主義的手法を一方の極とし，意味や理解に力点を置き，帰納的体系を特徴とする解釈主義（相対主義）的手法を他方の極とすれば，因果関係の定式化や実験的方法などはより前者に，面接を活用した方法は中間地帯に，そしてエスノグラフィーやグラウンディド・セオリーなどはより後者に近いものとして位置づけられる[44]．そこで，これまで取り上げていない解釈主義的手法のいくつかについて，その特色を要約的に示したい[45]．

　まず深層面接法（in-depth interviewing）の特色と実施上の要諦はつぎ

のとおりである．①集中的面接法（convergent interviewing）を中心とした構造的方式と，非構造的方式がある，②インフォームドコンセント，データと回答者の秘匿，録音の許可の確認などを要する，③相手の経験やストーリーの語りを促す，④同意や不一致を表わす会話をしない，⑤関心の深いところについて追加的面接を行う場合がある，⑥内容分析ではコードを用いてカテゴリーをつくり，データをパターンに整える，⑦専門家への面接を行うことがある．

グループインタビューの特色と要諦はつぎのとおりである．①学際的に活用される手法である，②多数の回答者を同時的に関与させる手法で，集団内での相互作用が内容を構成する，③キャタリスト（触媒）としてのモデレータ（moderator）の役割が重要である，④調査の時間と資金の節約を図ることができる，⑤グループの人数は12名まで，実施時間は2時間までとする．

観察調査（observation study）の特色と要諦はつぎのとおりである．①受動的観察と参与的観察がある，②消費者行動，新製品開発，接客関連で用いられる，③対象の無意識な行動，習慣，儀礼的側面などを知るうえで効果が高い，④人間が行うものと機械を使用したものがある，⑤自然な文脈で実施するものと人工的状況でのものがある，⑥ミステリーショッピング（mystery shopping）は顧客に扮した人間が接客担当者の対応やサービス水準を調べる方法である．

4．むすび

われわれは，Levyの研究を通じてマーケティングにおける解釈的研究の長い歩みを，諸研究の社会的状況を含めて知ることができる．それらは質的研究の一端を占めるものであり，解釈的，主観的，解釈学的，内省的，ポストモダンなどの名前で呼ぶこともできる．マーケティング実務のなかでは，1930年代に臨床的方法への関心が惹起され，ヨーロッパ出身の研究者の米国での活躍もあって，質的研究の発達を生んだ．例えば，モチベーションリサーチで名を知られたDichterの研究や，深層面接法などをあげることができる．Levyは意味論との接触，社会調査の専門機関で

の仕事を通じてブランドへの関心を深めたが,「意味」の誕生をモチベーションとパーセプションの相互作用のなかで捉えた. 50年代は行動科学的手法, 60年代と70年代は社会心理学的研究などと彼の研究は呼ばれた. 今日のマーケティング実務での質的調査の代表格はグループインタビューであり, これは70年代に始まった. それ以降の具体的手法の発達には, 投影法, 民族誌的方法, ZMETなどがある. 80年代以降の特色は, ヨーロッパからの学問上の影響, 人類学者の貢献などであった.

グラウンディド・セオリーはデータ対話型理論とも呼ばれる. 象徴的相互作用論の影響のもとに社会学を中心として, 看護学での研究に応用されたが, マーケティング研究は少数である. グランドセオリー (大理論) とは対極の理論のあり方を示唆しており, データに根ざした理論という意味合いで, 演繹的体系とは異なる方向にある. 同時に, コンテクスト (文脈) の重視や, 研究者のフィールドへの没入などの質的研究の特徴を備えている. また, 疑問の発見を通じて理論をつくり出すことを目的としている.

クリティカル・セオリーもマーケティングとの接点は相対的に乏しい. 批判理論とも訳され, 人々の苦しみを緩和するために何をなし得るかを考えることを出発点としている. そして, 人間の権利や価値の問題を考える, 規範的・啓蒙的色彩が強く, 社会を歴史的構築物と考え, そこに埋め込まれた利害や仮定を問い直す. 人々の社会的状況についての解釈と現実の矛盾を発見し, 変化を図るための理論である. しかし, 実在とは何か, 言葉や概念が示す真実 (知識) とは何かという立場からの批判もある.

意味解釈の理論研究を跡づける試みを通じて, O'Shaughnessyは方法論としてのつぎのような重要な動向を指摘している. ①人間行動を方向づける目的と価値を理解することを目指す学問のあり方, ②個人にとっての意味, ③経験された現実 (実在) に注目する現象学との結びつき, ④コンテクスト (文脈) と歴史の重要性, ⑤意味の自律性や両義性, ⑥テクストをイマジネーションによって解釈し続ける脱構築のあり方, ⑦部分と全体の循環のプロセスを経て把握される行為の意図, ⑧解釈のテクストとしての人間の行為や社会, ⑨解釈される意味の多様性.

また, 解釈学研究に携わった著名な学者の所説からテクスト解釈の方法

に関する説明を抽出すれば，つぎのような見方を示すことができる．①解釈のスタートは「解釈学の輪」にとび込み，反復するなかで直観的に理解できる，②感情移入によって相手の身になる，③テクストのなかの伝統的認識と解釈者の解釈の地平の融合が新しい解釈を産む，④行為の時点での解釈としての歴史的方法が唯一のものではない．

　解釈（学）の方法をマーケティング文脈に応用することによって，つぎの事項の重要性を再確認することができる．①消費には目的を達成するための道具的意味合いをもつもの以外に，経験すること自体を目的とする表現的意味を希求するものがある，②全体の意味は要素の総和を超えるものであって，全体のイメージを視覚的に消費者に提起することによって活性化する欲求がある，③イメージ，サイン，シンボル，コードなどの基礎的概念を解釈学的立場で再検討する必要がある．

　意味解釈の立場は，複数の現実認識，研究者の現象への関与，解釈におけるコンテクストの重要性などを特色として，相対主義と通底し，行為者の深い想い，埋め込まれた情動や意味，儀礼などへの理解を図るものである．これは現代のグローバル化した市場環境の理解において意義を深めている．今日，現象を理解するためのデータの源泉は拡張し，歴史・文化的文脈の重要性が増している．方法的には，適切な解釈的枠組みを備えることが必要であり，データと理論の対話のプロセスが求められる．意味を，丹念かつ柔軟な態度によって，部分と全体の関係を意識しながら，認識の地平を広げ，紡ぎ出すことが必要である．本章では，深層面接法，グループインタビュー，観察調査に触れた．

　「潮の満ち干のメカニズムを説明することはあっても，その現象の意味を問うことはない」．これは自然科学と社会科学の違いを説明するために引用される喩えである．社会現象を humanity の視点，あるいは humanities と呼ばれる諸学問における概念や方法を重要として考察すれば，人間が現象のなかに見い出す「意味」の問題に直面することになる．日常のマーケティング状況において，人が「意味」を自覚することは稀であるかもしれない．日常の購買行動は人間の情報処理のなかで言語的に位置づけられ，安定を保つと考えられる．また，相手の立場に物理的・心理的に寄り添い，感情移入して，認知的に，情動的にさまざまな推論を働か

せ，消費者をトータルに理解しようとする試みは，経済的・社会的観点からみた高関与の製品やサービスにのみあてはまるものと考えられるかもしれない．しかし，相手を深く知ろうという欲求は「意味」への関心を駆り立てる．解釈学派の諸研究者がモチベーションを出発点として研究を進めたことはこうした心情をよく物語っている．「意味」について振り返り，考える（リフレクト）のは，馴れ親しんだ状況を離れた時や，困難な事態にぶつかった際であろう．それだけ，日常の「意味」はあたり前のものとして，人間のなかで安定している．変化の発生した状況において，そのインパクトを吸収し，時間をかけて新たな「意味」として解釈を行う行為が意味を紡ぐことである．「意味」には水準があり，原因と結果は常に直線的に結びつくわけではない．人間は認識作用を通じて，新たな意味づけを可能とするような，より大きな枠組みを時間と空間を超えて想定する能力をもつように思われる．

「意味」は内容の深い，学際的課題である．消費は生活世界というコンテクストのなかで営まれる．企業と消費者を中心とするマーケティング・ダイアローグを経て形成される生活世界の質が社会的状況の一端をつくるといえよう．マーケティングにおける「地平の融合」は市場への働きかけの主体間の相互作用の成果である．

注

1. Elizabeth C. Hirschman and Morris B. Holbrook, "Hedonic Consumption: Emerging Concepts, Methods and Propositions," *Journal of Marketing,* Summer 1982, pp. 92-101; M. B. Holbrook and E. C. Hirschman, "The Experiential Aspects of Consumption: Consumer Fantasies, Feelings, and Fun," *Journal of Consumer Research,* September 1982, pp. 132-140.
2. Laurel Anderson Hudson and Julie L. Ozanne, "Alternative Ways of Seeking Knowledge in Consumer Research," *Journal of Consumer Research,* March 1988, p. 509.
3. John O'Shaughnessy, *Interpretation in Social Life, Social Science, and Marketing,* Routledge, 2009, Preface.
4. Sidney J. Levy, "History of Qualitative Research Methods in Marketing," in Russell W. Belk (ed.), *Handbook of Qualitative Research Methods in Marketing,* Edward Elgar, 2006, pp. 3-16.

5 Eileen Fischer and Cele C. Otnes, "Breaking New Ground: Developing Grounded Theories in Marketing and Consumer Behavior," in *ibid.*, pp. 19-30.
6 Barney G. Glaser and Anselm L. Strauss, *The Discovery of Grounded Theory: Strategies for Qualitative Research*, Aldine, 1967（後藤隆・大出春江・水野節夫訳『データ対話型理論の発見』新曜社，1966）; Christina Goulding, *Grounded Theory*, Sage, 2002; Norman K. Denzin and Yvonna S. Lincoln, *Handbook of Qualitative Research*, Sage, 2000（平山満義・岡野一郎・古賀正義訳『質的研究ハンドブック１巻―質的研究のパラダイムと眺望―』北大路書房，2006）; ウヴェ・フリック／小田博志・山本則子・春日常・宮地尚子訳『質的研究入門』春秋社，2002.
7 Jeff B. Murray and Julie L. Ozanne, "Rethinking the Critical Imagination," in R. W. Belk（ed.）, *op. cit.*, pp. 46-55.
8 J. O'Shaughnessy, *op. cit.*
9 渡邊二郎『構造と解釈』筑摩書房，1994.
10 David Carson, Audrey Gilmore, Chad Perry, and Kjell Gronhaug, *Qualitative Marketing Research*, Sage, 2001.
11 Johanna Moisander and Anu Valtonen, *Qualitative Marketing Research*, Sage, 2006.
12 Philip Kotler and Sidney J. Levy, "Broadening the Concept of Marketing," *Journal of Marketing*, July 1969, pp. 10-15; Sidney J. Levy and Gerald Zaltman, *Marketing, Society, and Conflict*, Prentice-Hall, 1975.
13 本項のLevyの所説についての説明は，つぎの論考に基づいている．Sidney J. Levy, "History of Qualitative Research Methods in Marketing," in R. W. Belk（ed.）, *op. cit.*, pp. 3-16.
14 E. Fischer and C. C. Otnes, *op. cit.*
15 B. G. Glaser and A. L. Strauss, *op. cit.*
16 C. Goulding, *op. cit.*, p. 39.
17 ウヴェ・フリック，前掲書，394頁.
18 B. G. Glaser and A. L. Strauss, 前掲翻訳書，xi頁.
19 E. Fischer and C. C. Otnes, *op. cit.*, p. 19.
20 *Ibid.*
21 *Ibid.*, pp. 19-20.
22 舟島なをみ『質的研究への挑戦』医学書院，2007，96頁.
23 B. G. Glaser and Anselm L. Strauss, 前掲翻訳書，366頁.
24 E. Fischer and C. C. Otnes, *op. cit.*, p. 20.
25 舟島なをみ，前掲書，100頁.

26 同上書，100-102頁．
27 E. Fischer and C. C. Otnes, *op. cit.*, pp. 27-29.
28 本項の説明はつぎの論考に基づいている．Jeff B. Murray and Julie L. Ozanne, "Rethinking the Critical Imagination," in R. W. Belk (ed.), *op. cit.*, pp. 46-55.
29 本項の説明は，つぎの論考に基づいている．なお，Diltheyの所説の内容については武井寿『解釈的マーケティング研究―マーケティングにおける「意味」の基礎理論的研究―』（白桃書房，1997）のなかですでに論じた．J. O'Shaughnessy, *op. cit.*, chap. 3.
30 *Ibid.*, pp. 123-124.
31 *Ibid.*, p. 130.
32 *Ibid.*, chap. 7.
33 本項の説明は，つぎの論考に基づいている．*Ibid.*, pp. 161-170.
34 渡邊二郎，前掲書．
35 本項の説明は，つぎの論考に基づいている．J. O'Shaughnessy, *op. cit.*, pp. 170-195.
36 D. Carson, A. Gilmore, C. Perry, and K. Gronhaug, *op. cit.*
37 J. Moisander and A. Valtonen, *op. cit.*
38 D. Carson, A. Gilmore, C. Perry, and K. Gronhaug, *op. cit.*, p. 4.
39 *Ibid.*, p. 5.
40 *Ibid.*, p. 15.
41 J. Moisander and A. Valtonen, *op. cit.*, pp. 3-4.
42 *Ibid.*, pp. 4-5.
43 本項の説明は，つぎの論考に基づいている．*Ibid.*, chap. 6.
44 D. Carson, A. Gilmore, C. Perry, and K. Gronbaug, *op. cit.*, pp. 61-63.
45 *Ibid.*, chap. 6, chap. 8, chap. 9.

第2章

消費者研究における認識の拡張

1. はじめに

　第2章ではわれわれの問題意識と関連した1980年代の消費者研究における認識の広がりについて論じたい.
　マーケティングにおける消費者行動の研究は，戦後期以来，米国を中心として精力的に進められており，今日まで，マーケティング研究のなかで最も多くの研究成果が発表されてきた領域のひとつである．これらは，マクロ経済学やミクロ経済学の基礎概念や手法を応用したもの，心理学，社会学，さらには人類学の理論を基礎とするものなどであるが，1980年代に至り，M. B. Holbrookの研究[1]を契機として新しいアプローチが展開されるようになった．Holbrookらの研究は，人間としての消費者の情動（emotion）を重要視し，消費者の内面世界の「意味」を探究しようとする学説であって，マーケティングにおける消費者研究の方法論的革新と呼ぶべき内容を提起した.
　今日までの多くのマーケティング研究は，自然科学的なサイエンスの方法を規範とし，変数分析的（variable analytic）な様式で交換現象を理解することを必要と考えてきた．しかしながら，消費者の精神世界や主観的側面を捉えるためには，まず，個別の消費者がそれぞれ認識する現実が存在することを前提として，つぎに，その主観的な解釈のシステム（イメージの世界）の探究のために，消費者行動の，より深い，質的な分析を展開しなければならないといえる．Holbrookらの研究以降，マーケティング理論のなかで，相対主義（relativism）の提唱が頻繁に行われるようになった．こうした立場での研究として，J. P. PeterとJ. C. Olson[2]，J. A. MuncyとR. P. Fisk[3]らがある.

消費者研究のこうした動向は，1980年代以降に顕著となった学問全般のパラダイム・シフト（paradigm shift）を背景とするものであった．それは，人間としての消費者の感情的側面への注目などによって，研究方法の多様化を促進し，社会学，人類学，精神医学などとの接点を有するものであった．そして，マーケティング研究への現象学的アプローチ，ナチュラリスティック・インクワイアリー（naturalistic inquiry）などとも称された．S. D. Hunt はマーケティング研究における相対主義的認識は「真理」の意味を改めて問うことを指摘した[4]．本章では R. W. Belk らがマーケティング研究において提唱した[5]ナチュラリスティック・インクワイアリーと呼ばれる方法について，Y. S. Lincoln と E. G. Guba の文献[6]を用いて説明したい．

　1980年代以降のマーケティング理論のもうひとつの特色が人文主義（humanism）である．マーケティング現象を客観的視点から分析し，因果関係を中心に理論を構築するアプローチに対して，これは，ヒトを中心に現象を描きだし，イメージの全体性を創造的に理解しようとする理論のあり方である．代表的研究としては，Holbrook[7]，E. C. Hirschman[8] がある．これらは，消費者のいだくイメージを存在論的に，全体性を重視して再生しようとする試みに特色がある．そこで，こうした方法をホリスティック・アプローチ（holistic approach）と呼ぶ．これは，臨床心理学的なケース・スタディや，文化人類学的なフィールドワークの方法と関連しており，研究者の直観（intuition）による理解を重視する特徴がある．

　さらに，消費者の日常的経験を面接を通じて記述し，そのなかから消費の生きた意味を捉えようとする現象学的アプローチを，C. J. Thompson, W. B. Locander，および H. R. Pollio の研究[9]により検討する．

2. 相対主義的認識

(1) 概　念

　1980年代に，相対主義の論議がマーケティング研究のなかに登場した．Hirschman によれば，相対主義的アプローチは，現象学（phenomenology），主観主義（subjectivism），実存主義（existentialism）

などの立場と関連しており，マーケティングでは，こうした観点からの研究は少なかったが，それは，マーケティングが実証主義に傾倒して，経験主義（empiricism），実在論（realism），ならびに定量主義（quantificationism）をマーケティング・サイエンスの規範として尊重してきたためであった[10]．

哲学でいう相対主義とは，絶対主義に対置されるものであって，認識や価値などにおいて相対性を説く立場である．それによれば，われわれは現実をそれ自体として認識することはできず，むしろ認識する意識との関連においてのみ認識できるとされる．つまり，あらゆる理論的ないし実践的価値は，主観的，心理的な個人に対する関係においては相対的であり，おのおのの立場によって解釈が異なるといえる[11]．

J. A. Muncy と R. P. Fisk は，マーケティングにおける認知的相対主義（cognitive relativism）の重要性を指摘し，その中心となる考え方は，「真理」あるいは「真理」の評価が個人や集団の概念的枠組み，もしくは判断の文脈によって変化することにあるとした[12]．また，彼らによれば，相対主義は多様な解釈を肯定するものであっても，「真理」や「虚偽」の概念自体を拒絶するわけではない．真理が存在する，あるいはそれを知ることができるという考えの拒絶は懐疑論（skepticism）にほかならない．すなわち，相対主義の真理は「絶対的」真理ではなく，「相対的」真理とも呼ぶべきものである[13]．

また，J. P. Peter と J. C. Olson は，相対主義／構成主義者的（relativistic/constructionist）アプローチの特色を，実証主義／経験主義者的（positivistic/empiricist）アプローチとの対比によって明らかにした．彼らによれば，実証主義（positivism）という言葉は，経験（経験的観察）に基づいた知識のみが重要かつ有益であると考える経験論を意味しており，また，分析の手法は象徴論理（symbolic logic）に依存している．こうして，実証主義では，偏向のない観察と論理的分析によって，命題の真実性が絶対的に決まるとみなされる[14]．

(2) 特　色

さて，Peter と Olson の研究によれば[15]，実証主義／経験主義者的アプ

表2-1 サイエンス観の対比

実証主義／経験主義者	相対主義／構成主義者
● サイエンスは現実の本当の成りたちを発見する．	● サイエンスは多くの現実を創造する．
● サイエンスの理解には理論のみが必要である．	● サイエンスの理解には，理論がつくられ，正当化され，研究者の間に広まる過程が必要である．
● サイエンスは，文化的，社会的，政治的，ならびに経済的要因を考えることなく理解できる．	● サイエンスは社会的過程であり，文化的，社会的，政治的，ならびに経済的要因を考えることなくしては理解できない．
● サイエンスは客観的である．	● サイエンスは主観的である．
● 科学的知識は絶対であり，累積的である．	● 科学的知識は特定の文脈や歴史の時期に応じて相対的である．
● サイエンスは外部世界を支配する普遍的法則を発見することができる．	● サイエンスは文脈依存的，すなわち準拠枠に応じたアイデアを創造する．
● サイエンスは絶対的真理にだんだんと近づいていく理論を生み出す．	● 真理は，理論の文脈の外からは推論できない主観的評価である．
● サイエンスは論理法則に従うので合理的である．	● サイエンスは有益な手段を使って個人や社会の幸福を求めようとする範囲で合理的である．
● サイエンスの手段には特定のルールがある．	● それぞれの状況に適したサイエンスの多数の手段がある．
● 研究者は厳密なテストによって理論を確実なものとする．	● 研究者は理論を伝えるために支持的，確証的証拠を求める．
● 測定の手続きは測定される対象に影響することはない．	● 対象を変化させることなく測定を行うことはできない．
● データは理論を検証するための客観的，独立的基準となる．	● データは理論の多様性の観点から研究者がつくり，解釈するものであり，理論負荷的である．

（出典）J. Paul Peter and Jerry C. Olson, "Is Science Marketing ?" *Journal of Marketing*, Fall 1983, p. 119.

ローチのなかでは，つぎのような要因は科学的認識には適さないものとして除外されてきた．①研究者間の相互作用や影響力，②研究者の信念や価値，③研究者による観察データの主観的解釈．しかしながら，こうした要因が科学的認識の浸透においてきわめて重大な役割をはたす場合がある．2つの視点のポイントを整理すれば表2-1のとおりである．

まず，実証主義／経験主義者的アプローチでは，研究対象となる外部世界が存在し，その本質を経験的観察と分析によって徐々に解明できると考

える．理論とは，それゆえ，現実世界についての一般言明（general statement）である．これに対して，相対主義／構成主義者的アプローチでは，多数の現実が存在し，そのひとつひとつが特定の文脈や準拠枠に応じたものであると考える．したがって，研究者は，理論や経験的観察の意味についての，ある範囲での合意を形成することによって，むしろ現実を構成していくものと仮定する．

　つぎに，相対主義／構成主義者的アプローチでは，研究者間での社会的相互作用のごとき，理論をつくる側での社会的過程を含めてサイエンスの成立を考える．

　また，実証主義／経験主義者的アプローチでは客観性（objectivity）を最も重要視し，研究者の客観的で，偏向のない観察によって生み出されるデータに依存する．しかし，人間の知覚は過去の経験などに影響される場合もあろう．したがって，同一のデータでも異なった意味解釈がなされることもある．

　また，理論はその文脈の範囲内で意味があり，前提条件が変化すれば理論の意味も変わることを忘れてはならない．それゆえ，現象の因果関係をあらゆる場合に説明できる理論をつくることは困難ともいえよう．実証主義／経験主義者的アプローチは，普遍的理論や法則を志向するが，相対主義／構成主義者的アプローチは理論の範囲と観察の相対的意味を確認し，一般化の限度を明らかにする．

　さらに，実証主義／経験主義者的アプローチでは，理論の「真実性（truth）」を評価の基準とするが，相対主義／構成主義者的アプローチは理論の「有用性（usefulness）」を重視する．有用性とは，理論がどの程度現実世界に妥当し，特定の課題を達成できるかを意味している．

　また，実証主義／経験主義者的アプローチの研究者は，データを理論と切り離して捉え，経験的観察は理論を検証し，比較するための客観的基準と考えている．しかし，現実には，データは理論に応じて準備されることもある．相対主義／構成主義者的アプローチでは，純粋な観察言語は存在せず，データは理論に影響されると仮定する．

　PeterとOlsonは，相対主義／構成主義者的アプローチをマーケティングに導入することによって，仮説の検証よりも理論の創造に力点をおいた

研究を推進すべきことを提唱した．彼らによれば，マーケティング研究は，統計的手法と方法論の厳格さを気づかうあまり，理論をつくるという側面が軽視されるという欠陥があり，それゆえ，経済学，社会心理学，認知心理学，統計学などだけではなく，今後は，歴史学，人類学，社会学，臨床心理学などにも目を向ける必要があると指摘した．

3. ナチュラリスティック・インクワイアリー

(1) 実証主義との対比

消費者研究のなかでナチュラリスティック・インクワイアリーが論じられたのは1980年代の後半からであった．R. W. Belk らはこれを，対象がおかれたありのままの環境のなかでフィールド調査を実施し，その結果を解釈という手段によって認識する方法と定義した．そして，現場の詳細な観察と記録，ならびに解釈におけるコンテクストの重要性を指摘した．また，データの収集と分析に他の方法よりも時間がかかる反面，消費者行動を分断せずに，自然な形で把握できる利点があると述べた[16]．

ナチュラリスティック・インクワイアリーについて，Lincoln と Guba は，実証主義との対比によって特色を説明した．その所説に依拠して，ナチュラリスティック・インクワイアリーの内容を以下で説明したい[17]．

サイエンスの思想は自然に直接問いかけ，自然に答えさせることを尊重してきた．これに対して，人間の「知」のもうひとつの様式が「ナチュラリスティック」と呼ばれるものである．それは「脱実証主義的」，「エスノグラフィック」，「現象学的」，「主観的」，「ケース・スタディ」，「定性的」，「解釈学的」，「ヒューマニスティック」などの名称で呼ぶこともできる．こうした研究は，研究者が対象の行動の先行的条件に対して操作的意図をもたないという特色がある．

さて，周知のように実証主義は科学の方法に対して重要なインパクトを与えた．実証主義という言葉は，Saint-Simon が自然科学の方法とその哲学への敷衍を指すために用いたのに始まるが，経験的な事実の背後になんらかの超経験的実在をみとめず，「すべての知識の対象は，経験的所与たる事実にかぎる」とする立場である．そして，近代自然科学の方法と成果

に基づき,物理的,精神的現象世界の統一的な説明を目指した[18].

とりわけ,論理実証主義(logical positivism)はウィーン学団とその同調者たちの哲学に与えられた名称であるが,それは,論理分析の方法,すなわち概念と命題の意味を論理的に分析し,それらの真に意味するところをあきらかにするものであり,そこに混入した非経験的,形而上学的要素を取りのぞこうとする特色がある[19].実証主義に対する批判の一例をあげれば,研究者がすべてを決定する研究が増え,対象が決定に加わる研究が排除されがちであること,また,外部的(客観的)視点の研究(etic research)のみが重要と考えられて,内部的(主観的)視点の研究(emic research)が軽視される傾向があることなどである.すなわち,実証主義は人間的要因に対する配慮が欠如していると批判される.実証主義を支える5つの原理はつぎのとおりである.

(1) 単一の実体的現実は分割可能で独立して研究できる.
(2) 観察者は観察対象から独立して観察できる.
(3) 観察の時間的および文脈的独立性(ある時点や場所で真実であったことは,適切な状況のもとでは別の時点や場所でも真実である).
(4) 直線的因果性(原因なくして結果はなく,結果のない原因はない).
(5) 価値からの自由(方法論は探究の結果が価値に影響されないことを保証する).

これに対して,ナチュラリスティック・パラダイムの原理はつぎのとおりである.

(1) 複数の構成された現実が存在し,ホリスティックに研究できる.
(2) 研究者と対象は相互に影響を与え,両者は分離できない.
(3) 研究の目的は個性記述的(idiographic)な知識体系にあり,それは個別の事例を記述した作業仮説(working hypotheses)の形で示される.
(4) すべての存在は相互的,同時的形成(mutual simultaneous shaping)の状態にあり,原因を結果から識別できない.
(5) 研究はつぎの5つの点で価値を負う.①研究者の価値観,②パラダイムの選択,③理論の選択,④コンテクストに内在する価値,⑤以上の共鳴と不協和.

表 2-2 実証主義とナチュラリストの原理の対照

パラダイムの原理	実証主義者	ナチュラリスト
現実の性質	単 一 実 体 分割可能	複 数 構 成 的 ホリスティック
研究者と対象の関係	独 立 的 二 元 論	相互作用的 不 可 分
一般化の可能性	時間と文脈に無関係な一般化（法則的言明）が可能	時間と文脈に関係した作業仮説（個別的言明）のみが可能
因果連鎖の可能性	結果に先行したり同時的である真の原因がある	すべての存在は相互的・同時的形成の状態にあるため原因と結果の識別は不可能である
価値の役割	研究は価値と無関係	研究は価値と関係

（出典）Y. S. Lincoln and E. G. Guba, *Naturalistic Inquiry*, Sage Publications, Inc., 1985, p. 37.

2つの原理を対比すれば表 2-2 のとおりである．

(2) 特 色

つぎにナチュラリスティック・インクワイアリーの特色について Lincoln と Guba の所説に基づき考えていきたい[20]．

実在 (reality) をどのように捉えるかは学問の基礎的課題であり，これまで数多くの見方が提起されてきた．社会学においては，1920 年代のパラダイム危機を契機として解釈学的社会学が脚光を浴びた．そこでは，法則的命題を探る研究というよりは，個人や社会生活の意味をより深く理解するための研究の必要性が説かれた．心理学では G. Kelly のパーソナル・コンストラクト心理学（personal construct psychology）が同様の方法論を提唱し，人間の内面世界に注目した[21]．哲学では存在論のなかで実在性をつぎの4類型に分けている．

(1) 現実は実体的で，経験によって知ることができるとする客観的実在性．
(2) 個人が知りうるのは特定の視点（知覚）による内容であるとの知覚的実在性．

(3) 現実は人間の心の構成物で，複数の存在であると考える構成的実在性．
(4) 現実は参与者が創りだすという創造的実在性．

また，実証主義者が一般化（generalization）をサイエンスの目標と考えるのに対して，ナチュラリスト・パラダイムではそれに代わる作業仮説の概念を導入する．研究者は個別の状況要因に配慮しつつ考察を進めるため，すべての一般化は結論ではなく作業仮説とみなすことができる．状況によってコンテクストが異なり，時間の経過によって変化が生ずるため，作業仮説は発見された状況と，別の状況の双方とにおいて仮定的であるといわなければならない．

つぎに，因果性の概念に代わり，相互的，同時的形成の概念を導入することによって，人間の経験，判断，洞察などがかかわる現象を解明する．これはつぎのような見方である．

「すべてのものは他のすべての存在に，今，この場において影響を与え，また，行為に含まれた多数の要素は相互作用によって，同時的に互いの変化を誘発し，観察者が結果（effects）と名づけるものに変化する．しかし，相互作用には特定の方向性はなく，結果はまったく予想できない相互的形成の産物である」．

このように，因果性は，相対的確からしさ（relative plausibility）に変化する．

(3) 手 順

つぎに，ナチュラリスティック・インクワイアリーの具体的手順について Lincoln と Guba の所説に依拠して説明したい[22]．全体の流れは図 2-1 のように要約される．

研究は対象が存在するありのままの環境のなかで行われる．これはつぎのような理由に基づく．
(1) 実在性は文脈から分離して理解することのできない全体である．
(2) 観察行為は内容に影響を及ぼす．
(3) 発見内容の意義の判断において，文脈（コンテクスト）が高い比重を占める．

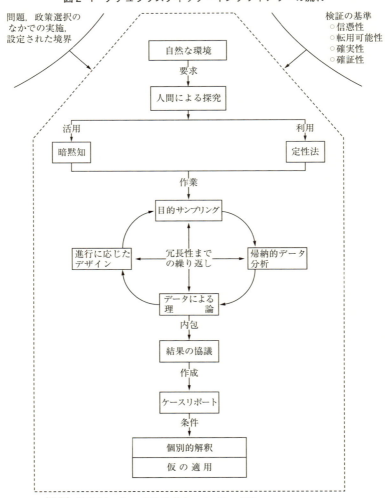

図2-1 ナチュラリスティック・インクワイアリーの流れ

(出典) Y. S. Lincoln and E. G. Guba, *op. cit.*, p. 188.

(4) 因果関係ではなく相互形成の機能を重視する．

このように，研究は時間と文脈に依存することを前提とし，コンテクストに関係するすべての要因を考慮に入れる．この場合，研究者自身も外部的存在ではなく文脈のなかに組み入れられる．

つぎに，データの収集の手段は人間を中心としている．そして，人間の反応性，適応性，認識能力などを信頼してデータを収集する．

ナチュラリスティック・インクワイアリーは言語で表現できる命題知（propositional knowledge）のみならず，体験的理解による暗黙知（tacit knowledge）を活用する．これはつぎの理由に基づく．

(1) 複数の実在性というニュアンスは，こうした方法でのみ評価される．
(2) 研究者と対象の相互作用の多くは，かかるレベルで発生する．
(3) 暗黙知は研究者の価値観を映しだす．暗黙知は洞察や仮説の基礎を成すが，研究者はこれを言語化し，共有化するための努力を怠ってはならない．

ナチュラリストのサンプリングを目的サンプリング（purposive sampling）と呼ぶ．サンプリングは，通常，代表性を重視して実施され，対象のすべての要素が等しい選択の機会をもつように工夫される．これに対して，目的サンプリングでは，多数の個別的事例を詳述することを目的に，それ以降の研究手順で重要と考えられる情報の把握をはかる．したがって，サンプルの決定を事前に行うことをせずに，研究の進行にあわせてサンプリング・デザインをし，必要であればその範囲と内容をいっそう発展させる．このように統計的要因ではなく，情報の内容を基準にサンプリングを行う特色がある．それゆえ，情報の冗長性（redundancy）が認められた場合に作業は中止される．

ナチュラリストのデータ分析は帰納法による．ナチュラリストは先験的理論や変数を対象とせず，それらは探究の結果から生まれると仮定する．そして，フィールドのなかで蓄積されたデータを帰納的に分析し，検証すべき作業仮説や問題を明らかにする手順を用いる．

そして，ナチュラリスティック・インクワイアリーのリサーチ・デザインは，進行に応じて実施される．それはつぎのような理由による．

(1) 対象となる多様な現実について，あらかじめ十分に知ることはできない．
(2) 研究者と現象の相互作用の結果を事前に予測することはできない．
(3) 相互形成のパターンを知ることはできない．

(4) さまざまな価値観が予測不可能な方法で結果に影響する．

　また，調査内容の解釈においてはデータの出所である回答者と協議を行う．すべてに同意が得られるとは限らなくても，研究者は必ずかかる手順を踏んで結論をまとめる義務がある．それはつぎの理由による．
　(1) 研究者は対象の現実の再構成をはかる．
　(2) 文脈のなかでの作業仮説はそこに暮らす人間が最もよく確認できる．
　(3) 現地の価値観は居住者がより深く知っている．

　ナチュラリスティック・インクワイアリーは研究内容の報告に事例方式（case report）を用いる．それはこうした方法がつぎの利点を有するためである．
　(1) 濃厚な記述を可能にする．
　(2) 複数の現実を記述できる．
　(3) 臨場感をもって内容に接することができる．

　また，データならびに結論の解釈は対象の個別性に焦点をおいて行われるが，これは主としてつぎの理由による．
　(1) 文脈のなかで発見された内容は，その時点と文脈で意味がある．
　(2) 意味の解釈はホリスティックに行わなければならない．

　また，研究は信憑性，転用可能性などによって評価される．

　そして，データの収集は面接を活用して行われる．それは，必ずしも固定した方式によらずに，相互作用のなかから，柔軟に対象に接近する方法を用いる．

4. 人文主義的認識

(I) 基本理念

　1980年代以降のマーケティング研究における新たな展開が，人文主義との接触の拡大である．哲学で説く"humanism"とは，一般に人間性を尊重し，これを束縛するものからの人間の解放を目指す思想を意味し，人間主義，人本主義，ときには人道主義などと訳される[23]．Hirschmanによれば人文主義はつぎのような理念に基礎をおくものである[24]．

(1) 人間は多数の現実を組みたてる．こうした現実はゲシュタルト（gestalts）としてのみ，すなわち，ホリスティックに理解できる．
(2) 研究者と対象は相互作用を行う．研究者は自己を現象から引き離すことはできず，それに関与することなく理解することはできない．
(3) 研究の目的は特定の現象についての仮説的言明としての知識体系の開発にある．研究者は現象に関する入念な記述を行う．すなわち，その複雑性と内的構成の意味を記述するように努める．
(4) 現象は創り出されるものであるため，ある側面を「原因」とし，別の側面を「結果」とみることはできない．
(5) 研究は本質的に価値負荷的である．なぜならば，研究者の価値観が現象の選択，方法の選択，データの選択，ならびに発見事項の選択に必然的に影響を与えるからである．
(6) 知識は発見されるものというよりは，組みたてられるものと考えるべきである．

Hirschman は，実証主義的立場と，以上の理念を，対極的ものとみなし，これらを相互排除的に扱うことは生産的な研究態度ではなく，むしろ，それらをマーケティング研究のためのパラレル・パス（parallel path），すなわち相並ぶ道筋と考える必要があると指摘した[25]．両者の特色を要約すれば表2-3のとおりである．

表2-3 人文主義的研究と実証主義的研究

人文主義的研究	実証主義的研究
1. 人間は多数の現実を組みたてる．	1. 個別要素からなる単一の現実が存在する．
2. 研究者と現象は相互作用をする．	2. 研究者と現象は独立的である．
3. 研究は個性記述的な知識の開発を志向する．	3. 時間と文脈を超えて一般化が可能な真理の言明を開発することができるし，それが望ましい．
4. 現象は「原因と結果」に分離することはできない．	4. 現実の要素は原因と結果に分けることができる．
5. 研究は本来，価値負荷的である．	5. 価値に左右されない客観的知識を発見することが可能であり，それが望ましい．

（出典）Elizabeth C. Hirschman, "Humanistic Inquiry in Marketing Research: Philosophy, Method, and Criteria," *Journal of Marketing Research*, August 1986, p. 239.

Holbrook は，消費者研究への人文主義的アプローチでは，消費を消費者自身の目的志向的行為と認識し，価値（value）や「達成（consummation）」について探究すべきことを指摘した[26]．すなわち，モノの効用の消滅の過程を消費と捉えるのではなく，ヒトを中心として，消費者の精神世界を消費者の側から論述することが必要であるといえる．

(2)　研究方法

　つぎに，1980 年代以降の Holbrook や Hirschman らの研究の方法的特色を以下において詳しく考察していきたい[27]．

　研究者は対象に積極的に参与する．相手の生活，とくに仕事に一緒に加わりながら行う観察を文化人類学の用語で参与観察（participant observation）と呼ぶ[28]．また，現象の解釈は直観と感情移入（empathy）によって行われる．

　こうした過程を実証主義との比較のもとに Hirschman の所説に依拠して段階別に説明すればつぎのとおりである．

〈研究の目的〉

　実証主義の研究者は現象についてアプリオリな図式をもっていることが多い．これは要素（変数）によって構成され，因果関係を形成する．そこで因果関係の発見と，その正確な把握を研究課題とする．これに対して，人文主義的アプローチでは，現象を全体として把握するように努める．すなわち，その構成，内容などを明らかにしようとする．因果関係を探るのではなく，現象の性格を知ろうとするわけであり，いわば現象の全体性の意味を丸ごと理解する方式である．

　例えば，消費文化を研究しようとする場合，実証主義の研究者は，消費者の社会経済的ステイタスなどの背景変数を明らかにし，これらと，集団の構成員の社会的移動，達成動機などの関係を調査し，さらに構成員の財の所有，余暇活動などとの関係を調べ，因果関係の構築を行う．一方，人文主義の研究者は，現象をそれ自体として理解することが目的であるので，文化を，構成員の価値，行為，信念，動機，伝統，所有，願望などの複合と捉え，集団がもつ現実についての解釈に努める．そして，そのなかにおける，財，購買行動，余暇活動の意味（位置づけ）を知ろうとする．

〈探究方法〉

　実証主義の研究者は変数の抽出と，それらの関係の解明を行う．すなわち，定量化による，理論の検証をはかる．これに対して，人文主義の研究者は，予備的な現地調査を数回にわたって実施し，現象についての先入観を取り除くことから研究を始める．これは対象にとっての現実を研究者がありのままに受けいれることができるようにするための準備である．フィールドワークは記録され，研究者のアイデアの源泉として活用される．

　例えば，消費文化を調べる場合，実証主義の研究者はサンプルを選択し，量的な調査を実施するが，人文主義の研究者は，対象の日常における行動の観察を行ったり，コミュニティのイベントに自らが積極的に参加して研究を進める．

　フィールドワーク（field work）とは文化人類学の研究方法であって，文化人類学の研究書によれば，研究対象の地域または社会へ研究者自身がおもむき，その地域または社会に関し，何らかの調査を行うことを意味する．そして，こうした方法の水準を高めたのは B. Malinowski であった．彼は，調査対象の社会のなかで暮らし，そこで営まれている社会生活に関するデータを，人々の交際を通じて収集するための参与観察法を発展させた．また，フィールドワークの方法には，面接法，事例研究法（case study method），系譜法（genealogical method）がある．面接法とは調査者が情報提供者（informant）に質問し，その回答を記録する方法である．事例研究法は，調査者自身が社会のなかで起きた出来事や事件を，できるだけ詳しく，また数多く記録する調査法である．系譜法は，調査地域の住民を対象として，彼らの知っている系譜あるいは系譜的知識を，できる限り詳しく記録する方法である[29]．

〈現象への参与〉

　実証主義の研究者は，調査や実験のなかに研究者の主観が入らないように注意する．例えば，調査は研究の仮説を知らない担当者によって実施されることも多い．これに対して，人文主義の研究者は，自己の感受性や感情移入による洞察力に依拠して，研究を進める．研究者が調査対象である現象に個人的に没入（immersion）することが必要である場合もある．すなわち，研究者は調査対象である活動に参与し，観察することを，できる

だけ自然なかたちで行うように努める．調査の期間は半月から数年に及ぶ場合があり，このなかで，観察→仮説構築→観察→仮説改訂を繰り返す．また，研究者はつぎの2点に注意しなければならない．
(1) オープンな態度で現象に接し，感受性を働かせること．
(2) 研究の課題は現象の理解にあり，特定の理論の証明ではないことを自覚すること．

〈解釈の構築〉

人文主義の研究者は最後に解釈の構築に取り組む．これは，事例研究の形で表されることが多い．研究者はつぎのものを明示する必要がある．①研究の目的，②場所と時期の選定の理論的根拠，③現象についての自己の解釈．

実証主義のアプローチでは，多数の変数を因果関係を示す形で整理し，経験的データによる検証を重視する．これに対して，人文主義的アプローチでは，現象を体験し，それを言語による解釈に翻訳することを行わなければならない．この過程で，それまで統一性に欠けていた知識が，ある概念や価値観を中心として突如ひとつのパターンを形成することが往々にして見られる．これを概念の突破口（conceptual breakthrough），あるいはゲシュタルトと呼ぶ．消費文化の研究でも，消費者自身が話した内容，また記録から消費者の価値観の本質が洞察され，彼（女）らのイメージの統一的全体像が明らかになる場合がある．

〈解釈の評価〉

実証主義的研究であれば，研究成果の評価基準は，内的および外的な妥当性（validity），信頼性（reliability），および客観性である．これに対して，人文主義的研究では，つぎのような基準が用いられる．
(1) 信憑性（credibility）：解釈の妥当性は，調査対象に問い，反応を確かめることが最も有益である．実証主義的アプローチでは，研究者の判断がすべてと考えられがちであるが，人文主義的アプローチでは，むしろ研究者は対象に学ぶという基本姿勢をもつべきである．
(2) 転用可能性（transferability）：この基準は実証主義的アプローチの外的妥当性に匹敵するものである．人文主義的探究においては，発見事項の別の状況への転用可能性を確認する．

(3) 確実性（dependability）：実証主義的アプローチでは，これは，変数の測定結果の安定性と内的整合性を意味する．人文主義的アプローチでは研究者自身の洞察力が鍵となるため，複数の人間による現象の理解を比較することが必要である．

(4) 確証性（confirmability）：これは実証主義の中立性や客観性に相当するものである．人文主義的アプローチでは，研究者は中立的な立場から現象を観察するというよりは，むしろ，対象に感情的に深くかかわるため，別の研究者による方法と結論の確認が必要となる．

(3) 認識論的特色

このように消費者研究への人文主義的アプローチにおいては，感情移入や直観などの方法が用いられる．

Hirschmanによれば，人間は，感覚や直観の働きによって，外部世界と内部（精神）世界の両方で情報を扱う．感覚が内外からの刺激によって直接にひきおこされる意識内容であるのに対して，直観は，イマジネーションによって，状況の全体性（ゲシュタルト）を見ることで情報を生みだす作用である[30]．哲学では，直観を，対象の全貌と本質を把握する認識作用として，悟性的思惟に優越した，高次の認識能力と定義する[31]．

澤瀉久敬は認識の方法についてつぎのような説明を展開した[32]．

> ものを知るには外から見る方法と，内から知る方法の2つがあり，科学が外から眺める方法をとり，分析と実験に依拠するのに対して，哲学は内から知る方法をとり，存在の原理にかかわる人間の意識を問題とする．そして，内から知る方法が直観である．直観とは本来「内を見る」との意味であり，対象と一つになって，それを内から実感する作用である．われわれの日常の認識とは，対象をすでに自分がもっている概念で分類しているにすぎないことが多く，ほんとうに物を知るためには，かかる既成の概念を捨てて，対象そのものと一つになり，認識を創造しなければならない．直観は生命の原動力を持つものに対してのみ働かせることができる．直観は反省（内省）と並ぶ哲学の重要な方法であり，外感覚を捨てて，自己の底に降りることによって，対象の存在原理を共感する認識作用である．

以上の澤瀉の説明を基礎とすれば，消費者を本質において理解するためには，消費者の経験世界とひとつになり，研究者がイマジネーションを働かせることにより，その精神世界をホリスティックに再現し，その全貌を把握することが必要といえる．

5. 消費者研究の学問的位置づけ

(I) 消費経験の探究

　消費者の消費経験を現象学的方法によって探り，経験の「生きた意味（lived meaning）」を当事者の立場に即して把握しようとする試みがマーケティング研究において行われてきた．Thompson, Locander, およびPollio はこれを実存的現象学（existential-phenomenology）の立場からのアプローチと呼んだ．このアプローチは，消費者研究のあり方を考察するうえで，きわめて示唆に富む内容を有していると考えられる．そこで，彼らの所説について以下において詳しく説明したい[33]．

　このアプローチは，人間を，主体（観察する者）と客体（観察される者）という分離的立場を超えて考察し，人間の経験を文脈（コンテクスト）と全体性を重視した（ホリスティック）視点を尊重しながら，一人称で記述しようとするものである．方法論的には，①ゲシュタルト心理学，②臨床実践の2つの領域と関係が深いといえる．Thompson らは，メタファー（metaphor）を用いて，論理実証主義，合理主義，あるいはデカルト哲学とも呼ばれる伝統的研究と，こうしたアプローチの相違を説明した．

　伝統的研究のメタファーは，①機械メタファー（machine metaphor），②容器メタファー（container metaphor）の2点にまとめられる．前者は，対象を機械と仮定し，そのシステムが原理と法則のもとに働くとみなすものである．これによってつぎのようなサイエンスの規範が導き出される．

　(1) サイエンスは公式の言語体系（数学および操作的用語）を使用する．
　(2) 因果法則を明示する．

(3) 分析的手法を用いる．
(4) 現象を必要十分な一群の特性に還元する．
　一方，後者は，身体を心の容器，心を概念作用の容器とたとえた，心身二元論（dualism）を意味する．そして，人間の認識活動についてつぎのように仮定する．
(1) 身体の外側で発生する外的事象は客観的であり，内的事象は主観的である．
(2) 心は外部世界を表す象徴（シンボル）を操作する実体であり，こうした操作によって，外部世界は内部意識のなかにもちこまれる．シンボル操作の認識過程は内部的なので，その構造や機能はコンテクストとは無関係に研究できる．
(3) 研究対象は研究者の体験からは独立した現実として存在しており，数学的に正確で，言語的曖昧さのない真実の記述が可能である．
　一方，実存的現象学のメタファーはつぎのポイントに要約できる．
(1) パターン・メタファー（pattern metaphor）：知覚的には区別可能であっても，パターンは取りまくコンテクストから独立しては存在しない．同様に，人間を環境から切り離すことなく，コンテクストのなかで捉えることが必要である．こうして，経験をコンテクストのなかで発生するものとして，いわば「生きたもの（lived）」として記述できる．
(2) 図と地のメタファー（figure/ground metaphor）：描かれた絵のある部分を図と見れば，残りの部分は背景（地）と映る．あるパースペクティブから見て図であるものも，別のパースペクティブでは地となるといえる．そこでつぎの3つのポイントを指摘できる．①経験は図と地の原則のごとく生活世界におけるダイナミック・プロセスである．②図と地は両者で一体となる．③思考，感情，知識，イメージなどは焦点をもつ意図的な現象である．このように，経験は文脈から切り離すことができない．すなわち，完全な主観性として意識の「内部」に位置づけることも，主観性を離れたものとして「外部」に位置づけることも適切ではない．
(3) 視覚メタファー（seeing metaphor）：経験には，映し出されたもの

表 2-4 消費者研究のアプローチの比較

パラダイムの原理	実存的現象学	デカルト思想
世界観	コンテクスト中心	機械論的
存在のあり方	世界のなかに	二元論
研究の焦点	経験	理論的構造
研究のパースペクティブ	1人称	3人称
研究のロジック	定言的	予言的
研究の戦略	ホリスティック	構成要素的
研究の目標	主題（テーマ）記述	因果的還元主義

（出典）C. J. Thompson, W. B. Locander, and H. R. Pollio, "Putting Consumer Experience Back into Consumer Research: The Philosophy and Method of Existential-Phenomenology," *Journal of Consumer Research*, September 1989, p. 137.

(reflected) と，映し出されないもの (unreflected) があり，過去の要因で現在の問題が発生したと考えるべきではない．

消費者研究への両者のアプローチを比較すれば表 2-4 のとおりである．

実存的現象学に基づくアプローチにおいて中心となるのはつぎの概念である．

(1) 経験の志向性 (intentionality)：生きた経験はそれが発生した特定の生活世界に関して理解することが必要である．

(2) 自然につくられる対話 (emergent dialogue)：生きた経験を把握するためには対象との対話の展開が不可欠である．事前に作成した質問を研究者が問うのではなく，面接の内容は当事者の協力によってつくられる．したがって対話の展開は事前には予測できない．

(3) 解釈学的努力 (hermeneutic endeavor)：現象の記述の解釈のために適切な方法を工夫しなければならない．解釈はテクストの部分と全体を反復的に検討することによって進行する．面接内容を解釈し，共通パターンを明らかにしながら解釈のコンテクストを拡張していく．こうした共通性をテーマ (theme) と呼ぶ．解釈のパターンは他の人間に理解できるものでなければならないが，テーマを唯一の解釈と考える必要はない．

(2) 解釈的消費者研究

社会現象を，人間を中心に考察し，その経験をホリスティックに理解するためのヒューマニスティック・インクワイアリーが消費者研究においてみられる．これを解釈的消費者研究と称する[34]．

M. B. Holbrook, S. Bell, および M. W. Grayson は，ヒューマニズムの発達と社会科学の学問的位置づけに関してつぎのような説明を行った[35]．

ヒューマニズムは，歴史的にはルネサンスを契機に発達し，中世封建制度の重圧から人間を救いだし，人間性の回復をはかる狙いがあった．そのために古典的教養を人間にとって必須の条件と考え，それゆえ，古代ギリシアの生活と文化を理想とした文学，哲学，政治学，倫理学などの研究が進行し，人間性の再興がとなえられた．その後，ヒューマニズムが大きく発展したのが，18世紀のドイツの反啓蒙運動の時期であった．啓蒙思想を象徴する合理主義と機械的世界観に対して，古典的教養と人間的個性の尊重が主張され，知識の真の目標は人間について知ることにあり，社会の歴史的循環を理解することが重要であると説かれた．近代のヒューマニズムの思想のなかでは，W. Dilthey の解釈学，M. Heidegger の実存主義，M. Scheler の人間学，K. Jaspers の実存哲学などが知られている．Dilthey の分類を応用して，自然科学と人間科学（精神科学）を区別すれば，図2-2のような分類が可能である．図2-2に関しては，つぎの諸点に注目しなければならない．

(1) 自然科学と人間科学の区別が認められる．
(2) 人道主義（humanitarianism）は人類の福祉と幸福のために努力する思想であり，倫理的もしくは宗教的ヒューマニズムは人間の奉仕を通じた自己表現に重点がある．
(3) 純粋倫理あるいは純粋宗教は客観的知識の生成を目的としている．
(4) 社会科学は自然科学と人文科学（humanities）の中間に位置づけられる．
(5) 人文科学は文学，芸術，歴史，哲学といった人類の歴史的および文化的遺産に関係する．

消費者研究は，伝統的に，消費者の行動という可視的部分を中心とし，それを自然科学的方法の応用によって探究してきたといえる．しかし，消

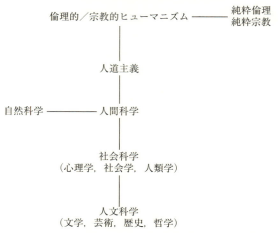

図 2-2 自然科学と人間科学の図式的描写

（出典）E. C. Hirschman (ed.), *Interpretive Consumer Research*, Association for Consumer Research, 1989, p. 32.

費のなかでの「意味」や「価値」などの主観的部分を解明するためには「解釈」という新たな手段に依拠することが必要となる.

また, J. L. Ozanne と L. A. Hudson は, 消費者研究の展開を跡づけ, 実証主義的アプローチと解釈主義的アプローチの特色を要約した. そして, 解釈づくりのプロセスをつぎのように示した[36]. なお, その理論の詳細については第 4 章で解説する.

(1) 観察や面接などによって解釈の基礎（テクスト）をつくる.
(2) テクストを成句や行為に分割する.
(3) サブテクストごとに作業仮説と解釈をつくる.
(4) サブテクストの解釈を合わせて全体の解釈をつくる.
(5) 代替的解釈の可能性を探る.

6. むすび

相対主義は, 認識や価値において相対性を重視する立場である. マーケティング研究においても, 1980 年代以降, 相対主義／構成主義の立場か

らのアプローチが見られるようになってきた．実証主義は，偏らない観察，論理的分析，ならびに理論を研究の柱とする．それゆえ，研究者の価値観，観察データの主観的解釈などを排除することが求められた．また，実証主義では，現実は客観的事実として存在し，これを徐々に解明することが研究者の役割であると考えられてきた．これに対して，相対主義／構成主義者的アプローチでは，現実とはむしろ構成されるものであると考える．したがって，仮説の検証というよりも，理論の創造の側面を重視する．そのために，歴史学，人類学，臨床心理学などの領域に注目し，理論の社会的文脈や状況性に留意する．

ナチュラリスティック・インクワイアリーとは，研究者が対象に操作的意図をもたない脱実証主義的方法である．実証主義はもともと自然科学の方法とその哲学への敷衍を指すために用いられた用語であり，知識の対象を経験的所与たる事実に限り，自然科学の方法と成果によって物理的，精神的現象世界の統一的説明をはかることを目的としている．とりわけウィーン学団の論理実証主義は時代を画する方法論を形成した．しかし，実証主義に対しては，内生的研究の排除，内部（主観）的視点の欠如といった批判があった．実証主義の前提はつぎの5点に要約される．①単一の現実，②研究者と対象の分化，③一般化，④因果連鎖，⑤価値からの自由．これに対して，ナチュラリスティック・パラダイムの原理はつぎのとおりである．①複数の現実，②研究者と対象の不可分性，③作業仮説，④原因と結果の相互的同時的形成，⑤価値の介入．

ナチュラリスティック・インクワイアリーは対象が置かれたありのままの文脈のなかで行われ，研究者自身もコンテクストのなかに組み入れられる．データの収集は人間を媒介として行われることが多い．このために面接（インタビュー）が実施される．探究は言語で表現された命題知のみならず，体験による暗黙知を活用して行われる．データの分析は帰納法により，検証すべき作業仮説や問題点を明らかにしていく．調査結果の解釈はデータを得た回答者との協議によって行う．研究内容はケース・リポートとしてまとめられる．データならびに結論の解釈は，対象の個別性に焦点をおいてなされる．そして，結論は，信憑性，転用可能性，確証性などを基準として評価される．

1980年代以降のマーケティング研究は人文主義的アプローチの発達を促した．それはつぎのような前提をもつ．①人間は多数の現実を組みたてる．②研究者と対象は相互作用をする．③研究は特定の現象についての仮説的知識をつくる．④現象のなかで「原因」と「結果」を分離することは容易ではない．⑤研究は価値観に影響される．

　消費者研究への人文主義的アプローチにおいては，消費者の内面世界の研究や，達成や価値などの研究が行われる．相手の内面や価値を探るために，研究者は観察対象の生活や仕事などに一緒に加わりながら観察を行う．こうした方法を参与観察と呼ぶ．これは文化人類学のフィールドワークにあたる．研究者は現象に没入することによって，現象の内側から観察と仮説構築（改訂）の作業を繰り返す．また，解釈の段階では，感情移入と直観を用いる．実証主義的アプローチは，多数の変数を結んだ因果関係と，観察データによる実証を行うが，人文主義的アプローチでは，現象を体験し，それを言語による解釈に翻訳することがポイントとなる．こうした過程のなかで，経験があるひとつの統一性を備えた認識パターンに突如として転化することがある．これを概念の突破口，あるいはゲシュタルトと呼ぶ．

　直観は，対象の全貌と本質を把握する認識作用であり，内からものを知るための方法である．そのためには，対象とひとつになって，内から実感する能力や共感の能力が研究者に要請される．このためには，研究者の内観と，イマジネーションの力が求められる．

　このように，1980年代から，消費者研究の新潮流と呼ぶべき新たな理論的展開が見られてきた．実証主義的方法は現象を外側から考察する自然科学の影響をうけて発達し，これに対して，人文主義的方法はヒトを中心に，人文科学の概念と方法を応用することによって研究を進めるという特色がある．既述のように，2つの方法は，どちらが優れているといった性格のものではなく，マーケティング研究のためのパラレル・パスと理解すべきであろう．人文主義的アプローチの要諦は，存在についての哲学的認識，直観を用いた認識，ならびに自己（self）の探究にあるといえよう．そして，消費者の内面世界をあるがままの姿で，丸ごと理解することを目指している．こうした消費者研究においては，理解の深さは現象を見る者

の理解の程度に比例すると考えることもできる．それゆえ，マーケティング研究者の現象への関与，ならびに認識能力が研究に影響するということができよう．

消費経験を現象学的方法で探り，経験の生きた意味を知ろうとするマーケティング研究がある．その方法的基盤はゲシュタルト心理学と臨床実践にある．現象学的方法は，自然な対話，テクストの解釈によって，経験の志向性の理解をはかろうとする点に特色がある．

知識の目的を，人間について知ること，また社会の歴史的循環を知ることにあるとして，また社会科学を自然科学と人文科学の中間に位置づけるイメージをもつことによって，われわれはヒューマニズムを基盤とした消費者研究の意義をよりよく理解することができる．従来の消費者研究が，行動という可視的部分を，測定を中心として解明したのに対し，こうした研究は，消費者のもつ価値や意味などを焦点に，解釈という方法によって進めるものである．解釈はつぎのようなプロセスで進行する．①観察と面接によるテクストの作成，②テクストの分割，③サブテクストの作業仮説と解釈の形成，④全体の解釈の構成，⑤研究者の解釈ならびに代替的解釈の提示．

注

1 Elizabeth C. Hirschman and Morris B. Holbrook, "Hedonic Consumption: Emerging Concepts, Methods and Propositions," *Journal of Marketing,* Summer 1982, pp. 92–101; M. B. Holbrook and E. C. Hirschman, "The Experiential Aspects of Consumption: Consumer Fantasies, Feelings, and Fun," *Journal of Consumer Research,* September 1982, pp. 132–140.

2 J. Paul Peter and Jerry C. Olson, "Is Science Marketing?" *Journal of Marketing,* Fall 1983, pp. 111–125.

3 James A. Muncy and Raymond P. Fisk, "Cognitive Relativism and the Practice of Marketing Science," *Journal of Marketing,* January 1987, pp. 20–33.

4 Shelby D. Hunt, "Truth in Marketing Theory and Research," *Journal of Marketing,* July 1990, pp. 1–15.

5 Russell W. Belk, John F. Sherry Jr., and Melanie Wallendorf, "A Naturalistic Inquiry into Buyer and Seller Behavior at a Swap Meet," *Journal of Consumer Research,* March 1988, pp. 449–470; R. W. Belk, M. Wallendorf, and J. F. Sherry Jr., "The Sacred and the Profane in Consumer Behavior: Theodicy on

the Odyssey," *Journal of Consumer Research*, June 1989, pp. 1-38.
6　Yvonna S. Lincoln and Egon G. Guba, *Naturalistic Inquiry*, Sage Publications, Inc., 1985.
7　Morris B. Holbrook, "What is Consumer Research?" *Journal of Consumer Research*, June 1987, pp. 128-132.
8　Elizabeth C. Hirschman, "Humanistic Inquiry in Marketing Research: Philosophy, Method, and Criteria," *Journal of Marketing Research*, August 1986, pp. 237-249.
9　Craig J. Thompson, William B. Locander, and Howard R. Pollio, "Putting Consumer Experience Back into Consumer Research: The Philosophy and Method of Existential-Phenomenology," *Journal of Consumer Research*, September 1989, pp. 133-145; C. J. Thompson, W. B. Locander, and H. R. Pollio, "The Lived Meaning of Free Choice: An Existential-Phenomenological Description of Everyday Consumer Experiences of Contemporary Married Women," *Journal of Consumer Research*, December 1990, pp. 346-361.
10　E. C. Hirschman, *op. cit.*
11　『哲学事典』平凡社，1971；村治能就編『哲学用語辞典』東京堂出版，1974；山崎正一・市川浩編『現代哲学事典』講談社，1970.
12　J. A. Muncy and R. P. Fisk, *op. cit.*
13　*Ibid.*
14　J. P. Peter and J. C. Olson, *op. cit.*
15　本項での Peter と Olson の所説についての説明はつぎの論考に基づいている．*Ibid.*
16　R. W. Belk, J. F. Sherry Jr., and M. Wallendorf, *op. cit.*; R. W. Belk, M. Wallendorf, and J. F. Sherry Jr., *op. cit.*
17　本項の説明はつぎの論考に基づいている．Y. S. Lincoln and E. G. Guba, *op. cit.*
18　前掲『哲学事典』．
19　同上書．
20　本項の説明はつぎの論考に基づいている．Y. S. Lincoln and E. G. Guba, *op. cit.*
21　Maureen L. Pope, "Personal Construction of Formal Knowledge," *Interchange*, Vol. 13, No. 4, 1982, pp. 3-14.
22　本項の説明はつぎの論考に基づいている．Y. S. Lincoln and E. G. Guba, *op. cit.*
23　前掲『哲学事典』．
24　E. C. Hirschman, *op. cit.*

25 *Ibid.*
26 Morris B. Holbrook, "What is Consumer Research?" *Journal of Consumer Research*, June 1987, pp. 128-132.
27 Morris B. Holbrook, "Emotion in the Consumption Experience: Toward a New Model of the Human Consumer," in Robert A. Peterson, Wayne D. Hoyer, and William R. Wilson (eds.), *The Role of Affect in Consumer Behavior*, Lexington Books, 1986, pp. 17-52; Elizabeth C. Hirschman and Morris B. Holbrook, "Expanding Ontology and Methodology of Research on the Consumption Experience," in David Brinberg and Richard J. Lutz (eds.), *Perspectives on Methodology in Consumer Research*, Springer-Verlag, 1986, pp. 213-251.
  なお，本項の説明はつぎの論考に基づいている．E. C. Hirschman, *op. cit.*
28 祖父江孝男『文化人類学入門』中央公論社，1979．
29 石川栄吉他編『文化人類学事典』弘文堂，1987．
30 Elizabeth C. Hirschman, "Scientific Style and the Conduct of Consumer Research," *Journal of Consumer Research*, September 1985, pp. 225-239.
31 前掲『哲学事典』．
32 澤瀉久敬『哲学と科学』日本放送出版協会，1967．
33 本項の説明はつぎの論考に基づいている．C. J. Thompson, W. B. Locander, and H. R. Pollio, *op. cit.*
34 Elizabeth C. Hirschman (ed.), *Interpretive Consumer Research*, Association for Consumer Research, 1989.
35 以下の「ヒューマニズムの発達と社会科学の学問的位置づけ」についての説明は，つぎの論考に基づいている．Morris B. Holbrook, Stephen Bell, and Mark W. Grayson, "The Role of the Humanities in Consumer Research: Close Encounters and Coastal Disturbances," in *ibid.*, pp. 29-47；前掲『哲学事典』．
36 Julie L. Ozanne and Laurel Anderson Hudson, "Exploring Diversity in Consumer Research," in E. C. Hirschman (ed.), *op.cit.*, pp. 1-9.

第3章

消費における「経験」と「意味」の探究

1. はじめに

　1980年代前後より,「消費」に関する学問的認識が変質しつつあり, そのアプローチも変化してきた. 例えば, M. Blonsky[1], 星野克美[2] らによる記号論 (semiotics) アプローチの研究があり, また, 消費者行動の要因としてアフェクト (affect) や情動 (emotion) などが注目された. とくに M. B. Holbrook の消費経験論のモデル[3] は重要であった. これらの研究によって, 消費についての認識の拡張が内容的にも, 方法的にも具体的に提起されたことにより, 人間としての消費者の行動が重要な研究課題となったといえる. こうした意味において, 80年代以降の消費者研究は, 伝統的な枠組みを越えた内容を要請し, 本質的な理論的革新につながると考えることができる.

　周知のように, マーケティングでは消費者の態度のような心理的要因を研究対象とするが, こうした研究の基礎は, すでに1950年代のマーケティング研究において築かれ始めていた. 当時は, 戦後の混乱期につづくマーケティング研究の始動期であり, マーケティング固有の分析対象や方法が真剣に探索され始めていた. 多数の研究者が, 心理学や精神分析の手法を援用してマーケティング現象への接近を試みた. そして, 消費者行動に関して意欲的な情報収集が行われ, 調査技法の革新が数多く見られた. 同時に, 経済人的消費者観からの認識変化が進み, 消費者行動分析では, 心理学の影響をうけた理論的枠組みが発達した. そして,「態度」や「イメージ」といった問題領域が新しい研究課題として注目を集めた.

　その代表的研究者の1人であったS. J. Levy は, この時期に, ブランド・イメージと消費者の態度や感情などの関係に注目し, 製品のもつ「意

味」こそが消費者にとっての価値であることを指摘した[4]。

　そして，今日，消費における「意味」の本格的分析が必要とされているのは，つぎのような理由によると考えられる．第1に，物質的に豊かな時代に消費経験を重ねることによって，消費者が消費の本来の目的であるところの生活の「価値」や「意味」，あるいは「生きがい」を考えるようになったことがあげられる．第2に，こうした動向を背景として，商品やサービスのもつ効用を「消費する存在」としての消費者というよりは，トータルな「人間存在」としての消費者という仮定を設けて考えることが，理論的にも，実務的にも必要となったことがある．こうした見方は，「消費」の研究を通じた人間行動の探究という学問的テーマに関連するものであり，観察可能な消費行為の背景を成す人間の価値観，思い，感情などを探るという特色をもつ．第3に，認知科学の発展を指摘することができる．認知科学の展開に伴って，情報処理の主体としての消費者の内面を考察することが必要となった．

　さて，消費行動の研究による人間行動の探究という研究課題に関しては，E. Dichter の先駆的業績を忘れることができない[5]．また，心理学においても，R. M. Sorrentino と E. T. Higgins の研究が人間の内面に光をあてた[6]．「意味」の研究は，トータルな人間存在が享受する「経験」の解明という問題意識をもち，興味深いテーマを扱っている．

　以上のような研究動向は，存在している対象の変化を研究するのではなく，多様な要素の個性のうえに立った秩序をあるがままの姿で認識しようとする方法論を特徴として，全体系のなかでの個のあり方，そして個のなかに投影された全体像の抽出を試みるという特色がある．そして，価値観や意味，ないしは意味の関係記述に重点をおき，対象の側に研究者が身をおいて考察を進めていくという手順をとる．こうした方法をホリスティック・アプローチ（holistic approach）と呼び，これはさまざまな学問領域で注目された．

　本章では，消費における「経験」と「意味」を探るための基礎的理論について説明したい．

2. 消費経験論

(1) 「感情」要因

1980年代以降,マーケティング研究のなかで,言語学や民族学の方法を援用する傾向が見られた.星野は,消費行為を文化記号と認識し,それらの背景にある「意味」を記号論の手法によって解明することを試みた.彼によれば,消費行為は単なる経済行為ではなく,文化現象として分析することが必要である.それは,経済現象は文化と不可分であり,しかも,過度に分節化された社会科学では,社会の実態を十分に解明できないという問題点があるためである[7].また,M. Blonskyは,社会現象のなかから隠れた時代のサインや記号を探るための方法を探った.それによれば,サインとは,2つの異なる集合体の相互関係を表示するものであり,認識マーカー(recognition marker),あるいは記号表現と呼ぶことができる.サインは文化を基礎として記号内容と関係があり,こうした関係をコード(code)と呼ぶ[8].T. A. Sebeokによれば,コードとは,メッセージの転換を規定した,同意の得られたトランスフォーメーション(agreed transformation)である[9].

記号論とは,言語学の概念や分析方法を用いて,サインの意味を探究する学問である.G. Dyerによれば「意味」には本来つぎの3つの内容がある[10].まず,消費者が広告を見る状況を前提とすれば,広告に描かれた人や物などの客観的要素の意味がある.これを表示的(denotative)意味と呼ぶ.つぎに,われわれが広告を見て頭に描くイメージとしての意味がある.例えば,広告に描かれた人々の生活スタイルから中流の生活様式を連想するといったものである.これを共示的(connotative)意味と呼ぶ.この場合には文化的要因が媒介となり,機能する.第3に,社会のある時期における規範的原理や態度のイメージとしての意味がある.これを観念論的(ideological)意味と呼ぶ.

Dyerの説明によれば,サインは,意味を伝える伝達の手段としての記号表現と,伝わる意味内容としての記号内容によって構成される.例えば,広告の色は記号表現であるが,それによって,エネルギー,若々しさ,幸福などの意味内容が生まれる.また,サインは他のサインとの構造

的関係からも意味をつくるため，意味の連鎖関係がある．そして，慣習や契約によって記号表現と記号内容の関係が定まる場合には，シンボルとしてのサインの働きを指摘できる．文化記号の重要性はここにあり，例えば，バラを愛のシンボルとみなすイメージは，長年にわたる人々の生活様式の蓄積としての文化に基づく解釈である[11]．

　同時に，消費者研究のパラダイムが誕生した．それは，消費者のアフェクトや情動に着目したものである．R. A. Peterson，W. D. Hoyer，およびW. R. Wilson によれば，それまでの消費者行動モデルは，消費者意思決定を，認知過程（cognitive process）を中心に説明しており，感情要因はせいぜい認知過程の付随的存在や結果と考えられてきたといえる．しかし，認知科学や社会心理学の研究成果によって，"アフェクト"が認知過程とは独立して発生したり，認知過程に先行することすらあることがわかってきた．それゆえ，消費者行動における"アフェクト"の本格的な分析が必要となった[12]．

　アフェクトを「感情」，エモーションを「情動」と一応区分することによって，情動の本質を探究した優れた研究書も著されたが[13]，本節では，人間の感情要因全般のもつ研究上の重要性の高まりという学問的動向を背景に，消費者研究とアフェクトやエモーションの関連性について考察したい．

　われわれは，消費者をトータルな人間存在と認識し，人間の本源的，あるいは自然な欲求と行動に焦点をあて，消費者の感情を知る必要がある．R. B. Zajonc は，選好（preference）の既存理論について，つぎのように説明した．態度（attitude）に関する既存の研究は認知を中心としており，選好の源泉や変化についての分析も認知的側面が中心であった．そして，商品の属性を列挙し，それらに対する消費者の価値を測定し，属性―価値の総和から商品の選好を算出するという手順がとられてきた．こうした方式は，つぎのような前提の上に成立するといえる．第1に，選好は個別の商品属性に対する消費者の選好の関数である．第2に，選好は意思決定の過程で安定的であり，購買のなかで変化しない．第3に，選好が測定できれば，商品選択行動を予測できる．Zajonc は，現実には，消費者は意思決定の途中で選好を変えることがあり，また，心理的なバランスシー

トによりつねに合理的な選択行動をするとは限らないと指摘した[14].

　Zajoncの説明をつづければ，選好には先天的なものと後天的なものがあり，そのなかで，後者は学習によって形成される．対象への露出（接触）の頻度が高ければ高いほど選好は高まるという原則を露出効果（exposure effect）と呼ぶ．実験によって，頻繁に聞こえる音楽には親しみを感じることが確認されている．しかし，問題は，なぜ露出が選好を高めるのか，あるいは，それはいかなるメカニズムによるかということである．Zajoncは，「見たことがある，あるいは聞いたことがあるから対象を好む」という推論，すなわち，対象になじみがあると認識できるから選好が発生するという認知的説明では十分ではないと考えた．彼は，フランスの医師Waynbaumの古典的研究を引用して，情動（エモーション）の発生は生理的かつ身体的理由に基づいており，人は笑うからハッピーになるという側面があることを指摘した[15].

(2) Holbrookの所説

　消費者行動の新しい研究のパラダイムを，M. B. HolbrookとE. C. Hirschmanは快楽型消費（hedonic consumption）と呼んだ．彼らの所説は1980年代の消費者研究において大きな影響を与えたもののひとつということができる．そこで，彼らの所説について，以下で詳しく説明したい[16].

　M. B. Holbrookは，人間としての消費者（human consumer）の消費経験（consumption experience）の重要性を指摘した．彼によれば，消費を消費者の合理的意思決定の連続体と認識する立場では，情動（エモーション）は単なる媒介変数として，購買選択の相違を説明する要因のひとつにすぎない．この場合には，情動は商品属性と関連した狭義の"アフェクト"の変数として処理される．多属性態度モデルはかかる意味で情動の一部分を対象としており，プラスの先有傾向，好き嫌い，あるいは購買傾向について考察した．しかし，愛，憎悪，恐れ，喜び，悲しみといった情動の本質的側面に目を向けることはなかった．また，多属性態度モデルやコンジョイント分析は，言語的刺激に対する消費者の反応を中心とする理論であって，審美，嗜好，象徴的意味などの主観的評価が重要となる商品で

は別の視点が必要である．認知科学の研究から，視覚に訴える刺激と言語的刺激では，消費者の情報処理系が異なることがつぎのように指摘されている．第1に，情報処理の二元的システムが存在し，視覚的要素がイメージ・システムのなかで受信，処理，貯蔵される一方で，言語的要素は，言語システムのなかで受信，処理，貯蔵される．第2に，右脳と左脳の役割分担があり，視覚的要素は右脳で処理され，言語的要素は左脳で処理される．第3に，視覚的要素は同時的に，言語的要素は段階的に処理される[17]．

長年にわたって，マーケティング研究では，消費者行動の「知→情→意」モデル，すなわち，C（Cognition）→A（Affect）→B（Behavior）のパラダイムが支持されてきた．これは消費者のブランド選択に焦点をあてることから，売り手の立場からみたマーケティング合目的な性格をもっている．しかし，ブランド選択行動とは，消費経験全体からみれば部分的要素であり，むしろ消費者の消費経験の意味を探究することこそが重要である．このように消費者の立場に即して考えれば，C→A→Bパラダイムは限定的であり，消費者の消費経験というより重要な側面に対する考察が必要であるといえよう．すなわち，消費の経験的側面としての，楽しさ（fun），快楽，イメージ，幻想（fantasies），感情（feelings）などの理解をはからなければならない．

Holbrookらの消費経験の研究では，消費者の複数の感覚器官（multi-sensory）を通じたイメージ，幻想，情動などの発生について考察した．消費者は五官で反応するだけではなく，刺激に基づきさまざまな内的なイメージを創造する．イメージには，過去の記憶の想起と，幻想イメージの両方がある．また，情動は，喜び（joy），嫉妬（jealousy），恐れ（fear），怒り（rage），歓喜（rapture）などを包摂する．そこで，Holbrookらは，「C（Consciousness）→E（Emotion）→V（Value）」パラダイムを提示した．消費者は情報処理の機械ではなく，また，喜怒哀楽の感情要因は，ブランド選択の説明変数というよりも，消費経験を構成する要素と考えることが必要である．消費経験は，正の感情（喜び，愛）と，負の感情（悲しみ，嫌悪）を包含しており，これらは人間としての消費者の生活そのもののなかから生ずるといえる．Holbrookらは「人間を機械に還元して分析

することは，人間のもっとも重要な特性としての人間性（humanity）を軽視する弊害を招きがちである」と指摘した．そして，機械と人間の相違は情動をもつか否かにある，と述べた．

(3) 特　色

ひき続き，既述のHolbrookとHirschmanの所説について説明したい．

そのパラダイムを情報処理の見方と比較すれば，つぎのような特色が存在することを指摘できる（図3-1参照）．

(1) 情動を経済的動機と同等に評価する．
(2) 消費者の主観的な製品評価を重視する．
(3) 消費者の願望的行動を研究する．例えば，映画や演劇の鑑賞のなかでの自己投影的行動を分析する．
(4) 一次的で本源的な生体的反応を研究する．
(5) 消費の経験的側面に焦点をあてる．
(6) サブカルチャーの相違が情動やイメージの違いを生むと考える．
(7) 絵画，彫刻などの審美的商品を研究対象とする．
(8) 認知段階での閾下変数，感情段階での情動や感覚的選好，行動段階での使用経験の主観的側面に焦点をあてる．

また，Holbrookはこうした消費経験モデルの構成要素間の関係を図3-2のように表し，以下のようにその内容を説明した．

投入（input）は，人的要因（顧客特性一般，時間・エネルギー・貨幣資源），環境要因（商品，サイン），および両者の相互作用要因で構成される．意識（consciousness）は，製品属性についての消費者の信念，幻想，イメージ，潜在意識，無意識を包含する．情動要因は，相互作用を行う一群の要素であって，生理的反応，認知，行動表現，および感情からなる．図3-2に示されるように，これらは相互に影響し合うため，相互関係のネットワークを形成している．生理的反応は身体的変化であって，血圧，脈拍などによって測定される．認知は解釈，信念，評価などである．行動表現は表情やしぐさである．感情は主観的経験である．価値（value）は，相互作用的な相対的選好経験である．価値は消費者と商品とのあいだにおける相互作用を含み，つぎの3つの意味で相対的である．第1に商品間の

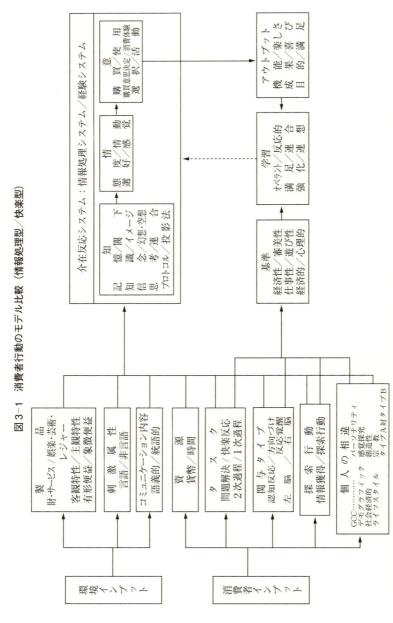

図 3-1　消費者行動のモデル比較（情報処理型／快楽型）

(出典) M. B. Holbrook and E. C. Hirschman, "The Experiential Aspects of Consumption: Consumer Fantasies, Feelings, and Fun," *Journal of Consumer Research*, September 1982, p. 133.

58　第 3 章　消費における「経験」と「意味」の探究

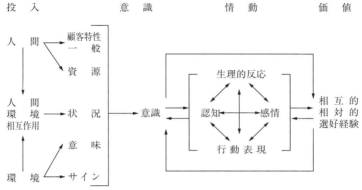

図3-2 消費経験のC→E→Vモデル

（出典）Robert A. Peterson, Wayne D. Hoyer, and William R. Wilson, *The Role of Affect in Consumer Behavior*, Lexington Books, 1986, p. 26.

序列に基づく比較性がある．第2に消費者間の個人差がある．第3に評価の文脈に基づく状況性がある．また，価値は選好とかかわり，さらに，商品それ自体というよりも，使用や評価に基づく消費経験と関係している．

3. 意味の萌芽

(1) 行動科学的アプローチ

　戦後のマーケティング研究の革新は，まず1950年代に認められた．この時期の研究は，今日のマーケティング研究にも少なからぬ影響を与えた．例えば，マーケティング研究への心理学の導入を特筆することができる．W. Aldersonは，この時期，ゲシュタルト心理学，行動主義理論，学習理論，精神分析，モチベーション・リサーチ，パーソナリティ理論，社会心理学などのマーケティングへの影響を整理し，消費者行動の一般原則を探究することを目的としたマーケティング・サイエインスの発達について詳述した[18]．心理学を応用したマーケティング研究には，つぎのものがあった．

　W. J. Bilkeyは，K. Lewinのベクトル（vector）概念を利用した人間行動の心理学的説明を用いて，消費者行動における緊張（tension）と購買

行動の関係について論じた[19]．また，J. A. Bayton は，消費者行動への心理学アプローチを，動機づけ（motivation），認知（cognition），学習（learning）の領域に分類し，精神分析的手法から強化理論までの重要な問題領域を明らかにした[20]．そのほか，広告研究のなかでは，N. Heller が，ゲシュタルト心理学の法則が受け手の記憶水準を高めることを検証した[21]．そして，技術的領域では，モチベーション・リサーチ（motivation research）[22] などについての研究があった．

　当時のマーケティング研究者の共通認識としてつぎの事柄を指摘することができよう[23]．第1に，消費者の言動の背後には深層にかくれた動機があること．第2に，これらの動機は購買意思決定と密接に関連していること．第3に，こうした動機を明らかにするためには間接的接近方法を用いなければならないこと．すなわち，行動の背後の消費者自身も気づいていないような動機を抽出することによって，購買行動の「なぜ（Why）」を分析する研究が重要であると考えられていた．

　その結果，つぎのような問題領域への関心が高まった．第1は，製品に対する消費者の態度であった．マーケティング活動に対する消費者の反応の相違を説明する変数として，心理学の「態度」の概念が検討された[24]．第2は，ブランド・イメージであった．イメージ形成の原則や広告によるイメージ創造の研究が開始された[25]．そして，消費者は必ずしも合理的で，理性的な購買動機から行動するものではないと考えられるようになった．

　すなわち，1950年代の諸研究から，つぎの2点を方法論上のポイントとして指摘することができる．第1に，心理学上の知識を中心として消費者の行動を多角的に認識しようとする研究動向が顕著となり，行動科学的消費者観とも呼べるものへの転換があった．すなわち，消費者は人間として，さまざまな所属をもつ多面的存在であって，そこから派生する多様な動機に基づき行動すると考えられた．そして，消費者行動の「なぜ」と「いかに」に関する研究が深まったといえる[26]．第2に，心理学の方法にもとづく「刺激（S）─反応（R）」パラダイムが当時の研究の支配的な枠組みとなった[27]．

(2) 「意味」の交換

　S. J. Levy は買い手の購買態度を分析することによって，製品の社会心理的特性に注目する研究を行った．彼は，売り手と買い手の市場における相互作用に基づくブランド・イメージを中心として研究を進めた．そして，製品の販売は象徴（シンボル）の販売であるとの独自の主張を展開した．Levy は，人間は生存レベルでのニーズが満たされ，生活が豊かになるにつれて，購買動機が必要性から好みに転換するため，反応行動は抽象的になり，シンボリックな行動が増加すると考えた[28]．

　彼は，市場における売り手と買い手の相互作用を，マーケティング行動（marketing behavior）と呼ぶ枠組みで分析した．彼の研究は，マーケティングにおける「意味」についての研究として，今日においても重要な意義を有している．そこで，彼の所説に依拠して，以下においてその理論の体系について考察したい[29]．

　マーケティング行動は，買い手が商品やサービスの存在を知り，手に入れ，使用にいたるまでの状態と行為の推移，また，それに応じて売り手が商品やサービスを開発し，提示し，移転させるまでの状態と行為の推移を意味する概念である．Levy は，マーケティング行動ではつぎの3点に注目する必要があると考えた．①マーケティング・ダイアローグ，②人間行動の源泉，③市場におけるシンボル．

　マーケティング・ダイアローグ（marketing dialogue）とは，マーケティング交換にかかわる主体間での会話であって，意味（meaning）の発信と受信のプロセスである．売り手と買い手の行為（action）にはそれぞれ「意味」が付随しており，売り手と買い手の双方がその伝達と解釈を行っている（図3-3参照）．市場における取引には役割変化があって，それぞれの意味の交換がある．図3-4は，こうした関係を表しており，マーケティング・ダイアローグは「意味」の累積的特質をもつことがわかる．

　図の矢印が示すように，「意味」の伝達は双方的である．売り手からの意味の伝達はつぎのような手段による．製品のデザインやネーミング，包装，価格，販路，販売員，広告メッセージ，広告媒体（図3-5参照）．買い手からの意味の伝達はつぎのような手段による．購買，非購買，苦情の表明（図3-6参照）．また，伝達の形態には，明示的で，直接的性格のも

図3-3　マーケティング・ダイアローグ

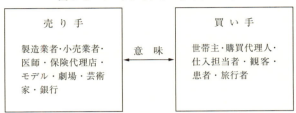

（出典）S. J. Levy, *Marketplace Behavior*, Amacom, 1978, p. 16.

図3-4　マーケティング・ダイアローグの分岐

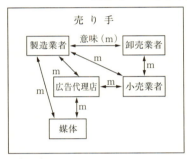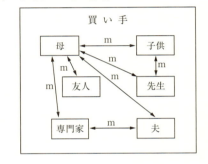

（出典）S. J. Levy, *op. cit.*, p. 17.

のと，黙示的で，間接的なものがある．また，とくに売り手から買い手への流れのなかで，「意味」は解釈されるという点が重要であって，伝える意味と，伝わる意味の乖離に留意しなければならない．

　また，「意味」は人間行動の源泉とも関係があり，文化価値，パーソナリティ，さらには生理的特徴などがこれと関係している（図3-7参照）．「意味」を伝えるものが「象徴」である．象徴によって，もの（存在物）の価値の認識や，人間にとっての役割が明らかとなる．

(3)　構成要因

　Leryの所説に基づいて引き続き説明を行いたい．

　売り手や買い手の行動を方向づけ，交換における商品の基本的意味を形づくる第1の要因が文化（culture）である．文化とは，人間生活の広範な側面に影響を及ぼす絆のようなものであって，社会生活を送る人々の支

図3-5　売り手からの意味伝達

（出典）S. J. Levy, *op. cit.*, p.18.

図3-6　買い手からの意味伝達

（出典）S. J. Levy, *op. cit.*, p. 19.

図3-7　行動と意味の源泉

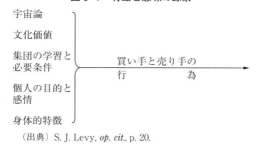

（出典）S. J. Levy, *op. cit.*, p. 20.

配的生活様式の蓄積と考えることができる．それゆえ，文化の視点をふまえたマーケティング研究とは，現代生活の考古学とも表現できる．そのなかでは，文化人類学の方法が研究の有力なツールとなる．文化は意味の分析において重要である．市場における交換の対象は「意味」をもち，人々の生活パターンに寄与し，人間の内面的生活と深くかかわる．「意味」を理解するためには，人間行動の，外からは触知しにくい領域（less tangible realms)に分析を加えることが必要である．例えば，象徴，神話，伝説，幻想などがある．具体的には，歌，踊り，絵画，おとぎ話，小説などをあげることができる．また，文化は，人口構造，教育水準，技術革新などによって変動し，意味の変化を発生させる．

第2の要因は，社会階層（social stratification）である．人々の社会階層への帰属は，社会への参加や，他の人間との関係のあり方を決める．階層の区分や，そのなかでの移動などが重要な研究課題となるが，そのほか，ステイタス・シンボルやライフスタイルに注目しなければならない．

第3に，行動の動機となる個人の内部諸力という個別的要因を指摘することができる．ここには，パーソナリティや動機などが含まれる．

消費者行動とは，このように考えれば，個人のシンボル・システムの表現と解釈することができる．同時に，それは，日常生活での「意味」の探索と見ることもできよう．買い手と売り手は「意味」の交換に関係しており，市場における行動パターンはライフスタイルを創造する．すなわち，ライフスタイルとは動きをもった象徴の複合体といえる．すべての人間が自分自身の主張をもち，そのテーマは，生き方を集約して表現しているといえる．このように，意味の交換はライフスタイルの形成と密接に関係している．商品の購買や市場での行動の累積がライフスタイルをつくり，とくに自己関与度の高い商品はライフスタイルとのかかわりが大きいといえる．すなわち，商品とは，消費者のライフスタイルという大規模シンボルのサブシンボルと考えることができる．以上は図3-8のように要約される．

(4) ブランド・イメージ

Leryの所説に依拠して，引き続き説明を行いたい．

マーケティング行動は売り手と買い手の相互作用として，前項の説明より，買い手だけではなく売り手もライフスタイルをもつことを指摘できる．売り手のライフスタイルは，マーケティング・ダイアローグをつうじて市場に伝えられる．このように，マーケティングの本質をコミュニケーション活動と捉えれば，売り手の行動は総体として買い手の心のなかにイメージを形成し，これは買い手によって知覚された象徴的性格のものであ

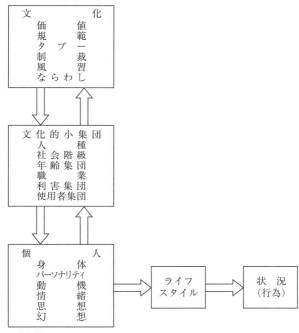

図3-8 マーケティング行動の要因

(出典) S. J. Levy, *op. cit.*, p. 155.

り，通常，企業イメージやブランド・イメージなどと呼ばれる．ブランド・イメージは映像と観念の集合体であり，ブランドに対する買い手の知識と態度を要約している．重要なことは，ブランドは，買い手がそれに反応するような概念や印象というアイデンティティをもつことである．

さて，イメージとは，対象物そのものではなく，受け手の解釈であり，シンボルといえる．意味とシンボルの関係はつぎのように考えることができる．例えば，コンバーティブル車に乗った実体験が髪をそよがす風であった場合，これがコンバーティブル車の象徴となり，自由，若々しさ，奔放さといった「意味」が車に生まれる．ブランド・イメージの創造にもっとも効果があるのは広告であるが，他のマーケティング・ミックスも象徴的価値を創りだすことに貢献する．売り手はマーケティング・ダイアローグのなかで，意味，シンボルを創造するが，買い手はそれをブランド・イ

3．意味の萌芽　65

図3-9 ブランド・イメージの形成

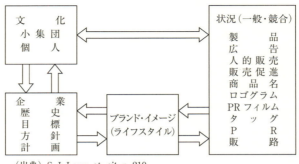

(出典) S. J. Levy, *op. cit.*, p. 210.

メージとして知覚する．売り手のライフスタイルはイメージの一部となり，独自のアイデンティティをもつ．このように，ブランド・イメージは，売り手のマーケティング活動によって創造された象徴的意味にほかならない．

図3-9は以上のプロセスを示している．ブランド・イメージは売り手側からの市場に対するインプットと，シンボルの複合体に対する買い手の反応の相互作用によって形成される．すなわち，ブランド・イメージはマーケティング・ダイアローグの成果にほかならない．

4. 意味研究の方法的基盤

(1) 表象媒介過程

C. E. Osgood は，1950年代に，他の研究者たちと共同で言語分析を基礎とした「意味」の測定の研究に着手し，SD法（Semantic Differential）を開発した[30]．これは形容詞を用いた二極尺度のなかで，回答者に対象についてのイメージを表現させ，その態度を測定する手法である．Osgoodによれば，つぎのようなさまざまな学問が「意味」の分析に関係している．

第1に，社会学や文化人類学では，「意味」は，サインが用いられる状況や，サインによる行動の共通の特性と定義される．例えば，「棒」の意

味は，状況や行動のなかから，「枝」，「管」，あるいは「糸」とは異なる何ものか，と人々に認識される．これは，実用主義的で，表示的な定義であり，「意味」の発生についての原理的説明には発展しない．

　第2に，言語学ではメッセージにおけるサインとサインの関係を「意味」と認識する．

　第3に，哲学ではサインとその意味内容との関係を「意味」と認識する．哲学者は，意味関係が成立するための必要十分条件に関心をもっている．

　第4に，心理学ではサインとその意味内容との関係を「意味」と捉える．とりわけ，有機体がどのような過程を経てサインを受け取り，新たにサインをつくりだすかを研究する．

　Osgoodの研究領域は心理言語学（psycholinguistics）と呼ばれる．彼によれば，「意味」の形成は表象媒介過程（representational mediation process）をつうじて行われ，それはつぎのように説明することができる[31]．

　ある刺激パターンがある行動パターンと結びつき（無条件反射），いっそうの刺激によってかかる能力を獲得する（条件反射）．例えば，口のなかに食物を定期的に入れつづければ，空腹の動物は，食物摂取の反応を開始する．また，同様に足に衝撃を与えつづけると逃避反応を開始する．そこで，われわれは，所与の状況で必ずある一定の行動パターンを生むような刺激を意味と呼ぶことができる．

　それでは，意味をもたない刺激がいかにして意味のあるサインに転換するのであろうか．われわれは条件づけのプロセスを注意深く分析することによって，その解答を得ることができる．条件づけについての実験は，つぎのような結論を支持している．無条件反応全体を構成する要因は，刺激への依存度が異なり，それゆえ別の刺激への条件づけ要因となる度合が異なる．反応要素が身体変化のようにエネルギー非消費型であり，行動への干渉の程度が低ければ低いほど，それは条件反応に迅速に現れる．すなわち，「意味」以外の刺激が「意味」と接触する場合には，つねに，「意味」によって導き出される行動全体のある部分との連合を獲得する可能性が高い．これを表象媒介過程と呼ぶ．図3-10のAに示したように，こうし

図3-10 意味形成のメカニズム

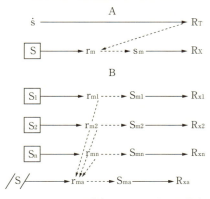

A：サインの発達　B：アサインの発達

(出典) Charles E. Osgood, George J. Suci, and Percy H. Tannenbaum, *The Measurement of Meaning*, University of Illinois Press, 1957, p. 7.

た刺激生産過程（$r_m \rightarrow s_m$）は表象的（representational）である．なぜならば，「意味」それ自体（s）によって生み出される行動（RT）の一部となるからである．このようにして，ブザーは衝撃（$\dot{s}$）のサイン（$\boxed{S}$）となる．また，こうした過程は媒介的（mediational）である．なぜならば，こうした反応をつくることによって生み出された自己刺激（s_m）は，多様な手段的行為（R_x）と連合するからである．ブザーによってひき起こされた不安心理は，「意味」としてのショックを排除する反応行動の引き金となる．

サインと「意味」は，傾向それ自体（r_m）と，意味による行動の部分的同一化で連結される．このように，言語は事物を表象することが明らかである．なぜならば，媒介過程として人間の心のなかに現実の行動の模写を生みだすからである．すなわち，特定のサインと「意味」が結びつく．まだ「意味」ではないものも，生体のなかに媒介過程を喚起すれば「意味」のサインとなる．

この過程はつぎの条件を必要とする．①それが「意味」による行動全体の一部分であること，②「非意味」と「意味」の事前の連続性があるこ

と．

　通常の「刺激（S）→反応（R）」のパラダイムは2段階に分離できる．それらは，ディコーディング（decoding）とエンコーディング（encoding）である．コミュニケーション過程でのサインは，実際にはアサイン（assign）と名づけることができるものであり，事物との直接連合というよりは，他のサインとの連合によって意味を文字通り付与された関係にある．「しまうま」という語は，6歳の子供でもわかるが，直接に「しまうま」に出会った経験をもつ子供は少ない．彼（女）らは絵をみたり，話を聞いて，「しまうま」を知るのである．図3-10のBに示されるように，新しい刺激パターンのしまうま／S／は，1次サインとすでに連合した媒介反応の一部を獲得するといえる．

　人間がサインによって受け取る「意味」は，意味対象への行動の変化に応じて変わるといえる．生体としての同一性と，生理的な法則の安定性のために，人間の1次的知覚サインの意味はほぼ安定的である．また，文化の同一性もこうした意味の安定性に寄与する．これに対して，個人の経験を反映したサインの意味は異なる．例えば家庭環境によって，「父」，「母」あるいは「私」の意味はさまざまである．

　以上のOsgoodの所説は，心理学的な刺激（S）―反応（R）のモデルに基づき，意味の関係を「表象媒介過程」と認識するものであるが，記号の連鎖関係のなかで「意味」を捉えた点に特色がある．このように，「意味」をトランスフォーメーション（transformation）の過程と考えることができる．

　彼の所説からわれわれはつぎの3点を確認することができる．第1に，意味は関係づけの概念（relational concept）である．第2に，意味はサインを受け取る人間の経験を内包した過程である．第3に，サインが意味をもつのではなく，意味は受け手の心のなかで創造される．言語をシンボルと呼べば，「人間」と「言語」と「意味内容」は，三角形の関係にあり，言語に意味が内在するのではなく，むしろ人間が意味をつくると考えるべきである．

(2) 言語学的アプローチ

「意味」の研究は言語学によるところが大きく，「意味論」の古典ともいわれる G. Stern の研究[32]で指摘されるように，複数の領域にまたがる科学的研究の典型であって，おもに言語学と心理学からその材料と理論を得ている．Stern は以下のような説明を展開した．

Stern は，意味複合体の要素をつぎのように分類した．①思考し，言語を使用する主体（subject），②主体の心に起こる思考行為（act of thinking），③思考行為の内容をなす思想（thought），④思想を表現する語形式（word-form），⑤主体，思想行為，および思想の対象（object）としての指示物．そして，思考行為とその内容である思想を「精神内容（mental content）」と呼んだ．また，「精神内容」を表現し，「指示物」を示すものが「語」である．よって，意味複合体の構成要素はつぎのように整理できる．①語，②精神内容，③指示物．これらの関係を図示すれば図3-11のような三角形を描くことができる．

語（象徴）と意味（思想または指示）の関係，意味と指示物の関係はそれぞれ直接的であるが，語（象徴）と指示物の関係は直接的ではない．それは，語が話者（聴者）の使用方式に依存するからである．すなわち，語と指示物の関係は意味によって仲介されている．意味の要素には，客観的指示（objective reference）と主観的理解（subjective apprehension）がある．前者は，語に結びついた対象物の存在であり，後者は話者あるいは聴者が心に描く対象物についての理解である．このほか，言語は，社会の歴史に基づく使用方法があり，伝統的範囲（traditional range）のなかで意味や指示を発生させる．このように「意味」には，客観的指示と主観的理解がある．

また，Ogden と Richards の研究によれば[33]，言語には，象徴的（symbolic）用法と感情的（emotive）用法がある．そのなかで，前者は陳述（statement）で，指示の記録，支持，組織，伝達である．そして指示の真偽に関係する．後者は，感情や態度を表明したり刺激する働きであって，真偽には関係がない．Ogden と Richards によれば，言語の科学的用法のためには感情的側面は捨象しなければならず，近代物理学はかかる約束のうえに成り立つが，これに対して，芸術や美学では，人間の心に内

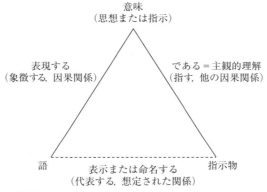

図3-11 意味の三角形

(出典) G. Stern, *Meaning and Change of Meaning* (五島忠久訳『意味と意味変化』研究社, 1962年, 10頁).

在する感情, 態度, 気分, 意図などを表明することが行われる. 言語の創造的機能が重視されることから, 両者を, 分析と直観, 科学と芸術, 散文と韻文にたとえることができる.

(3) 認知科学

「意味」への学問的関心は, 研究者が観察可能な現象を, 分析的方法によって探究する伝統的研究方法の転換や, 人間の情報処理行動についての認識進歩などに負うところが大きいと考えることができる. S (刺激) ― R (反応) のパラダイムにかわって台頭してきたものが認知科学 (cognitive science) のアプローチであった. 認知科学は人間の認知過程への直接的アプローチによって, 情報処理の有機的関係を探ろうとする学問である. 当該領域の研究書によれば, 認知とは英語の cognition であり, それは広義には, 知覚, 学習, 記憶を含めた人間の知的作用一般を指している. しかし, 心理学であえて「認知」という場合には, 知的活動をになう心的な過程への関心, 非生理還元主義的, 反行動主義的な姿勢を示している. すなわち, それは, ものごとがどのように認識されているかに関心をもつ学問的態度を意味している[34].

また, 認知心理学は, 知的情報処理過程を, 生体内部での仮説づくり,

意味づけ，統合化などのように，外界から入力される情報に対して生体の内側からの積極的なはたらきかけのプロセスとしてながめる点に特色があり，認知は，外界の模写ではなく，外界と，生体が貯蔵した既有知識との相互作用によって積極的に構築されるものと考える．人間の知覚，記憶，言語理解などについての研究が進歩するにつれて，認知研究は，言語学，コンピュータ科学，生理学，文化人類学，哲学などとの交流が活発となり，1970年の末期に認知科学と呼ばれる領域が誕生した[35]．

(4) 「意味」の創造

　認知科学は，知的存在と環境との相互作用を探究する学問であり，つぎのような分野と関係が深い．神経科学，コンピュータ科学，心理学，哲学，言語学，人類学[36]．その主要領域と副次領域を示せば，図3-12のとおりである．

　既述のように，認知科学における「認知」とは，外界の模写ではなく，入力された情報に対する生体の内側からの積極的なはたらきかけの所産である．生体の貯蔵知識との相互作用をつかさどる原理のひとつが抽象（abstraction）である．われわれは外界からの個別・具体的な刺激要素を思考過程のなかで分類，整理しながら，秩序形成によってイメージを創造している．M. L. Hoffmanによれば，情報処理の高次元の段階にカテゴリー形成（categorization）がある．そして，カテゴリーとは，多数の対象，事象，行為などが共有する属性を抽象化し，中心的性格を表象したプロトタイプである．同じ刺激要素であっても，受け手によってカテゴリー形成のあり方は異なるため，違った解釈が生まれる可能性がある．書籍が学業不振との連想が高い場合には不快な感情と結びつき，逆のケースでは肯定的意味を生む．Hoffmanによれば，カテゴリー形成は記憶に蓄積された過去の経験により支配されている．また，身体の痛みが，成人には病気の潜在的サインと解釈される場合でも，子供には単なる不快以上の意味を想起させないように，認知能力の発達が情報処理に影響する[37]．

　以上から，人間は外界からの情報に基づき，内面的な「意味」を形成することがわかる．これを情報創造と呼ぶことができよう．このように，現実の生活とは主観的な解釈のシステム（イメージの世界）にほかならな

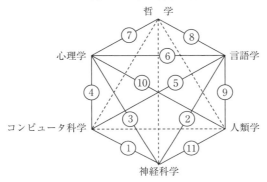

図3-12 認知科学の領域

認知科学の副次領域
1. サイバネティックス　　2. 神経言語学
3. 神経心理学　　4. 認知過程シミュレーション　　5. コンピュータ言語学
6. 心理言語学　　7. 心理哲学　　8. 言語哲学
9. 人類言語学　　10. 認知人類学　　11. 脳進化学

（出典）F. Machlup and U. Mansfield, *The Study of Information*, John Wiley & Sons, 1983, p. 76.

い．そこで，「意味」に注目すれば，コミュニケーション研究の課題はつぎの2つの領域とかかわる．
　(1) 文字や音声などをいかに正しく伝えるかの研究．
　(2) どのように情報が受け手によって解釈されるかの研究．
　ここで，受け手の解釈は自覚されたコードと，無意識の双方に影響されることに注意しなければならない．

(5) 内面価値

　入力情報に対する生体の内面からの積極的な働きかけのプロセスは，受け手の主観としての価値や感情の問題とかかわる．
　欲望（desire）に関する研究に E. Dichter の業績がある．彼は独自な哲学と方法論により，きわめて興味深い論旨を展開した．その一貫した問題意識は人間の心の奥底にひそむ行動原理の探究にあり，彼は人間をトータルな実存と認識しようとする研究態度をもっていた．Dichter によれば，人間行動には非合理的ともいえる側面や，情動に基づく部分があり，これらのいわば真に「人間的」ともいえるものを捨象して人間行動の本当の認

4. 意味研究の方法的基盤

識を得ることはできない．モノは人間の心の象徴的存在であり，モノには象徴的意味があるといえる[38]．

また，心理学は，人間の主観に光をあてた．R. M. Sorrentino と E. T. Higgins はそうした動向を以下のような主旨で説明した[39]．

研究パラダイムとしての行動主義（behaviorism）は，客観的測定を重視するあまり，動物実験に力をそそぎ，感覚，イメージ，欲望といった人間の主観的側面を軽視する欠点をもっていた．心理言語学や人工知能の研究をつうじて，認知心理学の重要性が提唱されているが，それは人間を認知限界のあるコンピュータと考えるような傾向を生んだ．そこで，必要とされているのは，冷静な認知過程（クール）と，人間的なモチベーション過程（ホット）を融合した「ウォーム・ルック（warm look）」とも呼ぶべき第3の視点である．そしてそこでは，自己（self），アフェクト，目標と志向性（goals and orientations）などを重要な研究テーマとして指摘することができる．これらはいずれも人間の内面に関連したテーマである．認知は外界についての知識をとり入れ，表象するさいの媒介過程であり，情動やアフェクトは対象物の個人的意義を評価する過程であり，モチベーションはそれを行動に関連づける過程と考えることができる[40]．

M. L. Hoffman によれば，1970年代までの研究のなかでは，アフェクトは認知の副次的存在としてのみ考えられてきたが，近年になり，その独立性が認められている．そして，思考を情動と切り離して研究するのではなく，いわば両者を統合したモデルの必要性が指摘された[41]．

人間の内面価値の探究において，われわれは，トータルな実存としての人間を考えなければならない．E. Dichter は，世界を主体と客体に分ける2分法（dichotomy）は分析を繰り返すアトミズム（原子論）に帰結し，全体をありのままの姿で認識できない欠点をもつとして，全体論を重視したアプローチを提唱した．そして，これをホリスティック・アプローチと呼ぶ．われわれが問題とすべき事柄は図3-13に示されるとおり，同心円的重層構造のなかにあり，外側の枠組みの意味をふまえつつ本質に迫っていく方法を採用しなければならない．Dichter によれば，最も外側の円は現代世界の思想であり，つぎに文化的特性があり，さらに社会学的な人間関係の準拠枠があり，つぎにモノの意味がある[42]．

図 3-13 ホリスティックな構造

（出典） E. Dichter, *The Strategy of Desive*, Garland Publishing, Inc., 1985, p. 145.

　人間は心身が一体となったものであり，同時に，つねに変化する存在といえる．その動態を，ありのままの姿で認識するためには，動きを分断するのではなく，流れのなかから真実をつかみとる方法を用いなければならない．個別の現象は全体性の秩序のなかで発生しており，同心円のすべての次元と切り離すことはできない．Dichter の所説を基礎とすれば，われわれはつぎの 2 点に注目しなければならないといえる．
　(1) 全体性のなかで個別の問題や人間の存在を認識すること．
　(2) 個別の問題や実存のなかに全体性を読みとること．

(6) ホリスティック・アプローチ

　人間の内面的価値を研究するためには，サイエンス，ヒューマニティ，ならびにアートの融合が必要であると考えられる．対象の側に身をおいてものを考えるためには，主体と客体の融合が必要であり，対象とひとつになって考えなければならない．そのためには，人間性に対する多面的な理解が必要であり，「つうじ合うこと」や「かかわり合うこと」が求められるといえよう[43]．すなわち，体験をとおした探究が重要であり，「対象を外側から見るだけではなく，研究者自身が対象そのものになりきってそれ

4. 意味研究の方法的基盤

を内側から実感すること」が必要である[44]．野中郁次郎によれば，外から見ているかぎり，目にとまるものには既成の概念で認識すること（意味付与）が多いが，対象本質に迫り新たな「見え」をつくる（意味生成）ためには，そのなかに潜入（dwell in）し，共鳴することが必要である[45]．すなわち，本質を探るためには，既成概念によって事象を分類し，理解をはかるだけではなく，対象と共に体感することこそがポイントとなるといえよう．このような意味から，ホリスティック・アプローチは対象と共生（コォ）や並列（パラ）の関係に立つものといえよう．

　M. B. Holbrook らは，消費経験を存在論的に研究するための方法として，「ロール・テイキング（role taking）」と「内観法（introspection）」を提唱した．これらは，マーケティングにとって重要な方法であると考えられるため，彼らの所説に依拠して，以下で説明したい[46]．

　「ロール・テイキング」は，対象への感情的関与を深めることによって，人間の動機や価値を洞察する方法である．これには，臨床心理学で用いられる「ケース・スタディ（case study）」と文化人類学の「参与観察」がある．両手法とも，自分以外の人間や集団の生活を理解するための手法である．そして，すべての知識は人的接触をとおして獲得され，観察者と被観察者の両者の主観的文脈のなかで解釈を行う．対象となる人間をデータや概念に還元するのではなく，彼らの経験を全体論的（holistically）に再現（リクリエイト）することを試みる．ロール・テイキングの第1段階は，観察対象への観察者による知的，情動的，ならびに場所的な没入である．第2段階は観察結果の解釈である．このためには感情移入と直観に依存する．感情移入とは，研究者が自己を対象の現実に投影させ，相手が見るように見て，感じるように感じ，考えるように考えることを意味する．それに基づく現象の理解はつぎに直観と結合して解釈にいたる．直観によって研究者は現象の個人的理解を学問的に共有できる知識へと翻訳する．参与観察者自身がその文化的背景をもつため，ロール・テイキングにはつねに解釈のむずかしさが伴う．研究者の役割は，意味の解釈をつうじて，消費経験の心理的，情動的，反応的，ならびに評価的側面を結びつけることにある．

　ロール・テイキングは主観的方法に伴うつぎのような問題点がある．第1に研究者が自分の解釈の正しさをどのようにして検証するか，第2に研

究者が同じ消費経験についての異なる解釈にどのように対応するか，である．第1の問題に関しては，研究者は経験を重ねることによって，徐々に現実についての見方を拡張し，正しい理解を得ることができるようになる．感情移入による解釈は，最初は文化のドグマに制約されたものであるかもしれないが，だんだんと他人の目をつうじて生活を見て，再び自分の言葉に翻訳することができるようになる．第2の問題は，現状を最も正確に再現した解釈の選択をどのように行うかということである．真空のなかの物体の落下速度のように明白な事実がわかる自然科学とは異なり，消費経験は抽象の水準に応じて，複数の事実をもった，複数の現実が存在するといえる．したがって，解釈の正しさは，当該研究者の手によらない複数の資料をつうじて確かめることが必要である．

このように，ロール・テイキングにより得られた結論は，主観性が高く，研究者の理解の深さが問われるともいえる特質を有している．

これに対して，「内観法」では，対象となる問題を研究者自身の自己概念とのかかわりで定義する．研究者は意識的に問題に深く関与するように努める．内観法は他のいかなる研究方法と比べても自己産出的である．その命題と評価はあくまで研究者の心のうちの内発的領域にある．それゆえ，研究の質はなによりも研究者にかかっている．手順は，ロール・テイキングの場合と同様に，研究者は対象に深く関与し，それが自己に与えるインパクトを洞察鋭く記録する．すなわち，研究者は，思考，情動，行動，価値にかかわる自身の消費経験を内観し，これを現象学的に記録することを行う．

内観法は経験事象に関する知的，感情的，反応的，ならびに規範的な批評をつくりだす．すなわち，研究者には文化的な鋭い感受性が必要となる．内観法は例えばつぎのものを生みだす．①認知的解釈（対象はソネットである），②情動反応（対象は愛を表現している），③評価的判断（対象は美しい）．

5．むすび

マーケティングの「意味」への関心はつぎの3つの原因による．①認知

科学を背景とした消費者研究，②変数分析型コミュニケーション研究から，経験総合型へのパラダイム・シフト，③「消費」についての多様な認識の発達．1980年代前後から，マーケティング研究は，言語学，人類学，民族学などの概念や方法を導入している．また，消費者研究はアフェクトや情動を焦点とした，新しい理論的パラダイムを提唱している．そして，情動反応は必ずしも認知反応に従属するものではないことが明らかになり，人間としての消費者の自然な感情を，その動態に即して研究することが必要となった．

Holbrookは既存の「C→A→B」パラダイムは，情動という人間の本質に関する考察を欠いていると批判した．そして，消費者を情報処理の機械とみるのではなく，その消費経験を重視すべきことを指摘した．情動は知→情→意の3要素に影響して，「意識（C）→情動（E）→価値（V）」の連鎖を生む．

本章で説明した快楽型消費モデルは，多属性態度モデルや情報処理型消費者行動モデルに対して，言語的刺激に限定されない主観的反応を含んだ経験論モデルであり，複数の感覚の刺激に基づいた幻想反応や情動反応を対象としている．消費者は商品の客観属性ばかりではなく，自己にとっての主観的意味を評価しながら，情動要因に影響されて行動するといえる．また，従来のモデルが，ブランド選択のための意思決定を焦点としていたのに対して，経験論は使用経験にポイントがある．そして，消費に伴うイメージや情動の動態的変化に特色があり，生活経験としての商品の使用が分析される．それゆえ，認知段階では，イメージ，幻想などの主観的変数を重視し，感情段階では，情動や感覚的選好を重視する．これまで，態度変数は認知に従属し，情動は副次的段階にすぎないと考えられてきたのに対して，経験論モデルのなかで情動は大きな役割を占める．

戦後のマーケティング研究の方法論的革新は1950年代にあった．この時期に心理学や精神分析の方法がマーケティングに導入された．そして，消費者の言動の背後にひそむ，購買意思決定の深層動機を探究するためのモチベーション・リサーチなどの研究が行われた．その結果，消費者の態度やブランド・イメージなどの新しい研究課題が生まれた．また，行動科学的消費者観が発達し，「刺激（S）─反応（R）」が中心的な分析枠組み

となった．

　S. J. Levy は，マーケティング行動の概念によって，売り手と買い手の相互作用とその心理的背景を説明した．そして，マーケティング・ダイアローグ，人間行動の源泉，市場での象徴（シンボル）という3つの重要な視点を指摘した．マーケティング・ダイアローグとは，売り手と買い手のあいだにおける双方向的な「意味」の流れである．ここで，意味は解釈されるということが重要であって，伝える意味と伝わる意味の乖離に注意しなければならない．

　つぎに，行動の源泉では，行動と意味の個人的，社会的な源泉を理解する必要がある．意味は象徴と関連し，モノ（存在物）と人間のつながりをつくる．マーケティング行動とは，社会的背景をもつ買い手と売り手のあいだにおける，象徴や意味の交換というマーケティング・ダイアローグである．

　象徴や意味を分析するためには，人間の生活の源泉としての文化について理解することが必要であり，その他，ステイタス，ライフスタイルなどの社会学的概念を知ることも必要である．また，集団的影響因に加えて，内部的心理要因のような個人的要因も探究しなければならない．買い手と売り手はともに「意味」の交換に従事しており，それは互いのライフスタイルの表現にほかならない．

　したがって，買い手だけではなく売り手もライフスタイルをもち，メッセージをマーケティング・ダイアローグのなかで伝達するといえる．それは広告などによる象徴と意味の送信である．買い手はこれをブランド・イメージとして知覚し，その意味を解釈する．それゆえ，ブランド・イメージは売り手の日常のマーケティング活動の累積として，マーケティング・ダイアローグの成果であるといえる．

　「意味論」は，言語学と心理学から理論を援用している．意味の分析のためには，言語学でいわれる，語，意味，および指示物から構成された意味の三角形を理解することが必要である．意味には客観的指示と主観的理解があり，それが用いられる社会の伝統的範囲のなかで機能するといえる．Osgood によれば，「意味」の形成は表象媒介過程をつうじて行われ，刺激―反応のメカニズムに従う．したがって，それをトランスフォーメー

ションの過程と認識することができる．

　認知科学によれば，外部情報と記憶情報が抽象やカテゴリー形成の原理によって「意味」をつくりだすといえる．人間は「意味」をつくる生きもので，モノの意味を創造する．コミュニケーション研究の今日的課題は，文字や音声をいかに受け手に正しく伝えるかだけではなく，受け手の情報創造の解明にあり，そのために人間の価値や感情について研究する必要がある．人間行動の奥底には，合理性を超えた欲望や情動があり，近年の心理学は行動主義のみならずこうした領域にも注目し始めた．人間は認知限界をもった情報処理の機械であるばかりではなく，感情的存在であることが認識されている．「意味」の形成は「経験」を基盤とするため，人間の自覚された意識と無意識の両方を含めて，その全体性を尊重しつつ，探究しなければならない．すなわち，分析的に人間行動を探ろうとするだけではなく，その全体性を重視し，ホリスティック・アプローチにより人間存在をあるがままの姿で理解することが重要である．これは，全体性のなかで個を認識し，個のなかに全体性をとらえるというアプローチともいえよう．

　情報創造の主体としての人間は，宇宙論的広がりのなかでの「部分」であり，同時に「全体性」を凝縮した存在でもある．「生きている」状態をありのままにとらえるためには，相手の価値観や意味のなかに入り込み，対象の側に身をおいて考えることが必要であるといわれる．主体と客体を融合させ，対象とひとつになってものを考えるためには，サイエンス，ヒューマニティ，ならびにアートの結合が必要である．相手と「つうじ合うこと」が肝要であり，内から実感することが大切である．ホリスティック・アプローチは，対象との共生・並列の関係のうえに成り立つ．また，消費経験の研究手法として「ロール・テイキング」と「内観法」がある．前者には臨床心理学的方法と文化人類学的方法があり，いずれも，データによる人間の解釈というよりも，相手の主観的文脈のなかでのホリスティックなイメージの再現という方法を用いる．研究は，対象への没入，エンパシーならびに直観による解釈という手順を経て進行する．研究者は経験を重ねることによって妥当性の高い解釈をつくることができるようになる．後者は，同様に，研究者が対象に深く関与し，それが自己に与えるイ

ンパクトを内観によって洞察する方法である．したがって，研究者には鋭い感受性が要請される．

　以上は，「消費」の研究をつうじた人間の精神世界の探究の必要性を示唆しているともいえよう．そのためには，臨床心理学的方法や文化人類学的方法が重要である．また，人間行動の内発的力としてのイメージにも注目すべきである．

注

1　Marshall Blonsky (ed.), *On Signs*, Basil Blackwell Ltd., 1985.
2　星野克美『消費人類学』東洋経済新報社，1984；星野克美『消費の記号論』講談社，1985.
3　Elizabeth C. Hirschman and Morris B. Holbrook, "Hedonic Consumption: Emerging Concepts, Methods and Propositions," *Journal of Marketing*, Summer 1982, pp. 92-101; M. B. Holbrook and E. C. Hirschman, "The Experiential Aspects of Consumption: Consumer Fantasies, Feelings, and Fun," *Journal of Consumer Research*, September 1982, pp. 132-140; Morris B. Holbrook, "Emotion in the Consumption Experience: Toward a New Model of the Human Consumer," in Robert A. Peterson, Wayne D. Hoyer, and William R. Wilson (eds.), *The Role of Affect in Consumer Behavior*, Lexington Books, 1986, pp. 17-52.
4　Burleigh B. Gardner and Sidney J. Levy, "The Product and the Brand," *Harvard Business Review*, March-April 1955, pp. 33-39; S. J. Levy, "Symbols for Sale," *Harvard Business Review*, July-August 1959, pp. 117-124.
5　Ernest Dichter, *The Strategy of Desire*, Garland Publishing, Inc., 1985 (Originally Published in 1960).
6　Richard M. Sorrentino and E. Tory Higgins (eds.), *Handbook of Motivation & Cognition*, Guilford Press, 1986.
7　星野克美，前掲書．
8　M. Blonsky (ed.), *op.cit.*
9　*Ibid.*, p. 465.
10　Gillian Dyer, *Advertising as Communication*, Methuen, 1982, chap. 5-6.
11　*Ibid.*, chap. 6.
12　R. A. Peterson, W. D. Hoyer, and W. R. Wilson (eds.), *op.cit.*
13　遠藤利彦『喜怒哀楽の起源』岩波書店，1996.
14　Robert B. Zajonc, "Basic Mechanisms of Preference Formation," in R. A. Peterson, W. D. Hoyer, and W. R. Wilson (eds.), *op.cit.*, pp. 1-16.

15 *Ibid.*
16 本項ならびに次項の Holbrook らの所説の説明はつぎの論考に基づいている。E. C. Hirschman and M. B. Holbrook, *op. cit.* ; M. B. Holbrook and E. C. Hirschman, *op. cit.* ; M. B. Holbrook, *op. cit.* ; E. C. Hirschman and M. B. Holbrook, "Expanding the Ontology and Methodology of Research on the Consumption Experience," in David Brinberg and Richard J. Lutz (eds.), *Perspectives on Methodology in Consumer Research*, Springer-Verlag, 1986.
17 *Ibid.*; Morris B. Holbrook and William L. Moore, "Feature Interactions in Consumer Judgements of Verbal Versus Pictorial Presentations," *Journal of Consumer Research*, June 1981, pp. 103-113.
18 Wroe Alderson, "Psychology for Marketing and Economics," *Journal of Marketing*, October 1952, pp. 119-135.
19 Warren J. Bilkey, "A Psychological Approach to Consumer Behavior Analysis," *Journal of Marketing*, July 1953, pp. 18-25.
20 James A. Bayton, "Motivation, Cognition, Learning-Basic Factors in Consumer Behavior," *Journal of Marketing*, January 1958, pp. 282-289.
21 Norman Heller, "An Application of Psychological Learning Theory to Advertising," *Journal of Marketing*, January 1956, pp. 248-254.
22 Steuart Henderson Britt, "The Strategy of Consumer Motivation," *Journal of Marketing*, April 1950, pp. 666-674; N. D. Rothwell, "Motivational Research Revisited," *Journal of Marketing*, October 1955, pp. 150-154; N. D. Rothwell, "Is Motivation Research Really an Instrument of the Devil?" *Journal of Marketing*, October 1956, pp. 196-199; Robert J. Williams, "Is It True What They Say about Motivation Research?" *Journal of Marketing*, October 1957, pp. 125-133; Ralph L. Westfall, Harper W. Boyd Jr., and Donald T. Campbell, "The Use of Structured Techniques in Motivation Research," *Journal of Marketing*, October 1957, pp. 134-139.
23 M. Haire, "Projective Techniques in Marketing Research," *Journal of Marketing*, April 1950, p. 656.
24 George H. Brown, "Measuring Consumer Attitudes toward Products," *Journal of Marketing*, April 1950, pp. 691-698; Elizabeth A. Richards, "A Commercial Application of Guttman Attitude Scaling Techniques," *Journal of Marketing*, October 1957, pp. 166-173.
25 William D. Tyler, "The Image, the Brand, and the Consumer," *Journal of Marketing*, October 1957, pp. 162-165; Bardin H. Nelson, "Seven Principles in Image Formation," *Journal of Marketing*, January 1962, pp. 67-71.
26 S. H. Britt, *op. cit.*; B. H. Nelson, *op. cit.*

27 R. J. Williams, *op. cit.*
28 B. B. Gardner and S. J. Levy, *op. cit.*; S. J. Levy, *op. cit.*
29 本項から第4項までのLevyの所説に関する説明はつぎの論考を基礎としている．S. J. Levy, *Marketplace Behavior*, Amacom, 1978.
30 本項のOsgoodの所説に関する説明はつぎの論考を基礎としている．Charles E. Osgood, George J. Suci, and Percy H. Tannenbaum, *The Measurement of Meaning*, University of Illinois Press, 1957.
31 *Ibid.*
32 本項のSternの所説に関する説明はつぎの論考を基礎としている．Gustaf Stern, *Meaning and Change of Meaning*（五島忠久訳『意味と意味変化』研究社，1962）．
33 本項のOgdenとRichardsの所説に関する説明はつぎの論考を基礎としている．C. K. Ogden and I. A. Richards, *The Meaning of Meaning*（床並繁訳『意味の意味』研究社，1958）．なお，emotiveには喚情的という訳語があてられていたが，ここでは感情的という表記にした．
34 大山正・東洋編『認知と心理学』認知心理学講座第1巻，東京大学出版会，1984，1-2頁．
35 同上書，2-3頁．
36 F. Machlup and U. Mansfield, *The Study of Information*, John Wiley & Sons, Inc., 1983.
37 Martin L. Hoffman, "Affect, Cognition, and Motivation," in R. M. Sorrentino and E. T. Higgins (eds.), *op. cit.*, pp. 244-280.
38 E. Dichter, *op. cit.*
39 R. M. Sorrentino and E. T. Higgins (eds.), *op. cit.*
40 R. M. Sorrentino and E. T. Higgins, "Motivation and Cognition," in *ibid.*, pp. 3-19.
41 Martin L. Hoffman, "Affect, Cognition, and Motivation," in R. M. Sorrentino and E. T. Higgins, *op. cit.*, pp. 244-280.
42 E. Dichter, *op. cit.*
43 飯尾正宏・河野博臣『ホリスティック・メディスン』有斐閣，1986．
44 野中郁次郎「経営戦略の本質」『組織科学』丸善，冬季号，1987，79-90頁．
45 同上稿．
46 本項の説明はつぎの論考を基礎としている．Elizabeth C. Hirschman and Morris B. Holbrook, "Expanding Ontology and Methodology of Research on the Consumption Experience," in D. Brinberg and R. J. Lutz (eds.), *op. cit.*, pp. 213-251.

# 第4章

解釈的研究の理論的基盤と展開

1. はじめに

　1980年代以降のマーケティングにおける解釈的研究の誕生の背景を知るためには，隣接学問領域での解釈的研究の歴史を知る必要がある．

　相手の心の主観的側面，すなわち，その思いや心情，意味を知るためには，どのような方法を用いればよいのであろうか．これは，相手の立場にたって，その心のうちを察するための方法であり，現象を「説明」することを目的とするものではない．「解釈」や「理解」などの方法がこれにあたるといえよう．そこで，本章では，まず，「解釈」や「理解」の研究の歴史的展開に触れてみたい．

　今世紀における解釈主義の理論的基盤のひとつはG. H. Mead, H. Blumerらを中心とした象徴的相互作用論（symbolic interactionism）にある．Blumerによれば，当該理論の前提はつぎの3点に要約できる[1]．

(1) 人間は意味に基づいて行為する．
(2) 意味は社会的相互作用過程において生じる．
(3) 意味は人間によって解釈される．

　本章では，J. M. Charonの研究[2]に依拠することによって，当該理論の内容について探究したい．また，日常の理論を対象とした米国社会学の伝統のなかで，N. K. Denzinは解釈的相互作用論（interpretive interactionism）を提唱し，記述と理解を基礎に人間の経験（experience）を探究する方法について考察した[3]．

　以上のような研究は，研究系譜的には，19世紀後半から20世紀初頭にかけてのW. Dilthey, H. Rickert, M. Weberらのドイツ観念論の影響を強くうけている．また，A. Schutzの影響のもとに発展した米国の知識社

会学，エスノメソドロジーなどとも関連している．

　1980年代に，D. Bell は，学問における「解釈」の興隆を指摘した[4]．そして，M. B. Holbrook と J. O'Shaughnessy は消費者研究への解釈主義的アプローチの意義を指摘した[5]．また，R. W. Belk らはこうした方法での消費者研究について論述している[6]．

　M. B. Holbrook は，既述のような一連の研究成果を踏まえて，マーケティング研究者は，消費者の「購買」というよりも「消費経験」に関心を向けるべきと指摘した．彼によれば，こうした研究の欠如は，経営的視点に偏向した消費者研究，利益中心主義の弊害，などに原因しており，消費者行動についての新しい理解はむしろそれらを捨象することによってはじめて可能になるとすらいえる[7]．また，S. D. Churchill と F. J. Wertz は，人間のかかわる現象や文化現象は，物理的特性のごとき機械的規則性を示すものではないため，自然科学のような厳密な意味での定量化や因果関係の明示は難しいと述べて，消費者やその経験内容をホリスティックに，文脈性を踏まえて把握することの重要性を指摘した．彼らによれば，これは消費者研究への現象学的アプローチの採用によって可能となるといえる[8]．また，P. F. Anderson は，科学的方法論は，コンセンサスのない状況を迎えていると指摘した[9]．さらに，L. A. Hudson と J. L. Ozanne は，消費者研究における解釈主義的方法の重要性を提起した．この研究は，解釈主義の方法的特質を，存在論，価値論，および認識論の視点から体系的に論述したものとして，きわめて興味深い内容をもつ[10]．

2. 社会学の基礎理論

(1) 理論的背景

　つぎに，人間の社会生活における「意味」の発生や，その「解釈」について研究する象徴的相互作用論の内容を検討することによって，解釈的研究において学ぶべき基礎的視点や概念について説明したい．

　人間がシンボルを操作することによって，社会ならびに自己と相互作用を行うことを前提として，その内面を行為者の立場から理解しようとする社会学の理論を象徴的相互作用論と呼ぶ．この学派はシカゴ大学の G. H.

Meadに始まり，1950年代から60年代にかけて活躍した研究者としてはH. Blumerが知られている．そして，70年代から80年代にかけては，N. Denzin, A. Strauss, S. Stryker, G. Fine, E. Goffmanらの研究者が現れた[11]．本章では当該理論の基礎的視点をJ. M. Charonの研究[12]に依拠しつつ考察したい．

まず，象徴的相互作用論の理論的背景について以下において説明したい[13]．

Meadの理論はつぎの3つの思想的影響のもとに発達したといわれる．

第1は，プラグマティズム（pragmatism）の思想である．Meadとの関連ではつぎの4点が重要であるとされる．

(1) 人間はすべての事物を主体的働きかけと解釈によって知り得る．
(2) 人間にとっての知識はその有用性で判定される．
(3) ヒトは対象を用途によって定義する．
(4) 人間についての理解はその行為に基づき行わなければならない．

第2は，C. Darwinの思想である．超自然的説明ではなく，法則に基づいて自然を理解すべきであるというDarwinの主張に影響をうけ，Meadは人間を神の言葉ではなく，自然の観点（naturalistic terms）から認識すべきであると論じた．真理，自己，心，象徴といった概念に対する彼のアプローチは，これらを自然の一部としての人間によって開発された特質と考えた．Darwinの進化論に依拠し，彼は人間を進化した社会的動物と考え，その特色が論理的能力と，象徴を用いたコミュニケーション能力にあるとみなした．とりわけつぎの3つの特性を重視した．①高度な頭脳，②社会化，③音をつくりだす能力．また，彼は，自然のあらゆる事物は不断の変化のなかに存在し，人間に関するすべてのものがプロセスとして認識できると考えた．この点に関して象徴的相互作用論はつぎのごとき仮定を設ける．

(1) ヒトは首尾一貫した，構造化されたパーソナリティというよりは，変化する行為者であり，社会化の過程にある相互作用的実存である．
(2) 社会とはパターンの出現と変化を伴った相互作用をとげる人間の集合体である．

2. 社会学の基礎理論

(3) ヒトにおいて重要なのはプロセスとしての心（mind）と自己（self）である．心の作用（minding process）とは，自己との会話能力，ならびに環境から刺激を選択し，その意義を評価し，状況を解釈し，行為を判断する能力である．
　(4) 人間は複数の自己をもち，相互作用のなかで不断に変化する．
　(5) 真理，観念，態度，知覚，パースペクティブもすべてヒトによって判断され，動態的に変化するプロセスである．
　第3は，心理学の行動主義（behaviorism）である．行動主義は肯定と否定の両面でMeadに影響を与えた．彼は人間はその行動をつうじて理解すべきであると考えた．しかし，可視的行動のみを研究対象としようとする行動主義に対して，彼は，心，象徴，自己など不可視的要素について理解することなく人間行動の真の姿を知ることはできないと主張した．すなわち，明らかな行動（overt behavior）のみではなく，隠れた心の行動（minded behavior）を理解すべきであると指摘した．こうしたMeadの立場は社会的行動主義者（social behaviorist）と呼ぶべきものである．

(2) 基礎的概念

　つぎに，象徴的相互作用論の基礎的概念について，既述のCharonの所説に依拠して説明したい．
　象徴的相互作用論は，人間は象徴（symbol）によって現実と能動的にかかわり，世界を創造すると仮定する[14]．象徴はこの理論の中心的概念のひとつである．象徴的相互作用論者は，客観的現実（objects）と呼ばれるものを存在状況と称する．重要な点は，ヒトが状況（situation）に直接に反応するのではなく，それを定義し，解釈することにある．人間の現実へのアプローチは真空のなかで生ずるわけではなく，他人との相互作用のなかからヒトがつくる社会的現実に基づいている．それゆえ，現実とは社会的に定義された実在（socially defined reality）と言いかえることができる．
　また，対象は社会的相互作用を経て解釈され，人間によって意味が与えられる．したがって，それは社会的対象（social objects）と呼ばれる．ヒトは相互作用による社会的学習を行う．社会的対象の意味の不断の変化は

相互作用による定義と再定義の繰り返しの結果であって，客体が変化するわけではなく，人間が定義を変えることに原因がある．すなわち，意味は対象に内在するわけではない．社会的対象は状況のなかで用途（use）によって定義される．花が香りを楽しむ対象であって，同時に，愛情表現の手段となるように，対象の用途に応じて意味は変化する．

したがって，人間の生活世界は物理的実体というよりも，象徴的コミュニケーションをつうじて定義された世界である．ヒトは定義を他人と共有しながら，相互作用のなかで既存のものとは異なる認識を育てていく．

また，ヒトは象徴をつうじて社会化をとげていく．ヒトは成長するにつれて集団の文化を共有し，他人との関係のなかで自己の役割を認識する．文化は象徴を通じて学習される．ヒトは観念，規則，目標，価値を共有することで他人との協力的相互作用を継続できる．

象徴的相互作用論の中心的概念のひとつが役割取得である[15]．

ロール・テイキング（role taking），すなわち役割取得は「自己」の発達に欠くことのできない重要な行動である．子供は「ごっこ遊び」において他人になるイメージを働かせることよって，自己と世界を他人の視点から知覚することを学習する．こうした意味での客観視の能力は，他人の役割になって世界を想像的にみる力の発達である．このように，役割取得とは他人のパースペクティブを用い，世界をそこからみることによって自己を方向づける行為である．「自己」の発達の過程で，ヒトは準拠集団のパースペクティブを身につけ，役割取得を学ぶ．他人の役割を知ることによって，ヒトは自己とは異なる人間の視点を理解し，社会的知性（social intelligence）を育てるといえる．

(3) 人間行為

つぎに，人間行為（human action）について Charon の所説に基づき説明したい[16]．

象徴的相互作用論の思想的基盤であるプラグマティズムの見方によれば，人間は，パーソン（person）というよりも実行者（doer）であり，行為者（actor）であると仮定される．行為は継続的で，不断の過程であるため，行為の流れ（stream of action）と認識すべきものである．ヒト

は能動的であり,行為の方向性は意思決定（decision）に依存している.また,意思決定は他人および自己との相互作用に基づいて行われる.

行為の流れを分断し,その原因と結果を探究する場合には,解答はつぎのいずれかとなる.
(1) ヒトはそうしたいと思ったからそうした（自由選択）.
(2) ヒトがそのような特性を有しているのでそうした（パーソナリティ特性）.
(3) 他の人間や環境が原因となってヒトはそうした（環境）.

しかしながら,象徴的相互作用論はこうした方法で原因を探ることをしない.それはつぎの理由に基づいている.
(1) 行為は過去から未来へ通ずる流れであって分断できない.
(2) 行為は行為者の意思決定に依存している.
(3) 意思決定はより大きな文脈の一部に位置づけられる.
(4) 状況の定義と意思決定は流れに沿って進行している.

以上のプロセスを図示すれば図4-1のとおりである.

心理学では過去が現在の行為の原因であると仮定するが,象徴的相互作用論では状況の定義に重きをおいて考える.過去は現在の行為に影響するが,それは現状の定義に活用するためであって,過去が現在を決定するという構図を用いることはない.ヒトは過去に縛られるのではなく,過去を用いて現状を定義し,そして行為を方向づけるのである.過去は常に変化

図4-1 人間行為

意思決定 ──────────→ 流れに沿った行為

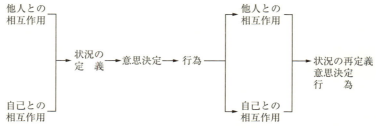

（出典）J. M. Charon, *Symbolic Interactionism*, Prentice-Hall, Inc., 1989, p. 125.

している．なぜならば，経験，状況，そして新しいパースペクティブが過去の再解釈を導き，新しい視野を提供するからである．たとえていえば，子供を育てて初めて自分の親の気持ちが理解できるようなものである．

このように，行為は動機（motive）によってではなく，目標の変化と状況の定義から理解される．象徴的相互作用論は，人間行動を「刺激―反応」によって考えるのではなく，人間の状況管理能力と自由な選択行為から理解するという特質がある．すなわち，ヒトは反応するのではなく，行為するものと仮定される．

3.「理解」についての認識

(1)「理解」の研究

既述のように，解釈主義は，ドイツ観念論の影響を強くうけている．浜日出夫によれば，19世紀後半から20世紀初頭にかけてのドイツ思想史を特徴づけるのは，人間諸科学の学問的性格と方法をめぐる論争であり，自然科学に対する人間諸科学の独自性を確立しようとする試みがこの時期に見られた．そして，W. Diltheyは「精神科学」を自然科学に対置し，新カント派のH. Rickertは，法則定立的な自然科学と個性記述的な「文化科学」の対立を説き，また，M. Weberは，人間行為の科学としての「理解社会学」を唱えた，とされる．浜によれば，Weberの構想をうけついだA. Schutzは，社会科学が対象とする世界は，人々の前科学的な意味付与によってすでに意味的に構成されているため，社会科学の方法やカテゴリーは日常生活のなかに起源をもつと指摘した[17]．

浜によれば，Schutzの研究は，その後，米国社会学に強いインパクトを与え，彼の影響の下にP. L. BergerとT. Luckmannの「知識社会学」，H. Garfinkelの「エスノメソドロジー」などが生まれた．そして，これらは，従来の知識社会学とは異なり，思想というよりも常識を対象とし，日常の意味付与過程における秩序の形成を研究課題としたため，「日常」の社会学と呼ぶべき内容を有していた[18]．山口節郎によれば，BergerとLuckmannの研究には，理論化されたさまざまな概念体系が成立し得るのは，それらが理論以前の「知識」がもつ「有意性構造」や「妥当性構

造」に支えられているためであり，また，観念体系に究極的な妥当性を付与するのは，理論以前の常識的な「知識」である，との見方があるといえる[19]．

W. Dilthey は，自己の体験を他に移しかえることによって，他人の「生」の現れに迫っていく方法による「理解」の必要性を唱え，そのための具体的様式として，表現されたものの過程を逆にたどり，自己の経験とイコールの意味において，出来事自体の線に沿って進む「追体験」を指摘した[20]．

(2) 「理解」研究の諸相

「理解」とは一般に記号の意味を把握することである．また，哲学的には精神科学の基本的な方法を称する場合があり，「生の哲学」と関連して用いられる．W. Dilthey は「生」の客観態である表現に注目し，これを媒介として「生」を客観的に把握しようとした研究者であった[21]．「理解」を主体の側の了解や納得ではなく，対象の意識や精神に沿って，すなわち対象の立場にたって把握しようとする研究の立場もある．

文化人類学もまた対象についてのあるがままの記述と，研究者の解釈を重視する学問である．文化人類学のフィールド・ワークは，異なる文化をもった社会に一定期間住み込み，そこに生きる人々について研究する，文化の多様性を認識するための方法である[22]．

精神分析学や臨床心理学では，人間の精神的苦悩のなかから，相手の心の深層についての理解をはかる．河合隼雄は，自我の在り方を基本とした西洋近代の分析的方法論とは異なる，「内から」の理解のあり方について論じた[23]．そして，河合は，理解の本質は人間存在の異質性を前提とした「関係への意志」にあると述べている[24]．また，野田正彰は，社会現象についての深い理解は，人間の社会的行為に伴う価値観や感情に踏み込むことによって得られることを，豊富な事例を用いて論述した[25]．さらに，久留一郎は，臨床心理学の立場から，治療では症状をその人間の部分として捉えるのではなく，「意味表現」として捉えるべきであると指摘し，痛みは個人によって，さらには治療者との人間関係によっても異なって感じられると述べている[26]．

また，医療のなかでも，病状をみるのではなく，病気をもった人間を診ることの重要性，すなわち，全人的医療（ホリスティック・メディスン）の必要性が指摘されている．重兼芳子は，人間には無意識というシャドウ部分があり，医療はこうした影の部分への対応が十分とはいえないと指摘した[27]．

　経営学においても，企業活動のグローバリゼーション，組織文化についての研究のなかで，「理解」ということへの関心が高まっている．例えば，E. H. Scheinの組織文化についての研究があり，そのなかで，彼は，調査者と情報提供者の間での診断的インタビューと共同的探究の重要性を指摘した[28]．

(3)　理解社会学

　理解社会学の研究のなかから，われわれは「理解」の概念と方法についての重要な示唆を得ることができる．

　"verstehen"，すなわち解釈的理解（interpretative understanding）とは，19世紀末期から20世紀初頭にかけてのドイツの歴史家や社会学者らによる方法論争のなかで用いられた，実証主義思想の因果的説明に対置される概念である[29]．当時は，自然科学の著しい発達を背景として，実証主義の精神が広く社会に普及した．しかし，同時に，科学的知識は経験に基づく人間世界をどのように扱うべきかについての疑問が提起された[30]．歴史主義の思想家達は，人間性を時代や場所に結びつけることなく考える画一的思想に強い危惧を感じていた．一方，当時の啓蒙思想家達は，歴史主義の主張に含まれた人間社会の文化的多様性や異質性は無知の証明であり，進歩への障害とすら考えていた．これに対して，歴史主義者は，思想や行為の多様性を重視し，それらを実態に即して，それ自身のために解釈し，評価すべきことを主張した．すなわち，歴史家の課題は多様な生活形態の理解にあり，このために固有な精神や文化を知ることが必要であると考えていた[31]．

　「理解」の理論的展開のなかでは神学（theology）の果たした役割が大きい[32]．"Hermeneutics"は，通常，「解釈学」と訳されるが，解釈学の思想は古典ギリシアにさかのぼる．解釈する（hermēneuō）という動詞は，

分からせる，理解させるという根本義から派生した．これは，ある事象を言葉で表現し，語られたことがらを説明し，他国語を翻訳するといった行為を意味し，宗教的用法では，神事を人間に，人事を神々に分かるように説明することであった[33]．ルネッサンス期以降は，解釈の規則定立をめぐる仕事は古典文献と聖書という対象に沿って2つの大きな流れを形成したが，解釈学の形成で中心的役割を果たしたのは聖書解釈であった[34]．解釈学の発展は F. D. E. Schleiermacher の業績に負うところが大きい．彼は，理解作用そのものの究明は，従来の解釈学の解釈学的規則を守りとおす姿勢によっては得られないと考え，諸規則の背後にある「理解」そのものの働きを探究した．彼にとって解釈学とは，「理解の技術学」であり，言葉の本性と，話し手・聞き手の関係のなかから，諸規則の緊密な連関を知ることを狙いとしていた[35]．

(4) Dilthey の所説

Schleiermacher の考え方を受けつぎ，その方法論を進展させたのが W. Dilthey であった．「解釈」や「理解」の方法についての Dilthey の研究は重要である．そこで，以下において，その専門的研究を参照して説明したい[36]．

プロテスタントの牧師の子として生まれた Dilthey は，人間科学（human sciences）の哲学的基礎を探究したといわれる．彼は，心をもつ存在としての人間については，自然科学とは異なる方法で研究を進めなければならないと考えていた．それは，社会生活は物理的世界よりも複雑であり，そして，自然科学が現象の外面的特色や反応を観察を通じて研究するのに対して，人間科学は，行動を動機づける思想，感情，ならびに欲求を探るものであるからであり，Dilthey は，理解は"verstehen"の過程によって実行されるとした．

Dilthey の所説はその内容から2つの時期に区分することができるといわれる．初期のものは，個人的かつ心理学的な側面を重視し，感情移入による相手の心の理解に力点があった．これに対して，後期には，文化的所産や概念的要素を解釈することに重点が移った．Dilthey の主張した心理学的理解の様式とは，いわば，他人の靴をはいてみて，その体験をよみが

えらせることによって，内側から思想やエモーションを知る方法であったといえる．Dilthey は，部分と全体は相互につながり，部分は全体から意義を獲得し，全体は部分によって意味を与えられると考えた．すなわち，全体性は個の存在とそれらの連関に通じて理解され，同時に，個の存在性は全体の理解によってはじめて成り立つと考えた．このように，彼は，部分と全体の調和的均衡を基礎とした解釈の方法を主張した．

Dilthey の哲学は，生の内面的な直接的体験に基礎をおくものである[37]．Dilthey は新カント派の一部とともに，19世紀半ばのドイツの自由改革主義運動に熱心に取り組み，歴史と人間科学に基づく新しい哲学の重要性を指摘した．彼は，伝統的理念や価値の崩壊という当時の文化的危機の救済を考えていた．

4. マーケティング研究への応用

(1) 解釈への注目

現代の学問における「解釈」の復権をいちはやく指摘したのは D. Bell であった．彼によれば，説明（explanation）を中心とした研究のなかでも観察は理論とは無関係ではありえず，むしろ理論の影響をうけて行われると批判されることがあり，また，科学研究のなかで議論されることが少なかった道徳的言説（moral discourse）に光をあてる動きもある．そして，個人の選好と，その最適性を柱とした功利主義（utilitarianism）に対して疑問が投げかけられている．Bell によれば，新しい潮流の中心をなすものが解釈への転換である．解釈は人間の知的活動の最も古い形式のひとつであり，宗教思想においては釈義（exegesis）の名で呼ばれていたが，それは，神話，比喩，あるいは聖典の意味を明らかにする行為を称した．解釈学（hermeneutics）は解釈の学問的基礎である．Bell によれば，解釈への転換とは広義には実証主義（positivism）からの脱却，さらには法則，規則性，もしくは因果関係からの転換を示唆し，人類学では，解釈は文化の構造を解明することを目的とした象徴についての議論に関連しており，社会学では，行為の道徳的意味，機能主義者への批判などと関連している[38]．

また，M. B. Holbrook と J. O'Shaughnessy は，消費者研究への解釈主義的アプローチについてつぎのように述べた[39]。

　消費者研究の学問的位置づけにおいて，学問を自然科学と人文科学を両極とし，社会科学をその中間のどこかに置いたスペクトラムを前提とすれば，消費者研究は，自然科学における厳格さと実証性を求めると同時に，人文科学における理解（verstehen）を志向する特質がある．「理解」の探究において，人文科学は「解釈的（interpretive）」と称されるアプローチに依拠する．解釈とは単一もしくは複数の意味を決定するためのテクストの批判的分析である．すなわち，意味は，著者の意図した内容，歴史的状況のなかで読者の受けとる意味，伝統，是認された意味，批評家などが抽出した意味を包摂している．また，テクストとは，文学，芸術作品，大衆文化の産物，行為などを含んでいる．一方，社会科学では，テクストとは，通常，人間行動に関する素材である．そして人間の本質は生活のなかでの意味の探究にある．それゆえ，解釈という手段によって意味を明らかにする試みが重要となる．

　さて，R. W. Belk，J. F. Sherry, Jr. および M. Wallendorf は，消費者行動に解釈的アプローチを応用した研究を行った．彼らの研究はナチュラリスティック・インクワイアリー（naturalistic inquiry）であった[40]．それは人類学や社会学の調査で用いられる方法を応用することによって，自然な環境のなかで消費者のサンプリングや面接を実施し，結果の解釈を複数の研究者で行うものであった．Belk らは，濃い内容の記述を可能とするといった当該方法の長所に加えて，つぎのような難点にも触れている．①データの収集に時間がかかる．②研究者は複数でチームを組まなければならない．③データの分析に時間がかかる．④情報提供者の同意や匿名性に特別な配慮が必要となる．

(2) 研究動向

　既述のように，ヒトとしての消費者の内面（主観）的世界や情動の重要性をいちはやく指摘したのは M. B. Holbrook と E. C. Hirschman であったが，こうした領域についての研究者の関心はその後広がりをみせ，接近方法も従来の殻を破ったユニークなものが多数あった[41]．

また，消費者行動への現象学的アプローチについて論じた研究も数多く著された[42]．現象学（phenomenology）とは，E. Husserl らによって提唱された学問であり，哲学事典によれば，現象を事実としての心理現象ではなく，純粋意識の体験と仮定し，世界の超越的存在定立の支配をいわば"括弧"に入れることによって，現象学的剰余としての純粋な意識体験にかえり，そこから自然的態度そのものの意味，つまりは世界の存在意味を問う学問である，とされる[43]．すなわち，事物の実在や本性を，人間の観察，知覚にかかわるなんらかの現象として捉えようとする基本的態度をもつ学問であり，そのため，世界は現象の束として説明される[44]．S. D. Churchill と F. J. Wertz は，消費者研究への現象学的アプローチを論じた論文のなかで，ヒトの生きている現実は，それを把握しようとする認識能力に先行し，凌駕しているゆえに，厳密な規則性や因果性を発見することは難しいと指摘し，そして，消費者の経験をホリスティックに，文脈性を踏まえて理解することの重要性について論述した[45]．

また，P. F. Anderson は，マーケティングの科学的研究という立場から，つぎのような傾向を指摘した[46]．①経験的テストを理論弁明の手段と考える実証主義のみが科学的研究の規範とはいえない．②マーケティング理論を評価する唯一最善の方法といったものはない．③異なる方法論，存在論，さらには形而上学的試みに応じたリサーチ・プログラムを容認する立場としての相対主義が有力な方法的基盤となった．④科学的方法に関するコンセンサスの欠如は，サイエンスと非サイエンスの区分すら曖昧にしている．

(3) 解釈主義

L. A. Hudson と J. L. Ozanne は，消費者研究における解釈主義（interpretivism）の重要性を指摘した．ここでいう解釈主義とは，主観主義，現象学，象徴的相互作用論，および解釈学とほぼ同義と考えることができる．Hudson と Ozanne の研究は，解釈主義についての研究のなかで，きわめて明瞭に，重要な内容を示唆するものであると考えられる．そこで，以下においてその内容を詳しく説明したい[47]．

Hudson と Ozanne は，存在論，価値論，ならびに認識論の次元で，実

証主義と解釈主義の特色をつぎのように説明した．すべてのアプローチは現実と社会的存在について存在論的仮定をもつ．実証主義者は単一の客観的現実が個人の知覚とは関係なく存在すると仮定することによって，社会的世界が物理的世界と同様に，現実に，具体的な構造として存在すると考えている．

　ここで，現実とは，部分の連関から構成された構造とみなされる．それゆえ，現実は分割可能で，断片に分けることができるとされ，世界は正確に観測し，測定することができるものと仮定される．こうした現実を最もよく理解するための手段が実験である．これに対して，解釈主義者は，単一の現実世界という見方を否定し，現実は本質的に心理的なもので，知覚されるものと考える．そして，現実とは人間の知識によって社会的に構成されるものと仮定する．それゆえ，人間の数だけ多様な実在（multiple realities）があり，これらは常に変化していると考える．解釈主義的立場では，こうした個別の現実をホリスティックにみることを行う．すなわち，現実は意味の連鎖によって互いに依存関係にある複数のシステムによってできあがっていると考える．それゆえ，重要であるのは，行動や出来事のコンテクストを知ることにある．例えば，消費者は実際に小売店舗にいる場合と実験室では情報を異なって解釈する可能性がある．

　また，実証主義的アプローチでは決定論的見方がとられる．行動主義はこれに依拠しており，ヒトの行動を外界への反応を中心に説明する．これに対して，解釈主義的アプローチはヒトの内発的行動を対象とし，ヒトは環境を形成すべく主意的に創造し，相互作用を行うと仮定する．

　つぎに価値論では，双方の研究の目標の相違を指摘することができる．実証主義者は普遍的法則による「説明」を志向し，理論の予測的機能を重視する．ここで，説明とは現象を構成する諸変数の連関の発見を意味する．これに対して，解釈主義者の目標は，行動の「理解」にある．理解とは究極の産物ではなく，あくまでも過程である．すなわち，解釈の結果は別の解釈に影響することがあるため，理解は常にある理解（an understanding）であって，終点のない過程のなかにある．解釈主義の重要な基礎概念が"verstehen"であり，これは，文化における共有的意味（shared meaning）の把握と訳される．共有的意味を知ることが理解を前

進させる必要条件である．このために，研究者は現象に積極的に参与することによって，内部者（insider）の視点をもつことを必要とする．こうした文化的解釈を知ることに加えて，個人的な動機や意味を知ることによって，理解の内容は包括的性格を増すといえる．

さらに認識論の次元では，実証主義者が多数の現象や状況に応用可能な，一般的法則の発見を志向するのに対して，解釈主義者は，歴史的で，特定的なアプローチを試みる．すなわち，特定の時期や場所での具体的現象を研究し，時期や文脈と結びついた動機，意味，理由，その他の主観的体験を探究する．このように，両者の研究の焦点が異なり，前者は一般論的，後者は特定論的といえよう．実証主義にあっては，それゆえ，初期状況，過程，原因，および結果が大切であって，現象のなかで事例は一般法則を得るための手段的役割を担う．これに対して，解釈主義では特定事例こそが最も重要であると考える．

実証主義は，因果関係の解明を研究の中心とし，これに対して，解釈主義は，原因と結果を区別することは不可能であると考える．それゆえ，解釈主義はホリスティックに現象を考察する．そして，存在物の間での相互的かつ同時的な作用について考察する．データ収集のために，実証主義は実験を重視し，解釈主義は，参与観察や史的記述などの記述的分析に依拠する．また，実証主義者が，研究者は対象から独立し，対象に影響を及ぼすことはないと仮定するのに対して，解釈主義者は，研究者と対象は相互作用をすると考える．

以上のHudsonとOzanneの説明を整理すれば，表4-1のとおりである．

HudsonとOzanneによれば，実証主義と解釈主義にはそれぞれの問題点がある．実証主義の限られた数の観察からは，その範囲内での妥当性をもつ法則しかつくることはできないといえる．また，価値観や理論にとらわれない客観的観察が本当に可能かどうかという疑問も残る．一方，解釈主義では，感情移入に基づいた理解の方法に関してつぎの3つの問題点を指摘できる．

(1) 人間は他人の体験を本当に追体験できるのか．
(2) 発見した内容をどのように確認するのか．

表4-1 実証主義と解釈主義

	実 証 主 義	解 釈 主 義
存　在　論		
現 実 の 性 格	客観的, 実体的 単　　一 断片に分けることができる	社会構成的 ホリスティック
社会的存在の性格	分　割　可　能 決　定　論　的 反　応　的	文　脈　的 主　意　的 主　体　的
価　値　論		
目　　　　標	一般法則による「説明」 予測	verstehen に基づく「理解」
認　識　論		
生 成 知 識	法　則　的 時期と文脈に無関係	個性記述的 時期と文脈に依存
因　果　関　係	真の原因が存在	複合的, 同時的作用
対象との関係	二元論, 分離的 特権的観察	相互作用的, 協力的 非特権的観察

（出典）L. A. Hudson and J. L. Ozanne, "Alternative Ways of Seeking Knowledge in Consumer Research," *Journal of Consumer Research*, March 1988, p. 509.

(3) 体験と理解は同じものであるのか．

5. むすび

　象徴的相互作用論は，プラグマティズム，進化論，行動主義の影響をうけて発達した社会学の理論である[48]．それによれば，ヒトにとっての現実は存在状況と呼ぶことができるものであり，ヒトは相互作用を通じて社会的現実を構成するといえる．また，「象徴」は，コミュニケーションのなかで意味を伝える機能を担う．そして，人間は自己ならびに他者とのコミュニケーションにおいて象徴を意図的に操作する者である．ヒトは主体として行為すると同時に，「自己」に対しても働きかける．したがって，「自己」とは相互作用のある時点における過程的性格のものと考えられる．それゆえ，自己とは，"I" と同時に，"me" と表現できるものである．「自

己」の発達において重要な役割を果たすものが役割取得である．これは他者のパースペクティブを通じて世界を認識し，それによって自己を方向づける行為を意味する．したがって，役割取得は他者への理解の幅を拡大し，社会的知性を育てるものである．

　人間は行為者として，現象の流れのなかで能動的に振るまい，自己ならびに他人との相互作用のなかでの意思決定によって行為の方向性を決定する．行為の始点と終点を仮定することは，分析のためには有用であるが，象徴的相互作用論はこうした立場をとらない．むしろ，行為を状況のなかでのヒトの目標との関係によって解明する．したがって，人間の行為とは，状況のなかで解き放たれたもの，あるいは個人のパーソナリティによってひきおこされるものというよりも，能動的意思決定の所産と仮定している．また，意思決定は，より大きな文脈のなかに位置づけられる．したがって，行為の原因を探るためには，意思決定，状況の定義，自己ならびに他人との相互作用を知ることが必要である．状況とは人間による現実の社会的解釈である．それゆえ，原因の探究のためには，さらに，ヒトの目標，パースペクティブ，重要な他人，準拠集団，過去と将来への展望を探る必要がある．それゆえ，行動を動機というよりも，目標の変化と状況の定義のなかで理解する．このように，象徴的相互作用論は，「刺激―反応」の関係に基づく行動の解釈ではなく，人間の状況管理能力と能動的選択行動を重視する特色がある．

　人間が他人の存在を前提として行う行為を社会的行為と呼ぶ．ヒトの日常的行為はかかる性格のものが多い．社会的相互作用は，人間相互の象徴を通じた働きかけと，反応から構成されている．それは，認識，コミュニケーション（意思伝達），解釈のプロセスである．ヒトは他人の行為を解釈しながら，意思を伝える．一方，他人はそれを解釈し，意思を伝えながら，自分の行為を変更する．そのなかで，意味の発信と受信が行われる．コミュニケーションを通じた「理解」のためには，他人の役割を心理的に取得することが必要である．相互作用のなかでヒトは相手にレッテルをはることによって，原因を行為に帰属させている．また，他人だけではなく，自己に対してもレッテルをはる．これを自己アイデンティティと呼ぶ．

解釈主義の研究系譜は，W. Dilthey の精神科学，H. Rickert の文化科学，M. Weber の理解社会学，さらには A. Schutz の現象学的社会学などに関連している．また，P. L. Beger と T. Luckmann の知識社会学，H. Garfinkel のエスノメソドロジーなどの「日常の理論」を扱う米国社会学とも結びつきが深い．
　解釈とは，単一もしくは複数の意味を決定するためのテキストの批判的分析と定義できる．消費者行動研究におけるテキストとは，消費者の行動についてのデータや事例の集積にほかならない．解釈の理論的探究と並んで，マーケティング研究において，ナチュラリスティック・インクワイアリーが進んだ．そして，研究者は現象の理解を目的とした観察と記録に基づくデータの解釈を行い，解釈においてはコンテクストが重視される．こうした研究によって，消費者行動についての内容の濃い記述がつくられるが，反面，データの収集と分析に他の方法よりも時間がかかるなどの難点もある．
　解釈主義の立場から，存在論，価値論，および認識論の次元で消費者研究の特色をみれば，つぎの諸点を指摘できる．解釈主義者は，現実とは本質的に心理的存在であり，知覚されるものと考える．それゆえ，多様な現実とコンテクストの把握を重視する．また，実証主義者の決定論的見方に対して，解釈主義者はヒトの主意的行動を重要と考える．価値論の領域では，実証主義者が現象の「説明」をはかり，理論の予測的機能を重視するのに対して，解釈主義者は「理解」を目的とする．ここにおける「理解」とは終点のない過程的行為とみなされる．また，研究者は，文化的に共有された意味を探るために，現象に積極的に参与し，内部者の視点の会得に努力する．さらに，認識論の次元では，実証主義者が時期や文脈から独立した一般法則の確立をはかろうとするのに対して，解釈主義者は状況依存的理論の構築を目指す．また，実証主義者が現象の原因と結果の厳密な対応関係を重視するのに対して，解釈主義者は，現象は複合的であって，同時的作用が働いているため，因果関係の特定は困難であると考える．
　「解釈」や「理解」を目的とした研究の重要性の高まりを前提とすれば，マーケティング研究者は今後つぎのような点に注意すべきであると考えられる．

(1) 人間の「生」と深くかかわる研究課題を選択する．
(2) 研究者が現象に積極的に参与することによって考察を進める．
(3) 消費者行動を人間行動の枠組みのなかで考察する．

注

1 見田宗介・栗原彬・田中義久編『社会学事典』弘文堂，1988．
2 Joel M. Charon, *Symbolic Interactionism*, Prentice-Hall, Inc., 1989.
3 Norman K. Denzin, *Interpretive Interactionism*, Sage Publications, Inc., 1989.
4 Daniel Bell, "New Directions in Modern Thought," *Partisan Review*, Vol. 51, 1984, pp. 215–219.
5 Morris B. Holbrook and John O'Shaughnessy, "On the Scientific Status of Consumer Research and the Need for an Interpretive Approach to Studying Consumption Behavior," *Journal of Consumer Research*, December 1988, pp. 398–402.
6 Russell W. Belk, John F. Sherry Jr., and Melanie Wallendorf, "A Naturalistic Inquiry into Buyer and Seller Behavior at a Swap Meet," *Journal of Consumer Research*, March 1988, pp. 449–470; R. W. Belk, M. Wallendorf, and J. F. Sherry Jr., "The Sacred and the Profane in Consumer Behavior: Theodicy on the Odyssey," *Journal of Consumer Research*, June 1989, pp. 1–38.
7 M. B. Holbrook, "Why Business is Bad for Consumer Research: The Three Bears Revisited," in E. C. Hirschman and M. B. Holbrook (eds.), *Advances in Consumer Research*, Vol. XII, Association for Consumer Research, 1985, pp. 145–156.
8 Scott D. Churchill and Frederick J. Wertz, "An Introduction to Phenomenological Psychology for Consumer Research: Historical, Conceptual, and Methodological Foundations," in *ibid.*, pp. 550–555.
9 Paul F. Anderson, "Marketing, Scientific Progress, and Scientific Method," *Journal of Marketing*, Fall 1983, pp. 18–31.
10 Laurel Anderson Hudson and Julie L. Ozanne, "Altenative Ways of Seeking Knowledge in Consumer Research," *Journal of Consumer Research*, March 1988, pp. 508–521.
11 J. M. Charon, *Symbolic Interactionism*, Prentice-Hall, Inc., 1989.
12 本項における説明はつぎの論考に基づく．*Ibid.*
13 *Ibid.*, chap. 3.
14 象徴についての説明はつぎの論考に基づいている．*Ibid.*, chap. 4–5.
15 *Ibid.*, chap. 8.
16 *Ibid.*, chap. 9.

17 Alfred Schutz, *On Phenomenology and Social Relations*, University of Chicago Press, 1970（森川眞規雄・浜日出夫訳『現象学的社会学』紀伊國屋書店，1980,「訳者あとがき」〈浜日出夫〉，352-359頁）．
18 A. Schutz, 同上書（「訳者あとがき」）．
19 Peter L. Berger and Thomas Luckmann, *The Social Construction of Reality*, Wday Company, 1966（山口節郎訳『日常世界の構成』新曜社，1977）（「訳者あとがき」，351-358頁）．
20 W. ディルタイ／尾形良助訳『精神科学における歴史的世界の構成』以文社，1981.
21 山崎正一・市川浩編『現代哲学事典』講談社，1970.
22 原ひろ子『ヘヤー・インディアンとその世界』平凡社，1989.
23 河合隼雄『宗教と科学の接点』岩波書店，1986.
24 河合隼雄『生と死の接点』岩波書店，1989.
25 野田正彰『生きがいシェアリング』中央公論社，1988.
26 久留一郎編『臨床援助の心理学』北大路書房，1989.
27 医療と宗教を考える会編『いのちの尊厳―医のこころを問う―』同朋舎，1988.
28 Edgar H. Schein, *Organizational Culture and Leadership*, Jossey-Bass Inc., 1985（清水紀彦・浜田幸雄訳『組織文化とリーダーシップ』ダイヤモンド社，1989）.
29 William Outhwaite, *Understanding Social Life*, George Allen and Unwin Ltd., 1986, p. 11.
30 Martyn Hammersley, *The Dilemma of Qualitative Method*, Routledge, 1989, chap. 1.
31 *Ibid*.
32 W. Outhwaite, *op. cit*., p. 19.
33 日本基督教協議会文書事業部・キリスト教大事典編集委員会『キリスト教大事典』教文館，1985，193頁．
34 小口偉一・堀一郎監修『宗教学辞典』東京大学出版会，1973，80頁．
35 同上書．
36 本項の説明はつぎの論考に基づいている．W. Outhwaite, *op. cit*.; M. Hammersley, *op. cit*.; 小口偉一・堀一郎監修，前掲書；日本基督教協議会文書事業部・キリスト教大事典編集委員会，前掲書；『哲学事典』平凡社，1971.
37 同上書，965頁．
38 Bellの所説についての説明はつぎの論考に基づいている．D. Bell, *op. cit*.
39 M. B. Holbrook and J. O'Shaughnessy, *op. cit*.
40 本項におけるBelk, Sherry Jr., およびWallendorfの所説についての説明は

つぎの論考に基づいている．R. W. Belk, J. F. Sherry Jr., and M. Wallendorf, *op. cit.*
41　E. C. Hirschman and M. B. Holbrook (eds.), *Advances in Consumer Research*, Vol. XII, Association for Consumer Research, 1985.
42　Geraldine Fennell, "Things of Heaven and Earth: Phenomenology, Marketing, and Consumer Research," in *ibid.*, pp. 544-549; Christopher J. Mruk, "Integrated Description: A Phenomenologically Oriented Technique for Researching Large Scale, Emerging Human Experience and Trends," in *ibid.*, pp. 556-559.
43　前掲『哲学事典』．
44　同上書．
45　Scott D. Churchill and Frederick J. Wertz, "An Introduction to Phenomenological Psychology for Consumer Research: Historical, Conceptual, and Methodological Foundations," in E. C. Hirschman and M. B. Holbrook (eds.), *op. cit.*, pp. 550-555.
46　本項の Anderson の所説に関する説明はつぎの論考に基づいている．Paul F. Anderson, "Marketing, Scientific Progress, and Scientific Method," *Journal of Marketing*, Fall 1983, pp. 18-31.
47　本項の Hudson と Ozanne の所説に関する説明はつぎの論考に基づいている．L. A. Hudson and J. L. Ozanne, *op. cit.*
48　「むすび」における象徴的相互作用論の説明はつぎの論考に基づいている．J. M. Charon, *op. cit.*

第5章

マーケティングにおける意味解釈と文脈

1. はじめに

　われわれは，これまで，1980年代以降の「消費者研究（consumer research）」を中心として，マーケティングにおける「意味（meaning）」という研究課題，ならびに，そのための解釈的アプローチの方法について説明を重ねてきた．80年代以降の消費者研究の特徴のひとつは，消費者の知的情報処理過程，すなわち，認知の形成についての研究が進展したことにある．それは，行動主義の「刺激（S）―反応（R）」の枠組みにかわる「認知科学（cognitive science）」の発展を背景としている．そして，消費者の「反応」のみならず，「存在（実存）」についての関心の高まりもあった．そのため，消費経験（consumption experience）を構成するエモーション（emotion）や価値（value）に着目し，社会学，人類学，心理学で用いられてきた概念や方法を応用することによって，研究者が相手の生活世界に深く参与し，その価値観や心情を解釈し，理解しようとする研究が行われてきた．

　以上の研究の詳細についての説明に続き，本章では，1990年代前半における研究の発展について，これまでの考察の方向性を基礎として検討を加えたい．まず，精神療法（psychotherapy）の専門家であるM. J. Mahoneyの研究[1]に依拠して，認知科学の展開と，その方法的特色について整理したい．つぎに，マーケティングのなかでの「意味」研究の動向について，R. E. Kleine IIIとJ. B. Kernan[2]の研究によって考察したい．さらに，学問的関心を集めた消費者研究への解釈学的アプローチの意義と方法について，S. J. ArnoldとE. Fischer[3]，C. J. Thompson, H. R. Pollio, およびW. B. Locander[4]，C. J. ThompsonとE. C. Hirschman[5]の研究に基

づき検討したい．また，「意味」研究の具体的手法について，まず，エスノグラフィー（ethnography）を応用した研究の内容を，マーケティング戦略との関連性を含めて，E. J. Arnold と M. Wallendorf の研究[6]を中心として論述したい．つぎに，写真を用いた投影法（projective techniques）の意義を D. D. Heisley と S. J. Levy の研究[7]に基づき検討する．そして，M. B. Holbrook らによって，消費経験を存在論的に研究する方法のひとつとして提唱された「内観法」について[8]，S. J. Gould[9]，M. Wallendorf と M. Brucks[10] の研究に依拠してさらに考察を深めたい．

2. 認知科学の発達

(1) 方法的特色

　Mahoney は人間の変容（human change）の過程を研究した著作のなかで，人間の学習と発展について論じ，認知科学の誕生と発達を説明した．彼は，「認知科学は20世紀の最も強力な発展のひとつである」として[11]，その歴史と学問としての方法論的特色を以下のように説明している[12]．

　Mahoney によれば，心理学における認知革命の時期は1955年から65年を端緒とするということができる．とりわけ，56年は重要な年であり，情報理論についてのシンポジウムが MIT（Massachusetts Institute of Technology）で開催され，参加者には，N. Chomsky, G. A. Miller, A. Newell, H. Simon ら，当該領域の先駆的研究者の名前があった．また，数多くの重要な研究業績も出版されている．さらに，人工知能に対する学問的関心も高まりをみせた．57年に出版された文献において，Chomsky は B. F. Skinner の研究について論評し，実験心理学における支配的枠組みであった行動主義（behaviorism）を批判した．この年に発表された研究業績には，L. Festinger の認知的不協和（cognitive dissonance）の理論，C. E. Osgood らによる意味測定のための SD（semantic differential）の方法があった．

　1960年代および70年代においては，言語学，コンピュータ科学，哲学，および神経科学の成果を採用することによって，心理学は，注意，知

覚，学習，記憶といった，生体の内部的過程を理解するための研究に取り組んだ．そして，認知科学は人間の知的活動についてのモデルや方法論の開発に力を注いだ．「刺激―反応」から記憶の認知的分析への焦点の移行を指摘した研究も著わされた．80年代には，経験における認知（cognition）と感情（affect）の首位性についての議論が見られ，また，生物学の自己組織化（self-organization）の概念が研究に応用された．さらには，M. Heidegger や H. G. Gadamer の研究に基づくアプローチも展開された．

以上のように，認知科学の裾野は時代とともに広がりをみせたといえる．そして，その発展は人間の「知る（knowing）」という行為，すなわち認識についての方法論的議論を招来した．この点について，引き続き Mahoney の研究に依拠して説明したい．

経験主義者は人間は感覚（senses）を通じて世界を捉えると考えてきた．つまり，われわれの認識の基盤を形づくるのは，自分たちの感覚的経験の跡づけとしての概念，記憶などであるとみなした．経験の相互的連結を基本とするこうした見方を連合（association）の理論と呼ぶ．その方法的特色は，生体のあり様を外側から内側に向かって（from the outside in）研究することにある．

初期の認知的研究は，行動主義者の刺激―反応のモデルの内部的過程を解明するものであって，生体は感覚の受動体であるという仮定をもっていた．刺激は情報（information）と呼ばれ，生体の感覚受容器を通じて内部に入り，簡単な跡づけが残される．そして，短期記憶（short-term memory）と呼ばれる部分にやや長く留まり，つぎに，十分なリハーサルが行われると長期記憶（long-term memory）への移転が完了する．認知研究はスキーマ（schema）と呼ばれる概念の出現によって新たな発展をみせた．スキーマとは，経験のパターンやテーマを構成したり，生み出す抽象的認知構造である．それは，心の表象という模写の理論を超えて，認識における抽象的で，意識されない特質を明らかにした意味で特筆すべきものであった．

認知科学はそのほかにも，認識についての重要な理論的課題を提起した．例えば，モデル構築において，コンピュータよりも神経科学

(neuroscience）の理論に依拠する傾向がある．また，情報処理の線形（linear）モデルに代わり並列（parallel）モデルが重視されている．これらをコネクショニズム（connectionism）の進展と呼ぶ．また，記憶や心的表象の概念に対する見直しも進んでいる．人間の認識活動は過去を現在や将来に関係づけるものであるため，記憶や表象は日常生活において重要な役割を占めることは疑いがない．そして，表象は神経系のなかで，また，それを超えて，複雑で，動態的な，さらには抽象的な活動パターンを備えている．構成主義（constructivism）や自己組織化の立場からは，表象を媒介としてというよりは，人間は自分を取り巻く世界を解釈することにおける主体的存在であり，自己と外界，図と地などを暗黙のうちに体現しつつ生きる者であるとも指摘される．

(2) 「意味」の探究

引き続き Mahoney の所説に依拠して説明したい[13]．

心をコンピュータ・モデルや表象モデルによって考えようとすることの問題点は「意味」の扱いにある．Mahoney によれば，つぎのような「意味」のメタセオリーと呼べる4つの立場がある．

第1は，行動主義者や還元主義者の研究のなかで支持されてきた身体的連合説（physical associationism）である．これによれば，人間の捉える「意味」は事前の感覚的経験との瞬間的連合に等しいとみなされる．それゆえ，「意味」は行動的あるいは神経生理学的蓄積に関連した事柄としてのみ考えられる．第2は，表象主義者的立場である．ここでは「意味」を現実世界と心的表象の一致とみなす．第3はコンテクスト理論（contextualism）である．ここでは，「意味」は文脈によって決まると主張される．コンテクスト理論によれば，「意味」は刺激に内在するわけではなく，刺激は解釈に影響を与える文脈や背景にはめ込まれている．したがって，こうした見方は，「意味」は普遍的で，状況や認識者から独立しているというそれまでの考えから大きく踏み出したものであった．文脈重視の立場は，認知における両義性（ambiguity）の意義を認める学派や，解釈学的理論に関連している．第4の理論は契約主義（contractualism）である．これは，個人が「意味」の経験と変容の過程に能動的に参加する

という立場である．この理論も「意味」は文脈依存的であると考えるが，文脈についての「契約」の策定と変更に個人が能動的に関与するという見方が追加されている．例えば，演劇の提供者と観客はこうした契約関係により結びついているといえる．

　また，現代の認識論における革命のひとつともいえるのは解釈学の応用である．元来は宗教的テクストの「意味」の解釈を探る学問であったものが，近年は，哲学や社会科学の研究者によって他領域に応用されている．その背景には，人間の交わすメッセージの基底には暗黙の意味が存在するという認識がある．

　解釈学には，「意味」をテクストのなかに位置づけ，解釈とは無関係に考えようとする客観主義的立場と，テクストの「意味」は解釈者の地平（horizon）と解釈の時点（moment）によって決まる（文脈化される）と主張する立場がある．後者において解釈者の理解はその既知の内容に基づき，既知であるものは，その理解力に由来するといえる．こうした関係を解釈学の輪（hermeneutic circle）と呼ぶ．したがって，すべての解釈の基礎には解釈者の経験と予想がある．人間は歴史的実在であり，それは，文化，言語，身体，時間といった個別の文脈のなかでの生活史に結びついている．それゆえ，人間は自己を完全に知ることはなく，また，自己の知識をすべて表現することはできない．解釈学的立場は認知科学や精神療法の見方と共通性があり，能動的な人間仮説を備えている．すなわち，テクストのなかに封印された意味を重要とみなすのではなく，個人のなかにかつて封印されたものを意味から明らかにするという事実こそを重要と考える．したがって，テクストと読み手との関係は固定的ではなく，両者の遭遇によって新しい意味や，意味の変化が発生する可能性があると説く．

　以上の認知科学の展開についての説明より，人間の認識における「個人的相違（individual differences）」の範囲や役割を考えようとする動きが徐々に高まってきたことがわかる．これらは社会科学や行動科学において，「測定誤差（mesurement error）」や「誤差分散（error variance）」として扱われてきたものである．それゆえ，人間の経験パターンの適切な理解のためには，「人間変数（person variables）」ともいえるものを想定することが必要である．

3. マーケティングにおける「意味」

(1) 文脈の影響

つぎに，マーケティングにおける「意味」の研究の方法や手順の発展について説明したい．

R. E. Kleine III と J. B. Kernan は，日常の消費において文脈（コンテクスト）が消費者の対象物についての意味の知覚にどのような影響を与えるかを実験的手法を用いて検討した[14]．彼らの問題意識は，われわれがすでに考察した G. McCracken の命題，すなわちマーケティングにおけるプロモーション手段は文化的単位を取り合わせることによって意味の移転を遂行する[15]ということを，心理学的視点から分析し，そのメカニズムを明らかにすることにあった．彼らは，対象物（objects）に対する人々の行動はそれらに帰する意味に基づいており，また，対象物は他のものと共にあるという理由で常に文脈化されていることを指摘できるが，対象物をどのようなものと知覚するか，すなわちその意味に文脈がどう影響するかは依然として明らかではないと述べた．また，こうした課題のためには，過去20年間の定量化の潮流のなかで忘れられがちであった S. J. Levy に代表されるような研究業績[16]を再評価すべきことを示唆した．

Kleine III らによれば，「意味」とは対象物の知覚や解釈であり，それゆえ，対象物に内在しているというよりは，個人，対象物，そして文脈の相互作用から生ずるといえる．このように，「意味」は本質において象徴的，主観的，心理的，そして知覚的である．また，個人は対象物についての自己の解釈（すなわち「意味」）に反応するのであって，「客観的」対象物に反応するわけではない．したがって，「意味」の知覚は人によって違いがあり，同じ人間であっても状況に応じて異なるといえる．ここで，対象物の意味は個人の集計的知覚であり，知覚は対象物の属性についての解釈と，能力（性能）についての解釈から構成されている．そして，Kleine らは対象物の「意味」形成モデルを呈示した．ここで，意味の知覚は対象物の知覚文脈に影響されると仮定される．文脈は意味に影響しないという見方もあれば，意味は完全に文脈依存であるとの立場もある．彼らの仮定はこれらを橋渡しする性格のものであり，すなわち，人々は対象物の展示

者 (displayer) が意図する解釈を決定づけるように励むと想定される．意味形成の過程は，環境，とりわけ焦点となる対象物や他の特色からの多感覚的 (multisensory) インプットに始まる．文脈とは，意味形成の過程で用いられる，特定の機会においてその個人が利用することのできる情報と定義される．そして，外部的に利用できるもの（外部的文脈）と，内部的なもの（心理的文脈）に分類される．すなわち，対象物の環境のすべての特色は前者であり，知覚者の対象物との体験の蓄積は後者である．さらに，外部的文脈は意味のカテゴリーを明らかにする質的次元としての文脈の種類 (kind) と，知覚者が利用することのできる意味のカテゴリーについての外部情報の多寡としての文脈の量 (amount) に分類される．そして，次のような第1の仮説が導出された．「所与の焦点となる対象物にとって，外部的文脈の種類と量は対象物の意味形成に影響する．」

「意味」形成の第1段階は「文脈定義の過程 (context definition process)」である．これは内在的外部的文脈 (intrinsic external context) と内在的心理的文脈 (intrinsic psychological context) の範囲を定めるものである．ここで，内在的文脈とは知覚者が意味の形成において有用であるとみなす文脈を示す．これに対して，必然的ではないと考えるような文脈を副次的文脈 (incidental context) と呼ぶ．それゆえ，内在的外部的文脈は焦点となる対象物が存在する本質的な環境要素であり，内在的心理的文脈は本質的な経験の集合である．そして，これらを基盤として知覚者は理解 (comprehension) を形成する．第1の仮説によれば，外部的文脈の種類と量が対象物の意味形成に影響するといえるが，意味知覚を細分化すれば，外部的文脈は意味の能力（性能）次元の知覚に影響するが，属性次元の知覚に影響することはない．つまり，対象物の文脈の変更は，対象物が「何か」というよりは，「何をなしうるか」という知覚に影響を与えることによって意味を変化させる．

第2段階は「情報抽出の過程 (information-extraction process)」である．個人は内在的文脈から重要性の順に情報を抽出し，それをつぎの過程に伝えていく．ここにおける外部的文脈と心理的文脈の関係については未だ十分な研究成果はない．

第3段階は「意味創造の過程 (meaning-creation process)」である．抽

出された情報は属性次元と能力（性能）次元で知覚され，意味がつくられる．情報抽出と意味創造のサイクルは知覚者が内在的文脈を使い尽くすまで，あるいは追加的情報が必要ではないと結論するまで継続する．この段階は仮の，あるいは作業的意味をつくるものである．

第4段階は，作業的意味が最終的に有効となる以前のカプセルに入った段階，すなわち「意味同一化の過程（meaning-identification process）」である．このためにラベル（label）が使用される．ラベルは複数の人間の間での意味の伝播を可能とする．人々はラベルに関する合意のもとに意味の伝達を行っているといえる．したがって，対象物の意味と，意味同一化は別の理論的要因であると考える必要がある．意味は対象物と結びつくが，こうした意味の同一化のために用いられるのがラベルである．日常生活において，多くの外部的文脈と接するようになると，人は対象物の展示者が意図したラベルを割り当てるようになる．したがって，つぎのような第2の仮説を示すことができる．「焦点となる対象物の意味に展示者が意図したラベルを割り当てる人々の割合は，対象物の外部的文脈の量が増加するにつれて一本調子で増加する．」また，対象物の意味の知覚はそれが属する文脈の種類によって異なるので，知覚者は違いを明らかにする意味に同一化のラベルを割り当てるといえる．それゆえ，つぎのような第3の仮説が導かれる．「焦点となる対象物の意味に人々が付与するラベルは，対象物の展示される文脈の種類に応じて変化する．」さらに，対象物が知覚者にとってなじみ深いものであればあるほど，過去の経験（心理的文脈）に依存して認識し，解釈し，同一化し，そしてラベルをつける可能性は大きい．そうした場合には，意味は精密化し，展示者の意図を正確に反映するものとなる．逆に，なじみのない対象物であれば，外部的文脈が支配することとなり，正確性は損なわれる．そこで，つぎのような第4の仮説を示すことができる．「焦点となる対象物の意味に展示者の意図したラベルを割り当てる人々の割合は，対象物がなじみのある文脈で示された方が，そうでない場合よりも高い．」

第5段階は「意味確認の過程（meaning-validation process）」である．これは受け手の創造した意味（ここではラベルがつけられたもの）と，対象物の展示者が意図した意味との一致を評価する過程である．知覚者は創

造した意味が妥当ではないと考えた場合は，内在的文脈を定義し直し，情報抽出と意味創造のサイクルを再び開始することになる．

以上のモデルを図示すれば図5-1のとおりである．

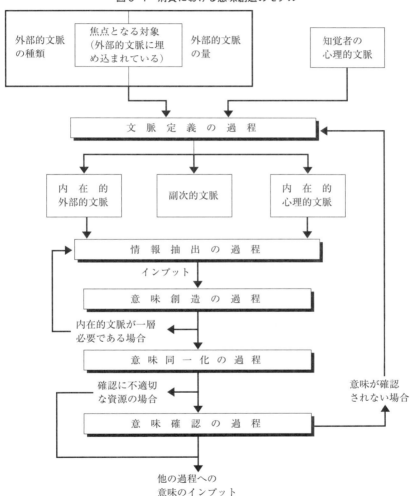

図5-1　消費における意味創造のモデル

(出典) R. E. Kleine III and J. B. Kernan, "Contextual Influences on the Meanings Ascribed to Ordinary Consumption Objects," *Journal of Consumer Research*, December 1991, p. 313.

Kleine III と Kernan は，日常的商品を用いた実証的研究によって，仮説の検証を行い，モデルの妥当性を検討した．そして，外部的文脈が対象物の能力（性能）次元の個人の知覚に影響するばかりではなく，属性次元の知覚に影響する場合もあることを指摘した．さらに，対象物の意味の知覚における実質的な移行は，「低」から「中」の文脈量の間において発生すると述べている．また，「中」から「高」の水準においては知覚は安定化するとした．そして，同一化を通じて意味にラベルをつけるメカニズムにおいても同様の傾向を指摘できると述べた．加えて，文脈が対象物の意味の知覚に影響を与えること，ならびにモデルの妥当性について確認している．また，広告が製品を文化と関連づけるパワーを有するという冒頭のMcCracken の主張に関しては，製品の「暗示的意味」ばかりではなく，「明示的意味」を変化させることを指摘した．Kernan らは，対象物が展示される文脈を変えることによって，その用途のみならずアイデンティティ（意味のカテゴリー）の知覚を変化させることが可能であることを明らかにした．

(2) 解釈学的手法

　つぎに，解釈学的手法による「意味」の探究について考察したい．当該領域では，S. J. Arnold と E. Fischer の解釈学（hermeneutics）と消費者研究に関する注目すべき研究がある．そこで，まず，彼らの研究に依拠して論述を進めていきたい[17]．

　彼らは，「理解についてのさまざまな見解が生まれ，変化するにつれて解釈学の意味は発展した」と指摘して，まず，解釈学の歴史と発達について説明した．それによれば，解釈学の語源はギリシャの神々の使者であるヘルメース（Hermes）にある．そして，その役割は神から人へメッセージを伝えることにあった．そこで，解釈学はつぎの2点を本質において備えていると考えることができる．①テクストは何を言うべきかの決定，②何をなすべきかの指図の提供．そして，解釈学は聖書解釈を通じて方法的に発達を遂げた．それは解釈学的方法（hermeneutical method）と呼ばれる．ここでは，テクストの個別的構成部分を全体の文脈のなかで考えるという方法が尊重された．解釈学はやがて宗教的書物だけではなく，テク

スト解釈の一般理論として発展した．そして，20世紀初頭までには，解釈者が手続きを踏めば，著者が意図した，あるいはテクストに含まれた意味を知ることができるという考えが浸透した．これを「解釈学的理論（hermeneutical theory）」と呼ぶ．

　これに対して，M. Heidegger や H. G. Gadamer の影響のもとに20世紀の中頃以降に発達したものが「哲学的解釈学（philosophical hermeneutics）」である．ここでは，理解を著者の意図した意味の客観的再認識ではなく，解釈者が人間であることは何かという新しい可能性に気づくことによって変わる実践的課題と捉える．解釈学的理論との相違は，主体が客体について知るというデカルト流の二元論の認識的立場を離れて，「理解に至る」という継続的行為のなかでの解釈者の存在論に注目が移行したことである．また，「批判的解釈学（critical hermeneutics）」では，偽りの意識のような（事前の）理解のゆがみを対象として，そうしたゆがみを除去するため，精神分析のごとき分析的手順を使用するという点で哲学的解釈学とは異なる．解釈学のなかで近年注目を集めたものが「現象学的解釈学（phenomenological hermeneutics）」である．それは，解釈学の以上の諸理論を橋渡しする特色を有し，テクストの客観的感覚の回復と意味の実存的理解を媒介するものである．

　解釈学的哲学の原理としてつぎの諸点を指摘することができる．第1に事前理解（pre-understanding）もしくは先入観（prejudice）を肯定的に認識する．考えることに先立って，われわれは文化的世界に属しており，解釈者も対象も伝統という文脈に連結されているといえる．そこで，解釈学では事前理解は解釈者を制約するというよりもむしろ，力を与えると考える．先入観は必ずしも誤ったものではなく，認識や比較の基盤として機能するものである．それなくしては，現象や対象物を理解し，言葉や行為の意味を発見することはできないとすらいえる．そして，新しい出来事との接触や試行錯誤を通じて，先入観の適切さが検討され，変化が生まれる場合もある．消費者研究においても，消費者や研究者としての経験という観点から事前理解の重要性を指摘できる．例えば暗黙知（tacit knowledge）の意義はこれに関連している．第2に集団のなかでの対話（dialogue）を通じた研究をあげることができる．集団の構成員は互いの

意見や解釈を討議し，理解することを通じて，対話による新しい解釈を創造する意志をもつことが必要である．第3に言語への依存がある．解釈的哲学においては，言語は理解が発生する普遍的媒体であることが強調される．すなわち，時間と空間を超えて経験が交流するのは言語の働きによると考えられる．構造主義や記号論などの消費者行動への言語やサインをベースとした1980年代以降の諸アプローチはこうした原理を共有するものといえよう．第4に，われわれの日常の経験は多様であることから，唯一の客観的解釈の存在については否定的見方をする．しかし，解釈の妥当性を基礎とした説得力の優劣を否定することはない．第5に存在論的理解のあり方を目指す．解釈学的哲学においては，理解とはわれわれがテクストから他人について学ぶことではない．むしろ，テクストを対象とすることによってわれわれ自身の自己認識（self-knowledge）が変化することを意味し，それゆえ，内省（self-reflection）や自己開発（self-development）と言い替えられる内容である．すなわち，テクストの解釈は人間としてのわれわれの存在の可能性を解明し，理解することを含んでいる．そして新しい選択肢の発見や人生への投影を試みる．存在論的立場ではわれわれは常に理解の途上にあり，理解は解釈に反映されると考えられる．また，自己認識の変化という点で，主体と客体の境界は曖昧となり，超越されるともいえる．

以上の説明を基礎として，ArnoldとFischerは解釈学的哲学を応用した消費者研究の特徴をつぎのように示した．第1にテクストは消費者の文脈化された個人的表現内容であるが，その形態は今日多様化しつつあり，面接記録，視聴覚記録，写真，音楽ビデオなどを含む．第2はテクストの自律性である．テクストは著されると，それ自身の生命をもち，著者や行為者が本来意図した内容と一致しない理解に至る可能性をもつ．したがって解釈は著者の意味を客観的に確認した内容とは異なる場合もある．第3はテクストの言語の解読である．言語以外の意味表示要素としての写真やジェスチャーも含まれる．また，解読のために記号論や構造的分析が応用される．前者はテクストをサインで構成されるシステムとみなし，それらの関係を分析するもの（統辞論）と，サインと対象物との関係を分析するもの（意味論）である．後者はサインの関係，とりわけ「男らしさ」と

「女らしさ」のような対立的表現に着目することによって意味を探る立場である．第4はテクストの部分と全体を往復することによって矛盾のない理解を得るための解釈学の輪の方法の応用である．第5は地平の融合である．特定の視点からの可視的内容を地平と呼ぶ．解釈者とテクストはそれぞれの地平を有し，前者の内容は事前理解であり，後者の内容は記号論や構造論の分析と解釈学の輪に依拠したものである．解釈者の地平は理解の立脚点が移動するにつれて変化をする．そして，テクストの地平を包含もしくは統合した場合に地平の融合（fusion）が生ずる．これによって新たな理解が誕生する．第6に適切な解釈の条件としてつぎの諸点を指摘できる．①内容が首尾一貫していること，②関係する文献が明らかであること，③内容が読者の立場を尊重し理解しやすいこと，④解釈が洞察に富み生産的であること，⑤文章が説得的で関心をひく内容であること．

(3) 文化的視点

ArnoldやFischerと方法論的基盤を共有する具体的研究がC. J. Thompson, H. R. PollioおよびW. B. Locanderの研究である[18]．彼らは，解釈学的哲学に基づく研究は生活経験についての理解が言葉を通じて伝えられる文化的視点を映し出していることを中心的テーマとしていると指摘し，それゆえ，研究の目的は，社会的に共有された意味の「暗黙の（unspoken）」背景を明らかにし，さらに，こうした文化的視点がいかに生活状況に適合しているかを示すことにあると述べた．そして，3人の女性の消費者の深層面接のテクストを用いて分析を行った．彼らはつぎのような理由から「解釈学の輪」に依拠して研究を進めた．①部分と全体の繰り返しによって深い解釈を期待できる，②科学的知識は文化的に位置づけられた視点から生ずる過程や信念を基礎としている，③個人にとっての意味や意図は文化的知識や社会化がつくる意味のネットワークとは離れて存在しない．Thompsonらは，状況についての人間の理解は意味の文化的伝統を基礎とした解釈から生ずるとして，解釈的探究による発見事項は研究者とインフォーマントの地平の融合を必然的に反映すると述べている．図5-2はこうした関係を示している．深層面接のような解釈学的研究の機会は参加者に過去の消費経験を深く思いおこさせ，その意味を考えさせ

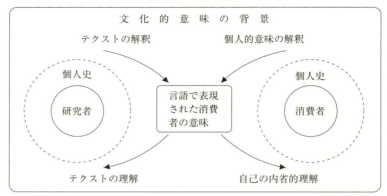

図5-2 視界の融合

（出典）C. J. Thompson, H. R. Pollio, and W. B. Locander, "The Spoken and the Unspoken: A Hermeneutic Approach to Understanding the Cultural Viewpoints that Underlie Consumers' Expressed Meanings," *Journal of Consumer Research*, December 1994, p. 434.（一部省略）

る契機となる．そして，参加者の思考内容は面接記録のようなテクストとなり，研究者によって解釈される．参加者の自己解釈は研究者の理論的関心によって特徴づけられる．すなわち，消費者の表現する意味が研究者間で共有される概念や問題意識と関連して理解されて融合は生ずる．

　Thompson らは，面接をテープ録音し，それを逐語的原稿にする方法を用いた．3人の女性は地域の教会のグループから募り，個別に面接を実施した．面接の手順を説明すれば，まず面接担当者は参加者の説明に協力するかたちで質問をつくるように努めた．また，フォローアップのための質問では参加者自身の用語を用いた．対話は彼女らにとって重要である消費経験を説明するように要請することから開始された．対話の進路は参加者が決めるようにし，面接担当者の質問は説明された内容を明らかにし，確認することを意図していた．解釈の方法は既述のように「解釈学の輪」を基本とした．そして，それぞれの参加者が表明した個人的意味を知ることと，これらを社会文化的背景に関連づけるという様式を利用した．解釈の重要な側面はテクストの象徴的メタファー（symbolic metaphor）を明らかにすることにあった．それは，対話を通じて現れる仮定，関心事，価値，そして意味の連関を伝える典型的イメージや出来事である．象徴的メ

タファーは消費者研究への現象学的アプローチにおけるテーマ（theme）と類似したものである．それは面接テクストから導かれた意味のパターンを強調し，要約している．メタファーを利用することによって，消費者の自己解釈の根底にある文化的意味のネットワークを明らかにし，意味の関係を考察することができる．既存研究より，メタファーは個人が文化的知識から意味をつくる過程で重要な役割をはたすことが知られている．また，象徴的メタファーに解釈的焦点をあてることによって，研究者は参加者の自己解釈の相違に気づくことができる．参加者にとって象徴的な観点からそれぞれ重要な出来事やイメージがあり，象徴的メタファーは共通の文化的背景から派生するものの，なんらかの文化的意味と密接に関連している．こうした相違に気づくことによって，研究者は参加者の視点の違いを明らかにしながら面接のテクストを解釈することができる．これは参加者の知覚の類似点を強調したテーマ解釈とは対照的な方法である．

　Thompson らは，3人の参加者との対話を分析することによって，テレビ・コマーシャル，アンティーク，ならびにゲームという象徴的メタファーを抽出した．そして，それぞれがコマーシャルや販売活動に対する消費者の懐疑（skepticism），伝統的価値を尊重しようとする消費者の郷愁（nostalgia），そして買物は合理的に行動し良いものを手に入れるためのゲームであるという消費者のプラグマティズム（pragmatism）という意味を伴うことを指摘した．また，これらの意味が広範な文化的・歴史的要因の文脈に位置づけられることを示した．すなわち，3人のもつ意味は，それぞれ，米国人の中核となる価値観，つまり正直（honesty），倹約（thrift），そして自律（autonomy）を反映していると考えることができる．このように，消費者が表現する内容は基本的に文化的伝統のなかで伝えられてきた意味に影響されるといえ，消費者の信念と行動は変化の可能性をもつ文化的意味の多面的ネットワークのなかに位置づけられているといえる．Thompson らによれば，解釈学的伝統のもとでは，言語は思考を伝える単なる媒体ではなく，時間をかけて確立され，日常性のなかに統合された文化的伝統の生きた記録と考えるべきである．それゆえ，意味，メタファーなどの暗黙の背景を伝えている．このように，解釈学的アプローチでは，言語化された消費者のメタファーを解釈することを通じて，言

語化されていない歴史的遺産が日常生活のなかに具現化していることを明らかにするといえよう.

このほか，ポスト構造主義（poststructuralism）と呼ばれる立場から消費と文化の関係を探った研究に，C. J. Thompson と E. C. Hirschman のもの[19]がある．それによれば，西欧社会と個人の経験は心と身体，合理と非合理，男性と女性といった多様な区分によって構築されるが，こうした区分は現実の固有の象徴を映し出すというよりは，対人関係，文化的制度，経済的利害，権力関係，性差の関係など社会生活の秩序をつくる原理のなかでの社会的構造物と考えることができる．すなわち，区分（二元論）は文化的意味の体系であり，社会的秩序を共同してつくる関係にある．Thompson と Hirschman は 30 人の男女に面接することによって，消費者にとっての身体イメージと自己概念について考察を行った．そして，身体についての文化的観念論が外見に対する消費者の満足，望ましい身体の意識，およびこうした自己知覚が動機づける消費活動の基盤であることを指摘し，社会化された身体（socialized body）という概念を重視した．そして，文化的観念論はマス・メディア，広告などを通じて具体化し，こうした社会的影響力は個人が身体の象徴的意味を解釈する方法と自己の帰属に決定的な力をもつことを指摘した．

4.「意味」解釈の技術的探究

（I）　エスノグラフィーの方法

つぎに，マーケティングにおける「意味」の解釈の技術的側面について考察していきたい．まず，エスノグラフィー（ethnography）の方法を応用することによって市場の人々の行動に焦点をあわせた研究を展開した E. J. Arnould と M. Wallendorf の論述[20]に依拠することによって，市場における「意味」の解釈とマーケティング戦略との関連性について説明したい．

Arnould と Wallendorf によれば，エスノグラフィーは文化が人々の行動と経験を構成し，同時に行動と経験によってつくられる方法を明らかにしようとする学問であり，人々の経験の文脈，そして主観的（イーミッ

ク）意義を知るばかりではなく，経験の相対的ならびに解釈的（エティック）意義を伝えようとする特質を有している[21]．そしてつぎのような特徴をもつ．①自然な状況での人間行動に関するデータの収集と記録，②参与観察の活動，③行動の解釈，④多様なデータ源泉の利用．Arnould らはエスノグラフィーの方法を市場研究に応用した場合，ひとつの製品だけの購買や使用を調べるのではなく，その製品の購買や使用に伴って自然に発生する行動の全体をセットとして調べる必要性を指摘した．例えば，朝食用のシリアルのブランドの消費を対象とするというよりは，朝食や，通勤・通学の準備に関連した行動を全体として調査することを行う．こうした行動のセットの共同的性格や意味についてのイーミックな理解（emic understanding）は質的空間（quality space）と名づけられ，共同発生的行動とその意味のエティックな理解（etic understanding）は行動的コンステレーション（behavioral constellation）と呼ばれる．行動的コンステレーションの概念はとくに重要である．例えば，インスタント・シリアルを食べることは，朝食や学校帰りのスナックの飲食行動というコンステレーションのなかに位置づけられる．エスノグラフィーという視点は，製品使用の意味の文脈化された理解を促す効果があるが，これは製品やサービスの行動的コンステレーションの研究にほかならない．エスノグラフィーがモチベーション・リサーチと異なるのはこうした点にある．両者の相違の主なポイントはつぎのとおりである．①モチベーション・リサーチやブランド属性調査は個別の製品やブランドを別々に調査するが，エスノグラフィーは製品の使用を文化的に文脈化された行動のコンステレーションの一部として調査する（練り歯みがきも脱臭剤も「身づくろい」の儀式のなかで用いられる）．②モチベーション・リサーチは製品の精神分析的意味（psychoanalytic meaning）を対象とし，ブランド属性調査は製品の認知的意味（cognitive meaning）を対象とし，そしてエスノグラフィーは製品の文化的意味（cultural meaning）を対象とする．③モチベーション・リサーチとブランド属性調査は言葉による報告データに依拠するが，エスノグラフィーは行動の観察を中心とする．④エスノグラフィーは解釈を同一のコンステレーション内での別の製品に関する行動を検討することによってクロスチェックする．

Arnouldらはエスノグラフィーは理論構築の役割ばかりではなく，応用的文脈のなかで戦略的に利用されてきた歴史があるとして，マーケティング文献においては触れられることが少ないエスノグラフィーの戦略上の意義に関して，つぎのような諸点を指摘した．第1は行動的コンステレーションのなかに埋め込まれた多くの意味の層について理解を提供することができる．これは消費経験が社会文化的要因に依存する場合や，消費者満足が製品属性のみで決まるのではない場合に有効である．第2はコンステレーション内での共鳴的意味を策定するための製品やサービスの能力の査定を可能とする．戦略は収斂的意味と，コンステレーション内での焦点となる製品の意味の隔たりに注目することから始まる．通常のマーケット・リサーチが代替品や競争者との対比を意図するのに対して，エスノグラフィーはコンステレーション内での相補性や，類似と対照の関係を調査する．そして，コンステレーション内の製品の既存の意味と共鳴的な製品の用途を育てることを目指す．第3はビデオ機器などを活用した消費者の日常生活の描写によって，行動的コンステレーションを構成する意味について実感のある事例を提供することができる．第4は市場情報を持続的に得ることができる．通常のマーケット・リサーチは必要性に応じて実施されるが，消費の文脈やサブカルチャーについて熟知することによって戦略策定の作業は容易となる．

(2)　視聴覚機器の応用

　エスノグラフィーのマーケティング手法としての活用は1990年代初頭から広告代理店などで始まったといわれるが，R. Piirtoの説明[22]によれば，消費生活の直接的観察をリサーチの一環としてすでに導入している企業もあった．それらは，家庭のなかに入り，例えば，長時間の面接を実施する，生活の断面としての写真をとる，朝食の象徴（symbol）や儀式（ritual）としての側面を表現した筋書き（script）を書くといった方法を用いていた．そして，ビデオ機器の利用が盛んであった．しかし，これはプライバシーの侵害といった問題も生み出した．

　D. D. HeisleyとS. J. Levyは「オートドライビング（autodriving）」と呼ばれる写真を用いた消費者調査の方法を紹介している[23]．それは，夕食

に取りかかろうとする家族の写真を投影的面接のための刺激としてインフォーマント自身に見せることによって，彼（女）らの関与を強化し，信頼できる定性的情報を引き出そうとする狙いをもっている．そして，面接内容は録音し，以降の面接の刺激要因として利用する．すなわち，当該手法はインフォーマントの反応を彼（女）自身の生活から直接引き出された刺激によって駆りたてるという原理を応用したものである．すなわち，面接は自己の行動を見たり，聞いたりしたインフォーマントによって進められると表現することもできる．したがって，オートドライビング法は視覚的素材を用いた投影的技法と位置づけることができる．HeisleyとLevyによれば，今日，視覚研究者たちは写真術をサイエンティフィックな手法として認めており，プリント，フィルム，そしてビデオを刺激要因と位置づけ，写真導出法（photoelicitation）において有効に活用している．投影法は人間の行動は必ず意味をもち，パーソナリティと文化的価値を表現するという論理に基づいている．例えば，絵についてストーリーをつくるといった曖昧な課題が与えられた場合に，人が語る内容はその人間の人生に対する考え方や行動を反映しているとみなす．使用される素材はロールシャッハテストで用いられる曖昧な性格のものから，具体性のある写真までを含んでいる．

　Heisleyらによれば，写真を用いたリサーチ法は，文化の研究を行う人類学者，集団行動を対象とする社会学者，治療を目的とした心理学者らによって利用されてきた．そして，これらの研究を基礎として消費者行動の分野に導入されている．その手順の詳細はつぎのとおりである．①家族の夕食の準備と食事の写真を撮影する，②写真を用いてインフォーマントに面接を実施する，③インフォーマントに面接の録音を聞かせ，再び写真を見せて，録音内容に対するコメントを要請する．以上の方法は，自分の行動を説明したい，あるいは正当化したいという人々のモチベーションを活用することによって，インフォーマントの知覚を通じて出来事に関する豊富な定性的情報を導き出すことを可能にする利点がある．

　写真を用いた消費者行動についての研究では桑原武夫のもの[24]が知られている．

(3) 内観法

　最後に内観法について説明したい.

　わが国においては内観は浄土真宗の一派に伝わる「身調べ」という求道法から発展したことが知られている[25]. そして，既述のように1980年代以降の消費者研究の方法的革新のなかから内観によって消費経験を現象学的に探究する試みが現れてきた. 90年代のものとしてはまずS. J. Gouldの研究を指摘することができる[26]. 彼の研究は，消費者の製品の購買と使用の過程を消費者の生命力（vital energy）の自己管理の発露と仮定することによって，「気」の概念など東洋的考え方と，Freud理論などを基礎に，生きることの内面的エネルギーが消費経験を通じてどのように変化するかを自己の体験を通じて説明している. 彼はエネルギーを日常的で，主観的現象と考えることによって，その維持と強化こそが消費の中心的モチベーターであると指摘した. そして，彼は内観により自己の経験から深く，豊富なデータを得ることができると述べている.

　また，M. WallendorfとM. Brucksは内観をいくつかの類型に分けて，それらの特色を論じている[27]. 彼女らは，内観を扱う諸学問，すなわち心理学，社会学，人類学，および消費者研究について検討することによって，内観はわれわれ自身の心のなかをのぞき，そこで発見したものを報告する行為であり，以下のような条件によって決定される内観者の役割に基づき類型化が可能であることを指摘した. ①研究者と内観者の親密さ，②内観者の数，③内観者の機能. そして，内観をつぎの5つに分類した.

　第1は研究者が唯一の内観者となる研究者内観（researcher introspection）である. 研究者は自分自身を対象として調べ，他にインフォーマントは存在しない. また，研究の文脈は研究者の生活体験の側面である. Wallendorfらによれば，このタイプの研究は消費者研究のなかでは増加しつつあるが，社会科学の他の領域には存在しない. 第2は研究者以外の人間が自己とその行為について内観し，内容がデータとして記録される手引き内観（guided introspection）である. 内観者がアンケートに答える形式のものや，研究者が内観者を観察し，内観内容を記録するという形式のものがある. いずれにしても研究者と内観者の役割は分離している. この類型の内観は以下のものを含む. ①認知心理学の口頭実験記録,

②現象学的心理学の深層面接,③態度,信念,および経験についてのサーベイ調査,④社会学や人類学でのエスノグラフィック・リサーチにおける非構造的面接.第3は類似の生活経験を共有する研究者と内観者の間で有効な相互作用的内観(interactive introspection)である.経験の共有は両者の感情の交流を促すため,研究者は内観者を援助することによって深い洞察をはかることができる.第4は以上の内観を組み合わせた混合型内観(syncretic forms of introspection)である.したがって,研究者自身の内観もインフォーマントによる内観も含まれるが,相互作用的類型とは異なり,研究者は自己の内観をインフォーマントと共有することはない.第5は研究者の回想(reflexivity)である.これは参与観察を用いたエスノグラフィーに付随する内容を意味することが多い.したがって,なんらかの文化的集団を研究する参与者の回想的材料を指す.

　Wallendorfらは以上の類型のなかからとくに研究者内観を抽出し,その方法論的課題について以下の6つのポイントを中心として論じている.第1に人間の記憶は時間の経過とともに弱まり,また突出した極端なものを中心に思い出す傾向がある.そこで内観のデータとしての質を高めるためには,現状や最近の出来事についてのみ内観する工夫をする必要があり,発生の時点にできるだけ近い記録に依拠する.第2に内観者に求められるデータは独自の文脈に関連した特定の経験についてのものであることが望ましい.第3に内観の内容は他人からわかるような形で記録として残す.その時の思い,感情,出来事などを日記にまとめておき利用するといった方法もある.第4にどのような理由で自己を内観の対象とするかを明らかにする.第5にデータの分析における客観性の保持の工夫をする.第6に研究者内観の長所と欠点を認識する.当該方式は長期の個人的経験や理解の構築の目的には有効であるが,文化的意味を発見するための解釈的分析や,プライベートな行動の研究には適していない.Wallendorfらは総じて研究者内観に対しては否定的であり,既述のGouldの論文に対しても批判的立場にある.彼女らは,研究者内観は個人にとっては重要な洞察を生み出すかもしれないが,消費者行動についての集合的理解への貢献という意味では疑問が多いと述べている.そして,多様な論題に応用可能な点で手引き内観が消費者研究では将来性が高いと評価している.また,

Wallendorf らの批判に対しては，研究者内観は消費者行動を思考，感情，そして行動の総体と自覚させる契機となりうるものであり，一層の議論と展開が必要であるとの Gould の再反論[28]がある．

5. むすび

1980年代後半からの勢いを引き継ぎ，90年代前半においても消費者研究は一層の進展をみせた．そして，「意味」についても理論と技術の両面において内容の深い議論が展開されたと考えられる．最近の消費者研究の背景を成す認知科学の発達についての歴史的考察によって多くの内容が明らかとなった．認知革命はすでに40年ほどの年月を経て，人間の認識についてのさまざまな方法論的議論を呼びおこした．このなかで経験と相互的連結を基本とした見方を連合説と呼ぶ．また初期においては生体は感覚の受動体としてのみ考えられていた．そしてスキーマ概念が抽象的認知構造の意義を明らかにした．さらに情報処理のパラレル・モデルに伴って，コネクショニズムの見方が示された．そして自己をとり巻く世界についての認識の主体者としての人間という仮定が築かれた．心をコンピュータ・モデルからの類推によって考える問題点は「意味」の扱いにある．「意味」のメタセオリーとして，身体的連合説，表象主義者的立場，コンテクスト理論，および契約主義がある．また，近年の研究では解釈学が応用され，解釈学の輪という方法的基盤が重要視されている．そして認識形成における個人的相違を積極的に認めようとする動きが強まりつつある．

1990年代前半のマーケティング研究では，文脈，解釈学的手法，文化などの観点から「意味」についての理論的ならびに具体的探究が消費者研究の領域を中心として進んだ．日常的消費における対象物に対する消費者の行動は，それらのものに帰する「意味」に基づき，対象物は他のものと共にあるという理由で常に文脈化されているといえる．そこで，対象物の意味に文脈がどのような影響を与えるかを明らかにすることが必要となる．「意味」は対象物に内在するというよりはむしろ，個人，対象物，そして文脈の相互作用から生ずるといえる．したがって人により違いがあり，また同じ個人であっても状況により変化する．意味形成は環境からの

多感覚的インプットにより始まる．文脈とはこの過程で個人が利用できる情報であり，それは外部的性格のものと心理的なものに分類できる．意味形成の第1段階はこうした2つの文脈の範囲を定めることである．前者は環境要素，後者は個人の経験を構成する．外部的文脈は対象物が「何をなしうるか」についての知覚に影響することによって「意味」を変化させることができるが，対象物が「何か」という知覚にも影響する．第2段階は個人が文脈から重要性に応じて情報を抽出することである．第3段階は情報に基づき仮の意味をつくることである．第4段階は仮の意味を最終的に承認するまでの同一化の過程である．人々は対象物にラベルをつけることによって「意味」を伝えあう．そして接触する外部的文脈の量の増加に伴い，情報に従ってラベルをつける傾向がある．また既知の対象物については正確なラベルづけを行いやすい．第5段階はつけたラベルと情報の送り手の意味の一致を確認することである．

つぎに解釈学的手法では以下のポイントを踏まえて研究する必要がある．①経験の解釈では文化的世界のなかの暗黙知のような事前理解に着目する，②互いの意見や解釈を討議し，対話によって研究を進める，③言葉の背後の意味を理解する，④唯一の解釈に拘泥しない，⑤解釈者の自己認識の変化の可能性を認め，存在論的理解を尊重する．そして，消費者研究はつぎのような特色を備えている．①面接記録，写真，音楽ビデオなどテクストの表現形態は多様化している，②テクストは自律性をもつ対象として，本来の意味を超えた解釈や理解を生む可能性がある，③言語や意味表示要素の解読の手法を必要とする，④テクストの部分と全体の反復的かつ螺旋的理解の様式（解釈学の輪）が要請される，⑤テクストの解釈につれて解釈者の地平は拡張し，その文化的基盤を超越した新しい理解が生まれる，⑥首尾一貫性，根拠の明白さなどの条件が解釈に求められる．

さらに，文化的視点を重要視する研究においては，テクストの解釈を通じて象徴的メタファーを知ろうとする方法が用いられる．これは消費者研究への現象学的アプローチでの「テーマ」に類似した概念である．そして，仮定，関心事，価値，そして意味の連関を伝える典型的イメージや出来事と定義される．メタファーは人が文化的知識から意味をつくるうえで重要な役割をはたす．そして，象徴的メタファーに解釈的焦点をあてるこ

とによって，自己解釈の相違に気づくことができるようになる．これらは個人の視点の違いを表している．実際の面接研究から，テレビ・コマーシャル，アンティーク，ならびにゲームという象徴的メタファーが明らかとなり，それぞれが，懐疑，郷愁，そしてプラグマティズムという意味と関連することがわかった．さらに，これらの「意味」が，正直さ，倹約，ならびに自律という米国の伝統的価値観と結びつくことが発見された．解釈学的方法とは，メタファーの解釈を通じて，言語化されていない「意味」の社会文化的側面を探究しようとする試みである．

「意味」のポスト構造主義に属する研究によれば，人間の身体についての文化的観念が外見への消費者の自己知覚による行動の基礎となること，そして観念はマス・メディア，広告などを通じて広がるといえる．

「意味」解釈の技術的側面では，エスノグラフィーのなかで発達した行動的コンステレーションの概念が重要である．これによって，製品やブランドの購買や使用に伴う行動の全体をセットとして理解することができるようになる．すなわち，製品やブランドの「意味」の文脈の把握を容易にするといえる．そしてコンステレーション内の製品の補完性をはかる戦略にとって有効である．エスノグラフィーは行動の持続的観察を行い，ビデオ機器も使用される．また，写真を用いた調査が，その他の視聴覚機器と組み合わせることによって消費者研究のなかにも導入されている．例えばオートドライビングは，インフォーマント自身の知覚や説明の力を利用しながら定性的情報を導き出すことを目的とした方法である．

内観法については，経験について洞察し，豊富なデータを得るための有効な方法との見方の一方で，とくに研究者が自己の経験を内観する際には，内観の内容を学問的に意味あるものにするための工夫が必要であるとの見解も提唱されている．例えば，対象を最近の出来事にしぼる，内観の内容を記録や日記などの形で残しておくなどをあげることができる．また，研究者が手引きを与える内観や，類似の生活経験をもつ研究者と内観者による内観など，状況に応じた組み合わせにも配慮することが望ましい．

注

1 Michael J. Mahoney, *Human Change Processes*, Basic Books, Inc., 1991.
2 Robert E. Kleine III and Jerome B. Kernan, "Contextual Influences on the Meanings Ascribed to Ordinary Consumption Objects," *Journal of Consumer Research*, December 1991, pp. 311-324.
3 Stephen J. Arnold and Eileen Fischer, "Hermeneutics and Consumer Research," *Journal of Consumer Research*, June 1994, pp. 55-70.
4 Craig J. Thompson, Howard R. Pollio, and William B. Locander, "The Spoken and the Unspoken: A Hermeneutic Approach to Understanding the Cultural Viewpoints that Underlie Consumers' Expressed Meanings," *Journal of Consumer Research*, December 1994, pp. 432-452.
5 Craig J. Thompson and Elizabeth C. Hirschman, "Understanding the Socialized Body: A Poststructuralist Analysis of Consumer's Self-Conceptions, Body Images, and Self-Care Practices," *Journal of Consumer Research*, September 1995, pp. 139-153.
6 Eric J. Arnould and Melanie Wallendorf, "Market-Oriented Ethnography: Interpretation Building and Marketing Strategy Formulation," *Journal of Marketing Research*, November 1994, pp. 484-504.
7 Deborah D. Heisley and Sidney J. Levy, "Autodriving: A Photoelicitation Technique," *Journal of Consumer Research*, December 1991, pp. 257-272.
8 Elizabeth C. Hirschman and Morris B. Holbrook, "Expanding Ontology and Methodology of Research on the Consumption Experience," in David Brinberg and Richard J. Lutz (eds.), *Perspectives on Methodology in Consumer Research*, Springer-Verlag, 1986, pp. 213-251.
9 Stephen J. Gould, "The Self-Manipulation of My Pervasive, Perceived Vital Energy through Product Use: An Introspective-Praxis Perspective," *Journal of Consumer Research*, September 1991, pp. 194-207.
10 Melanie Wallendorf and Merrie Brucks, "Introspection in Consumer Research: Implementation and Implications," *Journal of Consumer Research*, December 1993, pp. 339-359.
11 M. J. Mahoney, *op. cit.*, p. 67.
12 本項の以下の説明はつぎの論考に基づいている．M. J. Mahoney, *op. cit.*, pp. 67-88.
13 本項の以下の説明はつぎの論考に基づいている．M. J. Mahoney, *op. cit.*, pp. 88-94.
14 本項のR. E. Kleine III と J. B. Kernan の所説についての説明はつぎの論考に基づいている．R. E. Kleine III and J. B. Kernan, *op. cit.*

15 Grant McCracken, "Who is the Celebrity Endorser? Culutural Foundations of the Endorsement Process," *Journal of Consumer Research*, December 1989, pp. 310-321.
16 Sidney J. Levy, "Symbols for Sale," *Harvard Business Review*, July-August 1959, pp. 117-124.
17 本項の S. J. Arnold と E. Fischer の所説についての説明はつぎの論考に基づいている．S. J. Arnold and E. Fischer, *op. cit.*
18 本項の C. J. Thompson, H. R. Pollio, および W. B. Locander の所説についての説明はつぎの論考に基づいている．C. J. Thompson, H. R. Pollio, and W. B. Locander, *op. cit.*
19 C. J. Thompson and E. C. Hirschman, *op. cit.*
20 本項の E. J. Arnould と M. Wallendorf の所説についての説明はつぎの論考に基づいている．E. J. Arnould and M. Wallendorf, *op. cit.*
21 Wallendorf らによれば，イーミック（emic）とエティック（etic）という用語は言語学に由来するが，今日では人類学とその他のエスノグラフィーに関する研究において使用されている．人類学では，イーミックはネイティブのインフォーマントの視点を意味し，エティックは研究者のデータの分析を基礎とした解釈を示すといえる（M. Wallendorf and M. Brucks, "Introspection in Consumer Research: Implementation and Implications," *Journal of Consumer Research*, December 1993, p. 349).
22 Rebecca Piirto, "Socks, Ties, and Videotape," *American Demographics*, September 1991, p. 6.
23 D. D. Heisley and S. J. Levy, *op. cit.*
24 桑原武夫・日本産業消費研究所編『ポストモダン手法による消費者心理の解読』日本経済新聞社，1999.
25 吉本伊信『内観への招待』朱鷺書房，1983；三木善彦『内観療法入門』創元社，1976.
26 S. J. Gould, *op. cit.*
27 本項の M. Wallendorf と M. Brucks の内観についての説明はつぎの論考に基づいている．M. Wallendorf and M. Brucks, *op. cit.*
28 S. J. Gould, "Researcher Introspection as a Method in Consumer Research: Applications, Issues, and Implications," *Journal of Consumer Research*, March 1995, pp. 719-722.

第6章

マーケティングにおける
ポストモダニズムの潮流

1. はじめに

　われわれは，ここまで，1990年代前半に至るまでの消費者研究の新たな発達に関する理論的研究を素材として，マーケティングにおいて「意味」はどのような視点から，いかなる方法を用いて考察されてきたかについて論述を重ねてきた．本章では，そうした研究をさらに進めることを目的として，90年代後半以降の内容を中心として，ポストモダニズムの展開とも呼ばれるマーケティングにおける潮流の内容を検討し，マーケティング研究の対象は何であり，そして如何なる方法を用いて研究すべきであるかについて考えていきたい．

　まず，ポスト構造主義者（poststructuralist）の立場から消費者のライフスタイルの分析を提唱したD. B. Holtの研究[1]，消費者研究における脱構築（deconstruction）の意義を示したB. B. Sternの研究[2]，さらにはマーケティングや広告研究の社会的文脈への関心の希薄さを指摘したM. RitsonとR. Elliottの研究[3]などを手掛りとして，既存の研究とは異なる新たな変化がどこに示されているかについて検討したい．つぎに，そうした変化の統合的概念であると考えられるポストモダニズムについて，A. F. FiratとA. Venkateshの研究[4]を詳しく考察することによって，マーケティング理論の現状と方向性について研究したい．そして，マーケティング理論の変化の潮流がどのような具体的研究成果を誕生させているかを，つぎのような研究を参考にしながら論述したい．E. F. McQuarrieとD. G. Mickの広告の「意味」と修辞（rhetoric）についての研究[5]，消費者のナラティブ（narrative），文化，価値，さらには経験などの新しい概念や方法を用いたB. B. Sternの研究[6]，P. Bourdieuの理論に依拠し，社会学の

理論をマーケティングの消費研究に応用することを試みた D. B. Holt の研究[7]，G. McCracken の研究枠組を拡張することによって，文化の立場から消費者研究の内容を論じた K. Applbaum と I. Jordt の研究[8]，ファッション商品を題材として消費者の意識と行動を独自の方法で探究した C. J. Thompson と D. L. Haytko の研究[9]，消費のサブカルチャーをハーレーダビッドソンに乗る人々を事例として論究した J. W. Schouten と J. H. McAlexander の研究[10]，米国におけるホームレスの生活を探った R. P. Hill と M. Stamey の研究[11]，そして，神話の内容分析を通じて生活における価値観を考察した R. W. Belk と J. A. Costa の研究[12]．

そして，こうした研究の発達がマーケティング研究の本質，すなわち何を対象として，いかなる方法で探究し，現象を表現するかとどのようにかかわるかについて，まず D. Iacobucci らによる研究[13]によって整理し，つぎに B. B. Stern らによる消費者研究における「表象（representation）」の研究[14]に依拠して考察していきたい．「表象」については専門の文献[15]にも目を向けていく．さらに，今後のマーケティング研究において，われわれはどのような事柄に焦点をあてていく必要があるかを，R. W. Belk，N. Dholakia，および A. Venkatesh の研究[16]を手掛りとして論述する．

以上のように，本章は1990年代後半から2000年の初頭に至る諸研究を基礎として，ポストモダニズムと呼ばれる潮流の内容を跡づけ，マーケティング研究の本質と今後のあり方を探究することを目的とする．

2. 変化の方向性

(1) 方法の変化

D. B. Holt はライフスタイルを中心に，消費の社会的パターン解明のためのポスト構造主義者的方法を提唱するなかでポストモダニズムの潮流に触れている[17]．彼によれば，ライフスタイルへの伝統的アプローチは，市場細分化に用いられるパーソナリティと価値の調査（personality/values lifestyle research），ならびに対象物の「意味」の調査（object signification research）に集中している．前者は消費者行動の心理的構造を明らかにしようとするものであるのに対して，後者は商品，事象などを

消費における「意味」の容器と認識し,とくに性（gender）や社会的階級などの関連性を分析する立場である.1950年代と60年代の構造主義者の影響力の拡大によって,「意味」は関係性のなかでつくられるとの見方が支配的であった.すなわち,なんらかの概念は他の比較可能な概念との対比によって,解釈者群によって「意味」を付与される.他の概念とのこうした関係的差異が意味の体系（仕組み）を形成し,時間の推移とともに一般化していく.こうした構造主義者的研究の代表がC. Levi-StraussやJ. Baudrillardの研究であった.象徴体系の特性や,解釈者が意味に影響する程度に関して見解の相違はあるものの,構造主義では「意味」は差異（difference）の体系的関係から生ずると仮定している.

構造主義が文化を閉じたものとして,「意味」の普遍的体系とみなすのに対して,ポスト構造主義者は関係的差異の重要性は認めながらも,つぎのような異なる見解を示す.①意味は人々が社会的文脈で行為する仕方によって構成される,②意味は歴史から離れて存在しない,③社会的行為者が依拠する資源としての意味の連鎖が存在するため,モノや行為の意味は状況的依存的（contingent）である.

Holtはポスト構造主義によるライフスタイル分析の原理をつぎのように整理した.第1に,消費パターンは文脈化された文化的枠組みによって構造化される.Holtの調査では,西欧の思想や美学の伝統的規範を尊重するクラスター,家事と子育てを中心としたクラスター,ならびに牧歌的米国の伝統や気質の維持に価値を発見するクラスターが抽出された.第2に,消費者の行動面での規則性（パターン）というよりも,消費の習慣（practices）での規則性を重視する.すなわち,消費パターンを「何が消費されているのか」を基準として認識するのではなく,「いかに消費しているのか」で捉えることによって,人々が対象物を理解し,使用し,そして評価する方法の規則性を発見する.第3に,ライフスタイルを消費パターン間の関係的差異によってつくられるものと仮定し,「意味」をそのなかに発見する.例えば,物質的豊かさを否定する消費パターンは快楽を求めるライフスタイルと対比されることによって,禁欲的ライフスタイルとしての意味をもつ.このように,消費パターン間の象徴的差異が境界（boundary）をつくると考える.第4に,消費パターンを個人の特性や価

値観などの要因ではなく，性，国籍，民族などの集合性の表明と扱う．第5に，ライフスタイルを社会的構造物と考え，社会歴史的背景のなかで集合性が形造る個別的現象とみなす．

(2) 「意味」の拡散

構造主義からの転換をフランスの哲学者 J. Derrida の「脱構築」という概念によって考察し，消費者研究への応用を図った研究者が B. B. Stern である[18]．Stern によれば，Derrida の思想には，どのようなテクストのなかにも単一の限定的現実を指す確定的意味が存在するという伝統的見方への否定，すなわち決定不可能性の提示による収斂（convergence）への西欧社会の信仰をゆるがす特色があった．つまり，真実の（true）意味に代わる拡散的（divergent）意味の尊重である．米国では1970年代から80年代にかけてこうした思想が広がりを見せ，90年代までに第2世代の研究者達によって政治学からカオス理論にまで及ぶ新たな発展がもたらされた．

Stern によれば，構造主義に基づく分析は二項対立（binary）を明示し，その最も重要なものを検討して，最終的に対立を調和させるという手順で進む．調和はそれぞれの項が他方に歩み寄るという変換の過程と，対立項がゲシュタルトに統合される調停の過程である．そして，二項対立の差異は収斂を通じて調和すると仮定される．これに対して，Derrida は対立項の調和という見方を否定し，また，テクストの解読にあたって存在（presence），まとまり（unity），確実性（certainty）への偏向を批判した．そのため，当然である，明瞭である，自明である，あるいは普遍的であるとされるものの背後を見ることによって，歴史や存在理由を知り，表面的なものの基盤となる文化的構成要素に着目した．

Derrida の思想は，Stern の解釈に従えば，男性対女性，人間対動物といった二項対立的理解や階層性（hierarchy）を崩そうとする特色があり，線形モデルへの偏りを批判し，さらにはヨーロッパ中心の視点を反省し，見直すものであった．

社会的文脈への理論的対応の必要性というマーケティングの課題を提唱した研究者が M. Ritson と R. Elliott である[19]．彼らによれば，消費者研究

も広告理論も社会的次元や文化的背景への関心がこれまで薄かったといえる．そして，人間を実際の社会的文脈から切り離して扱ってきた欠陥があった．「文脈」といえば，広告研究では，媒体かプログラムの内容，あるいは，直前か直後の広告メッセージを指すことが多かった．

RitsonとElliottによれば，「社会的文脈から離れた個人」が前提とされてきた理由はつぎのとおりであった．①心理学に依拠し，個人を強調するために社会的側面に目が向きにくかった，②マネジリアルな関心が高く，購買意思決定にのみ注目しがちであった，③情報処理パラダイムにより，研究の焦点がオーディエンスのメッセージ処理に置かれ，社会との接触という視点が弱体化した，④実証主義の影響で，文脈にかかわらない一般理論への志向性が高く，抽象的状況のもとで研究する傾向にあった，⑤実験的研究の推進によって，文脈は無視されるか，せいぜい外生変数として扱われた．

3. ポストモダニズムと消費生活

(1) 新たな展開

マーケティング，とりわけ消費者研究の領域においてポストモダニズム（postmodernism）の潮流を総合的に論述したものがA. F. FiratとA. Venkateshの研究[20]である．それによれば，モダニティ（modernity）とは16世紀あるいは17世紀初頭に始まり現在にまでいたる歴史の期間を意味し，モダニズム（modernism）とはこの期間を形造る哲学的かつ社会文化的観念や状況を表す言葉である．そして，モダニズムの要諦はつぎのとおりである．①理性の尊重と合理性の確立，②認知的主体の出現，③サイエンスとテクノロジーによる物質的豊かさ，④芸術と建築様式でのリアリズム，表象，ならびに目的の統一性，⑤産業資本主義の出現，⑥管理され，公的な生産と，家庭的で，私的な消費の分離．また，モダニズムはつぎの点で批判された．①サイエンスとテクノロジーの偏重，②感情や精神の軽視，③単純な二分法（主体／客体，男性／女性，生産者／消費者，文化／自然，意味されるもの／意味するもの，西洋／東洋），④消費の相対的位置づけと消費者主権の矛盾，⑤合理主義，機能主義，普遍主義の抑圧

的傾向，⑥フェミニズムの問題．

　Firatらによれば，ポストモダニズムには複数のテーマが含まれるが，中核には文化，言語，美学，物語，象徴的様式，文学的表現と意味といった概念がある．これらはモダニズムでは，経済，科学，分析的構成概念などに対して従属的地位におかれていた．モダニズムは連続性，進歩，秩序，調和に関心をもつのに対して，ポストモダニズムは不連続性，混沌，不安定性，持続的変化，流動性などを重視する．ポストモダニズムのテーマはつぎのように要約される．①ローカリズム（localism）と個別主義，②主体中心的経験，③真理の期間，④物語，ディスコース（discourse），主観的説明，そして美学的関心，⑤目的論的進歩観から，歴史的運動と行為の循環的概念への転換，⑥実用的偶然性．

(2) 「消費」の理論

　FiratとVenkateshの研究によれば[21]，ポストモダニズムは生産と消費に関するモダニズムの理論に対する批判を通じて，とりわけ消費についての独自な見方を発達させたということができる．ここでは，その内容について整理したい．

　モダニズムの概念では，消費は生産と分離され，生産が工場や会社といった公的領域に任されたのに対して，私的領域（private domain）での活動であった．そして，消費は生産に従属するものと考えられ，生産が価値を生み出す活動であるのに対して，消費は社会に対して経済的価値を有するものを生まない，いわば価値破壊（value destruction）の行為と認識された．しかし，モダニティが産業社会ばかりではなく消費社会（consumer society）を誕生させたことを忘れるべきではない．消費者は市場過程によって発見されたというよりは，それらによって構築されたのである．将来への期待をもって日常生活を送る消費者，ならびに新しいニーズを創造し続けるマーケティングと広告に基づいて，多くの企業が人々の購買欲求と能力を高めることが消費社会の必要条件と信じるに至った．

　ポストモダニズムの立場からの批判は消費を対象として，文化的視点をとることに特色がある．消費と文化の関係については都市化が消費者という存在を誕生させたとするSimmelの初期の主張をはじめとして，20世

紀にさまざまな所説が発表された．それらのひとつの共通性は，財（商品）が個人間や集団間でのメッセージを伝える手段と考えられたことである．それゆえ，消費を理解するうえでの文化の役割と象徴様式の認識が必要となり，日常生活を文化的象徴性の表現の場と考える立場が注目を集めた．その結果，つぎの2点の重要性を指摘できた．①モノの生産と文化的配置は一体であり，文化と経済学は不可分である，②美学と経済学は弁証法的に作用し，商品形態の美学と，審美対象の商品化をつくり出す．

　モダニズムでの唯一の必要条件は消費が市場論理のなかで，典型的には商品やサービスの貨幣との交換という形で発生することであるが，象徴性についての認識が深まるにつれて，現実とシミュレーション，モノとイメージについての区別が解消された結果，消費者は生活経験の美学に深く関与することとなり，マーケターは生活環境をショー化する試みに積極的にかかわるようになった．そして，消費はイメージの消費となり，社会は見世物の社会としての特質を強く有するようになった．それゆえ，ポストモダニズムはシンボルとショー（spectacle）の時代と呼びうるものである．分析の焦点は，価値の創造の場としての生産ではなく消費に移行し，消費は社会的コードを決定し，再生産する象徴交換が発生する機会，すなわち創造と生産の場と考えられるようになった．それはもはや私的行為ではなく，象徴的意味や社会的コードがつくられ，再生産される社会的行為である．こうした新たな関係のなかで，消費者は意味と経験を求め，マーケターはショーを演出することとなる．Baudrillardの主張にみられたように，世界はこのようにして表象的でもなく，物質的でもなく，純粋に象徴的特質を有することとなった．そして，消費者は消費を通じて多様な経験に自由にかかわることができるようになり，ブランドではなく，ブランドがつくるイメージやシンボルにロイヤルティをもつようになる．

(3) 日常性の認識

　ひき続きFiratとVenkateshの研究によりポストモダニズムの消費について説明したい[22]．

　モダニズムとポストモダニズムでは「表象」の解釈に違いがある．前者では，それは客観的現実を直接的観察，芸術的変換，あるいは科学的モデ

ルづくりを通じて把握することを意味するが，後者では，客観的現実に関係なく，人間のイマジネーションによる現実の構築をも示す．これは現実への介入がテクノロジーの応用のみならず，人間のコントロールによってなされることを意味し，現実とは所与（given）とは限らず，審美的や商業的目的のための操作対象であることを示唆している．かかる事例をマーケティングにおいて探せば，製品やパッケージのデザイン，演出の凝った商業空間の創造などをあげることができる．そして，消費者は表象の過程に参加する．現実はテーマパークにおけるようにシミュレートされることによってハイパーリアリティ（hyperreality）としての色彩を帯びる．そして，商品は言語学的記号として扱われ，マーケティングはそれらの生産や，再生産に関与する．消費者は経験（experience）を求めて，体系的意味というよりは個別の生活の断片を重視する．消費の主人公は認知的で，独立的存在というよりはむしろ歴史的・文化的に構築された存在であり，コミュニケーションを交わす者と規定される．ポストモダニズムでは消費が重視されることとなり，記号価値が交換価値に代わるものとなって，消費者もまたシンボルとサインの能動的生産者としての役割を担う．その結果として，ポストモダニズムでは1つのものへの収斂ではなく，異質なものが共存する，いわば曖昧とも呼びうる状況が発生する．

　モダニティは人間の解放を線形の，進化論的，進歩主義的な歴史視点で捉え，消費者を表現する場合にも，ニーズのヒエラルキー，二項対立的意思決定過程（イエス／ノー，行く／行かない）などを用いることによって，消費者の自律性に依拠するように装うが，実際には統一的概念に収斂する傾向を有している．それに対して，ポストモダニズムは，個人の思考や行動を非線形，偶発性などで捉える特色があり，壮大な，統一的理論の下で消費者について検討するのではなく，日常性の文脈のなかで見る．したがって，消費経験の多様性を描くことに研究の目的がある．市場の支配権が減少するにつれて，そしてポストモダニズムの影響力が強まるにつれて，自己イメージとハイパーリアリティの生産者としての消費者の存在は大きくなる．

　必要なことは消費についての新たな認識論（epistemology）を構築することである．記述のように，ポストモダニズムにおける現実とは構築され

る現象学的な現実である．そして，消費は文化やサブカルチャーの集団によって異なる実態を示す．したがって，ローカリズムや個別主義を無視した消費の一般理論を開発することは避けなければならない．すなわち，普遍主義や還元主義を基礎とした包括的理論ではなく，日常生活での消費に目を向ける必要がある．また，消費者は象徴体系の世界における象徴と意味の生産者であるコミュニケーション的ならびに象徴的存在となる．モダニズムの見方は消費を市場の論理でのみ考察してきたが，不用品交換会，ノミの市などのように，今日の消費の多くは市場システムの外側でも行われている．消費者が象徴，意味，そして経験によって世界を知ることを踏まえ，研究者は物語，神話，象徴の世界に目を向け，消費者がつくり出す現実を見ることが必要である．ポイントは消費の対象をモノとして認識するのではなく，象徴として考えることにある．

A. Suerdem らの説明にもあるように，ポストモダニズムの消費論は自己の行動を状況に応じて決定する消費者を仮定するため[23]，消費の統一的理論を志向しない．また，消費を功利主義者的枠組みのみで論ずることも妥当ではない．「意味（meaning）」を中心として消費の生産的側面に一層の注目を払うことが必要である[24]．したがって，消費は生産に従属するものというモダニズムの伝統的観念は修正の必要がある．

4. 諸研究

つぎに，以上のような研究の潮流がどのような具体的成果となって現れているかを整理し，内容を検討したい．

テクスト解釈法，実験法，そして読者反応面接法を用いることによって，視覚上の修辞的要素が消費者にどのようなインパクトを与えるかを探ったものが McQuarrie と Mick の研究である[25]．彼らは広告を見た受け手がつくり出す「意味」に強い関心を有していた．テクスト解釈は，記号論，修辞学，ならびに文芸理論を活用し，広告をつくる個別的要素の体系的かつ微細な差異の分析を目的とするものであって，視覚的要素も言語的要素も重要な意味の伝達に同等の力があり，かつ，識別と分析に役立つと考える立場である．修辞学と記号論の伝統と実験法を組み合わせ，意味を

焦点とした読者反応法を導入した点に彼らの研究の特色がある．それによれば，広告の視覚イメージが周辺的キュー，あるいはアフェクト移転の単なる手段以上のものと認識されるようになったのは最近のことであり，今回の研究でも消費者の広告の視覚的要素に対する鋭い感受性が立証された．視覚的要素は高い水準の精緻化（elaboration）を生じ，広告への好意的態度につながった．すなわち視覚的要素の説得力の高さを証明した．そして，面接によって，インフォーマントのつくり出した意味のいくつかは広告の先験的なテクスト解釈分析によるものに符合することが確認された．ただし，こうした効果は個人が現代の広告を評価する文化的能力を欠いている場合には薄れる．

　物語，文化，価値，ならびに消費経験などの消費者研究において頻出する概念や方法を用いて，消費のテクスト構造分析を行ったものがStern の研究である[26]．彼女はN. Frye の神話の分類学に依拠することによって，消費者の物語や広告を4つの筋書きにあてはめて説明することを試みた．Frye の分類体系は文学を基礎とするものであり，筋書きの類型は消費の神話と他の文化的テクストに見られる神話間の構造的つながりを具体的に表現している．そして，神話には文化や集団に特有の価値観が含まれ，これらは消費者の物語や広告訴求に表現されている．4つのカテゴリーとは，喜劇（comedy），ロマンス（remance），悲劇（tragedy），そしてアイロニー（irony）である．Stern の説明によれば，4つのカテゴリーは，それぞれ，幸福な結末，郷愁的結末，曖昧な結末，驚きの結末に導かれていく．こうした関係を消費経験や広告のための戦略として利用することができる．

　文化資本（cultural capital）という概念を提唱したフランスの社会学者P. Bourdieu の理論に言及しつつ，社会学の理論をマーケティングの消費論へ応用したものがHolt の研究である[27]．彼の問題意識は，文化資本の水準を消費パターンに関連づけるBourdieu の理論が米国社会に応用できるかという点にあった．ここで，文化資本とは，独自な嗜好，技術，知識，ならびに慣行の集合により構成される社会的に稀少な資源と定義される．Holt は分析を通じて，消費は社会的階級の再生産のための有力な場であり続けると結論した．

その他の研究としてはつぎのようなものがある．

日本を調査のフィールドとして，消費者行動研究における文化（culture）の重要性を指摘したものがApplbaumとJordtの研究である[28]．彼らはG. McCrackenの研究における文化的カテゴリー（cultural categories）という概念に注目し，文化的環境の違いによる商品への意味の移転の相違を考察した．その研究の特色は，消費者を単なる購買者と考えるのではなく，文化的存在（cultural being）とみなすことによって，動機づけ，説得，制約を広く把握した点にある．また，ThompsonとHaytkoは衣料品に対する消費者の意識と行動を面接により調査し，解釈学の手順によって解釈を行うことにって，「意味」の移転や消費者信念の社会認知的次元について探究した[29]．オートバイのハーレーダビットソンの所有者を対象として，3年間にわたる調査を実施し，消費におけるサブカルチャー（subculture）の意義を指摘した研究がSchoutenとMcAlexanderのものである[30]．彼らは，現代生活での最も強力な構成力（organizing forces）は人々の活動と，それによる人間関係にあり，それらを通じて人々は人生に意味を発見すると述べている．そして，どのようにお金と時間を使うのかの選択において，人々は学問の世界で提唱される分析的カテゴリー（民族性，ジェンダー，年齢，VALS集団，社会階級）に従うとは限らず，むしろ自分達のカテゴリーの創造に参加すると指摘した．彼らは，研究者は消費選択を対象として生活の構成力を明らかにし，理解するために，消費のサブカルチャーを解明する必要があると述べた．そのほか，エスノグラフィック・アプローチによりホームレスの生活実態を探ったHillとStameyの研究[31]，同様の方法でマウンテンマン（mountain man）の神話を通じて消費の価値観を探究したBelkとCostaの研究[32]などがある．

5. マーケティング研究の課題

(1) 質的研究

J. F. SherryとR. V. Kozinetsはマーケティングや消費者研究におけるポストモダニズムの潮流を質的研究に含めて整理している[33]．

彼らによれば，質的方法の特色は，「意味」について，研究者自身を解釈的理解の手段として知る点にある．そして，製品やサービスの機能的同等性，顧客の経験的側面への理解の必要性などの要因によって，アドホックな質的調査は消費者行動研究の成長分野となった．多くの企業が質的調査を活用している．人類学者による委員会を設置し，経営陣へのアドバイスを要請する大手企業もあるといわれる．しかしながら，学問の世界への浸透は決して速いとはいえない．

　Sherry Jr. らの指摘する質的研究の領域は，つぎのとおりである．ナチュラリスティック観察法（naturalistic observation），進行的文脈化法（progressive contextualization），極大化比較法（maximized comparisons），感受性概念（sensitized concepts），内観的直観（intraceptive intuition），グラウンディド・セオリー（grounded theory）．重要な点は，Sherry Jr. らも指摘するように，研究者が人間行動の経済の範囲外の（extraeconomic）次元，そして規範的次元を探究し始めたことにある．すなわち，研究者達は「客観性（externality）」という観念を文献から取り出し，解体するという作業を進行させている．

(2) 表　象

　つぎに，「表象」の研究を参考にしながら，これまで説明してきた潮流がマーケティング研究の本質に与える影響について考察したい．

　Stern によれば，過去10年間で，消費者研究での学問的論議は，データの収集，分析，ならびに報告のための最も適切な方法は何かという点に集中していた．しかし，それは研究者がいかにしてデータを収集するかに関連しており，どのように表象するかではなかった．すなわち，アリストテレス哲学の言葉で言えば，論争は「方法」や「媒体」というよりは「対象」に焦点があった[34]．ここで，「表象」，「ディスコース」，「ダイアローグ（dialogue）」，「ナラティブ」，「ストーリー（story）」，「リーディング（reading）」，「ライティング（writing）」，「テクスト（text）」などの語句は互換的に使われる．一般に，モダニストは「表象」との結びつきが深く，ポストモダニストは「ディスコース」や「ダイアローグ」とのつながりが大きい．表象は現実世界のものを表す（stand for），あるいは意味す

るために，人間が創り出した象徴（言葉，絵，音楽符号）を示すことに使用される伝統的な用語であり，美学から派生した古典的構成概念である．

　哲学事典によれば，表象と訳される語は数多くあり，原語の用法が一定しないため種々な内容を包括している．観念と同じ意味に用いられる場合もあれば，感覚と対立して用いられることもある．また，直観的意識内容を指すこともあれば，知覚に対して，再生心像による対象意識のみを意味することもある[35]．また，美学の文献によれば，見る者に提供するように自然を表すことを「再現（representation）」と呼び，自己自身の感動を外へ表すことを「表出（expression）」と称する[36]．その他の専門文献によれば，「表象」は「対象的」ではなく「関係的」概念であり，哲学的には「再現＝代行」であり，演劇的には「舞台化＝上演」であり，政治的には「代表制」を意味する[37]．

　Stern の説明に戻れば，ディスコースは，表象が言語的成果を閉じられたもの（closed product）（作品や対象）として扱うのに対して，開いた過程とする点で異なるといえる．「ディスコース分析」が社会科学において影響力をもち始めたのは 1970 年代であるが，それ以降，この言葉は，状況特定的文脈での話者（あるいは作者）と聴き手（あるいは読者）の間での制限のない動態的相互作用を意味するために使用されてきた．ポスト構造主義者はディスコースを生活や芸術でのすべてのコミュニケーション上の事象として，より広範な意味合いで用いる．ポストモダニズムでは，参加者によって活性化される発言，態度，ならびに価値の集合であるコミュニケーションを意味する用語として利用されており，力の闘争（power struggle）と同義とみなしている．ダイアローグ（対話）は登場人物間での言葉のやり取りを意味する．

　このように，表象は，その「正しい」意味が万人に理解可能である完成品の存在を示すのに対して，ディスコースとダイアローグは，意味が読者，作者，そして描かれた人々によって社会的に構築される相互的過程を示すと考えることができる．「表象」から「ストーリー」に移行すると，用語はさらにつかみどころのないものとなる．「ナラティブ」はもともとドラマではない記述的あるいは口頭の表象を意味していたが，今では「表象」や「ストーリー」と互換的に用いられる．語られた内容は真実

(truth) とフィクション (fiction) の両方を包含する．それらの可能性はつぎのとおりである．レベルA（1次）：研究者のナラティブ（客観的事実），レベルB（2次）：消費者のナテティブ（主観的事実），レベルC（3次）：消費者の「話（tale）のなかの話」（フィクション）．ストーリー，プロット（plot），そしてナラティブは同義語と扱われる場合もある．ストーリーとプロットを区別するならば，前者が単に事象の年代順の糸であるのに対して，後者は因果関係を示す点である．ナラティブのなかでは，著者，語り手，登場人物，そして聴衆の関係をどのように扱うかを考えなければならない．語り手を伴うストーリー形式とするのか，登場人物だけのドラマとするのかといった古典的議論もある．消費者研究では，消費者をよりよく理解するためにはどのような表象の方法を用いるべきかを本質としており，マルチメディアでのナレーションまで含めて多様な語り（narration）の手法が提唱されている．

「リーディング」では，1960年代末以降，焦点は著者の意図から読者の反応（reader's response）に移行し，反応は著者が主導するものではないと考えられている．すなわち，リーディングとは，読者が自己のバイアス，期待，知覚を基礎として情報を処理する「意味」の共同構築の過程とみなされる．つまり，ひとつの「正しい」意味がすべての読者に同様に伝えられる行為ではない．「意味」は個人がリーディングとかかわる歴史，イデオロギー，そして社会文化的関係のなかでの可能性によって制約をうけると考えられる．「ライティング」は「リーディング」と一対で把握される．それは，意味が著者と読者の共同構築的交渉から生ずるためである．社会科学の記述は，これまで，著者側の客観的な語りの姿勢と，認識できる世界の明白で，直接的なリアリズムの慣習に支配されてきた．しかし，そうしたいわば製品志向的あり方はポスト構造主義では批判にさらされる．すなわち，記述された言葉は個別的解釈の世界での多様な意味の束と理解される．

要約すれば，「表象」は存在（限定的意味）と関連し，「ディスコース」はポストモダンの流動性（社会的に構築された意味）と結びつき，「ナラティブ」は記述への著者の支配を仮定し，「リーディング」と「ライティング」は著者と読者によって共同構築された意味を焦点とする．

(3) 多様性

つぎに，表象に関連した以上の諸概念について Stern の文献を用いてさらに詳しく探究したい[38]。

量的方法は表象との関連が薄いと考えられがちであるが，実はいくつかのポイントを忘れてはならない[39]。量的方法における「数（numbers）」は，消費者行動の研究であれば，記録された行動の単純化されたサインやシンボルである。それゆえ，量的方法を用いる研究者にとっての表象は，観察された現象をその本質を表す数字に描き出すことである。したがって，課題はつぎの3点となる。①現象をどのように数字に表すか，②洞察を得るために如何なる操作化（manipulations）を施すか，③どのように現象の本質を捉えるか。以上は，測定，統計，そしてモデルづくり（modeling）という量的手法の基本に対応している。測定とは観察された現象をコードや数字に移しかえることであり，統計はどのような仮説を検証し，如何なる論理が検証の根底にあるかに関して経験則を提供し，モデルづくりは現象の本質を表す数字的表象を創造する。

つぎに，ナラティブは消費者自身の言葉をそのまま載せる形で，ここ10年ほど専門誌によく引用される[40]。研究者は数値よりも言語でのデータをいわば材料として，個別の「ナラティブ（物語）」や「ストーリー」の収集，分析に従事し，そして消費のテーマを発見し，説明することを行う。ナラティブの手法を用いた表象は，人類学，社会学，心理学，組織論などにおいて活用されている。

また，日常生活をテクストとし，解釈学的に探究する立場でC. J. Thompson はつぎのような説明を展開した[41]。消費者研究において，人間の経験をテクストの如き現象として表そうとする「言語学的転回（linguistic turn）」の歩みが，最近10年ほどで進んだ。「語り」を中心として人間を捉えようとする方法論は学問の領域を越えて浸透しつつあり，認知理論のなかではコンピュータ・メタファーにとって代わりつつあるとすらいわれる。心理学研究においては，人間を情報処理のシステムと認識するコンピュータ・メタファーは人間的要素を尊重するものと信じられてきた。それは行動主義者が人間を実験室での動物と同様に考え，その行為は機械的法則や原理に従うと仮定して，意図，目標，思考，イメージなど

の構成概念に注意を払うことがほとんどなかったためである．情報処理のパラダイムは，人間の心はコンピュータであると考えることによって，こうした概念に光をあて，日常経験に結びついた研究として成長した．しかし，人間の経験を本質的に合理的で，分析的対象として表象しようとする立場は，エモーションやホリスティックな視点に関心を抱く研究者によって疑問視されるようになり，消費行動の象徴的特性や社会的特性を重視する経験的パラダイムが1980年代に誕生した．すなわち，解釈学，人類学，文芸，記号論などの間での理論と方法の交流が，消費者研究での「言語学的転回」を促進したということができる．

モダニストの見解では，自己とは精神の深層にある核となる何物かであるが，ポストモダニストは，隠れた深層の自己という概念を避け，それは消費の文脈のなかに点在するという見方をとる．Thompson は，消費者の経験はナラティブとストーリーによって構造化されるが，こうしたテクスト的側面は心理学的ならびに社会文化的過程によって構成される関係のなかに位置づけられるとの見解を紹介しつつ，Heidegger や Merleau-Ponty の所説に依拠して，現象学的伝統を背景とした消費者研究におけるテクストの解読について説明した．彼の方法は，解釈学的立場や実存的立場を導入して，文化，歴史，エモーション，身体などの視点を尊重する．そして，消費経験と消費の場が生活世界の構造のなかでの結びつきと象徴的連鎖を生みだすナラティブの観点で体系化されることを指摘した．

また，E. C. Hirschman は，意味の多くは絵や音などの視聴覚イメージによって構成されるのではないかという問題提起を行い，高度な認知的活動の基盤としてのイメージの役割，ならびに表象でのイメージの意義について言及した[42]．

6. むすび

1990年代後半から2000年初頭にかけても，マーケティングにおける消費者研究は多様な展開をみせた．まず，社会的文脈での意味の構成，歴史性，状況依存性などを特色としたポスト構造主義の立場でのライフスタイル研究が提唱された．その論点はつぎのとおりであった．①消費パターン

は文脈化された文化的枠組みによって形造られる，②消費パターンを消費の習慣の規則性によって発見する，③消費パターン間の関係的差異がライフスタイルの意味の違いを生じる，④消費パターンは性，国籍，民族性といった集合性の表明と解釈される，⑤ライフスタイルは社会歴史的背景を有する故につねに変化する．

そのほか，脱構築の立場から二項対立の収斂による調和を崩し，思想の線形モデルへの偏りを批判し，さらにはヨーロッパ中心の研究視点を見直そうとする意見も指摘された．これは，広い意味では，現象の背後にある文化的要因を重視することの意義を示すものである．また，学問的厳密性を追求する故に，そして，マネジリアルな関心に研究が支配されてきた結果，マーケティング研究においても社会的文脈から切り離された人間を扱いがちであることが批判された．すなわち，研究対象の存在や認識方法に関する議論が活性化するに伴い，対象と社会との「つながり」への関心が問題点として取り上げられるようになった．

モダニズムは今日つぎの点において批判される．①文化や象徴の相対的に低い位置づけ，②人間の感情や精神面への配慮の欠如，③還元的思考，④消費への低い評価，⑤合理性，機能性，普遍性に基づく抑圧の傾向，⑥フェミニズム上の問題．マーケティングにおけるポストモダニズムの研究者達は，文化，言語，美学，物語，象徴などを中心的概念として，つぎのような特色を指摘した．①ローカリズムと個別主義，②理性に代わる経験，③真理の超越性の否定，④物語，主観性を包摂した知識基盤，⑤目的論的進歩観の否認，⑥実用的偶然性．

とりわけ，消費についての見方は興味深い．モダニズムの概念によれば，消費は私的空間で行われる価値破壊的行為であって，生産と比較して低い位置づけのものであった．しかし，産業社会は消費社会を同時に招来したのである．すなわち，消費者は市場過程によって構築されたと考えられる．ポストモダニズムは消費を文化的視点から特徴づける．商品は個人や集団の間でのメッセージを伝える手段であり，日常生活は文化的象徴性の表現の場となる．そして，経済学と文化，ならびに美学との距離が接近する．また，象徴性という観点で，現実とシミュレーション，モノとイメージの区分が希薄化した結果，生活経験の美学というテーマが浮上し，イ

メージの消費，ショーとしての生活環境を創造するためのマーケティングの試みが活発化する．消費は新たな社会的生産の役割を担うこととなり，一方，消費者は消費を通じで多様な経験とかかわり，ブランドがつくるイメージやシンボルにロイヤルティをもつことになる．

ポストモダニズムでは「現実」は所与というよりはむしろ創造されるものであって，操作の対象として扱われる．その事例として演出をこらした現代の商業空間をあげることができる．そこでは，商品は言語学的記号として扱われ，消費者は経験を求めて行動する者である．消費者の行動は消費の原理に基づき演繹的に説明されるというよりは，多様性を基礎として帰納的に理解される．それゆえ，功利主義的動機や市場の論理のみから消費の枠組みを認識することに変化が生じる．

以上のごとき研究の潮流は，文化，価値，消費経験，テクスト分析，物語などをはじめとして，概念的にも方法的にも多くの新たな成果を生んでいる．

ポストモダニズムを質的研究として整理する立場は，研究者自身を解釈的理解の手段とする点に特色があり，従来の客観性という規範に必ずしもとらわれない視点で探究を進める．

「表象」はモダニズムと，一方，ディスコースやダイアローグはポストモダニズムとの結びつきが強い．表象は「表わす」を意味する言葉であって，美学から派生した関係的概念である．表象は正しい意味が伝わることにポイントがあり，ディスコースやダイアローグは意味が関与者によって社会的につくられる相互的過程を焦点とする．そのほか，ストーリー，ナラティブ，リーディング，ライティングなどの用語が使用される．

モダニズムの思想は進化論的，進歩主義的な歴史観に裏うちされて，思考や行動の偶発性を排除し，線形的に把握しようとする点に特色がある．すなわち，連続性，秩序，調和などがその思想を特徴づけるといえる．そこには主体としての「自己」に対する強い信頼があり，まさに自己とは精神の深層にある核となるものである．したがって，消費者の表象においても，ニーズのヒエラルキー，意思決定での二項対立性などを柱とすることによって，秩序や自律性などが強調された．また，モダニストにとって，消費は深い意味を伴う，解読の対象とすべき象徴的行動と理解されてい

た.これに対して,ポストモダニズムの思想は,不連続性,混沌,流動性などの特色を備える.そして,消費者をそれぞれの歴史や文化の特質をもつ者と仮定することによって,体系的意味というよりは,経験を重ね,生活の断片を蓄積する者と認識する.それゆえ,演澤的に消費者の行動を理解するのではなく,功利主義者的視点のみで論ずることをしない.そして蓄積された生活経験を解釈のためのテクストとみなす.

モダニズムの見方では,現象に対する正しい説明はひとつに収斂されるが,歴史や文化を基盤につくられる自己という存在論的認識に従えば,解答は必ずしも単一とは限らず,多様な解釈が生まれる可能性がある.消費者研究における解釈的アプローチへの関心の高まりはこうした背景のためである.Thompsonも指摘するように,今日のマーケティング研究で「解釈」という言葉は,自己の経験を解釈する消費者の行為を指す場合と,消費者の物語を解釈する研究者の行為を意味する場合がある[43].どちらであっても,内省を意味するリフレクティブな方法論(reflexive methodology)[44]がマーケティング研究に導入されてきたことは注目に値する.

また,BelkとDholakiaも指摘するように,近年の消費者研究はマクロ的次元での関心を呼び起こし,人間行動の一環として消費という視点をとることによって,人間の幸せ(well-being)とは何か[45],人が生きる目的はどこにあるのかという問題を探究している.それゆえ,文化や歴史に関連した学問をはじめとして,意味解釈の方法的研究も含め,人文科学系の学問とマーケティングとの交流を今後さらに密にしていくことが必要である.

注

1 Douglas B. Holt, "Poststructucturalist Lifestyle Analysis: Conceptualizing the Social Patterning of Consumption in Postmodernity," *Journal of Consumer Research*, March 1997, pp. 326–350.

2 Barbara B. Stern, "Deconstructive Strategy and Consumer Research: Concepts and Illustrative Exemplar," *Journal of Consumer Research*, September 1996, pp. 136–147.

3 Mark Ritson and Richard Elliott, "The Social Uses of Advertising: An

Ethnographic Study of Adolescent Advertising Audiences," *Journal of Consumer Research*, December 1999, pp. 260-277.
4   A. Fuat Firat and Alladi Venkatesh, "Liberatory Postmodernism and the Reenchantment of Consumption," *Journal of Consumer Research*, December 1995, pp. 239-267.
5   Edward F. McQuarrie and David Glen Mick, "Visual Rhetoric in Advertising: Text-Interpretive, Experimental, and Reader-Response Analyses," *Journal of Consumer Research*, June 1999, pp. 37-54.
6   Barbara B. Stern, "Consumer Myths: Frye's Taxonomy and the Structural Analysis of Consumption Text," *Journal of Consumer Research*, September 1995, pp. 165-185.
7   Douglas B. Holt, "Does Cultural Capital Structure American Consumption?" *Journal of Consumer Research*, June 1998, pp. 1-25.
8   Kalman Applbaum and Ingrid Jordt, "Notes toward an Application of McCracken's 'Caltural Categories' for Cross-Cultural Consumer Research," *Journal of Consumer Research*, December 1996, pp. 204-218.
9   Craig J. Thompson and Diana L. Haytko, "Speaking of Fashion: Consumers' Uses of Fashion Discourses and the Appropriation of Countervailing Cultural Meanings," *Journal of Consumer Research*, June 1997, pp. 15-42.
10   John W. Schouten and James H. McAlexander, "Subcultures of Consumption: An Ethnography of the New Bikers," *Journal of Consumer Research*, June 1995, pp. 43-61.
11   Ronald Paul Hill and Mark Stamey, "The Homeless in America: An Examination of Possessions and Consumption Behaviors," *Journal of Consumer Research*, December 1990, pp. 303-321.
12   Russell W. Belk and Janeen Arnold Costa, "The Mountain Man Myth: A Contemporary Consuming Fantasy," *Journal of Consumer Research*, December 1998, pp. 218-240.
13   Dawn Iacobucci (ed.), *Kellogg on Marketing*, John Wiley & Sons, Inc., 2001 (奥村昭博・岸本義之監訳『ノースウエスタン大学大学院ケロッグ・スクール マーケティング戦略論』ダイヤモンド社, 2001).
14   Barbara B. Stern (ed.), *Representing Consumers*, Routledge, 1998.
15   小林康夫・松浦寿輝編『表象―構造と出来事―』東京大学出版会, 2000.
16   Russell W. Belk, Nikhilesh Dholakia, and Alladi Venkatesh (eds.), *Consumption and Marketing, Macro Dimensions*, South-Western College Publishing, 1996.
17   本項の説明はつぎの論考に基づいている．D. B. Holt, "Poststructuralist Lifestyle

Analysis: Conceptualizing the Social Patterning of Consumption in Postmodernity," *Journal of Consumer Research*, March 1977, pp. 326-350.
18　本項のB. B. Stern の所説についての説明はつぎの論考に基づいている．B. B. Stern, "Deconstructive Strategy and Consumer Research: Concepts and Illustrative Exemplar," *Journal of Consumer Research*, September 1996, pp. 136-147.
19　M. Ritson and R. Elliott, *op. cit.*
20　本項の説明はつぎの論考に基づいている．A. F. Firat and A. Venkatesh, *op. cit.*
21　本項の説明はつぎの論考に基づいている．A. F. Firat and A. Venkatesh, *op. cit.*
22　本項のA. F. Firat とA. Venkatesh の所説についての説明はつぎの論考に基づいている．A. F. Firat and A. Venkatesh, *op. cit.*
23　Ahmet Suerdem, "The (un) (ma) king? of the Postmodern Consumer," in R. W. Belk, N. Dholakia, and A. Venkatesh, *op. cit.*, pp. 266-274.
24　Dominique Bouchet, "The Return of Superfluousness and Utility, and Consumption in the Postmodern Culture," in *ibid.*, pp. 275-281.
25　E. F. McQuarrie and D. G. Mick, *op. cit.*
26　B. B. Stern, "Consumer Myths: Frye's Taxonomy and the Structural Analysis of Consumption Text," *Journal of Consumer Research*, September 1995, pp. 165-185.
27　D. B. Holt, "Does Cultural Capital Structure American Consumption?" *Journal of Consumer Research*, June 1998, pp. 1-25.
28　K. Applbaum and I. Jordt, *op. cit.*
29　C. J. Thompson and D. L. Haytko, *op. cit.*
30　J. W. Schouten and J. H. McAlexander, *op. cit.*
31　R. P. Hill and M. Stamey, *op. cit.*
32　R. W. Belk and J. A. Costa, *op. cit.*
33　本項の説明はつぎの論考に基づいている．
　　John F. Sherry Jr. and Robert V. Kozinets, "Qualitative lnquiry in Marketing and Consumer Research," in D. Iacobucci (ed.), *op. cit.*
34　本項の説明はつぎの論考に基づいている．B. B. Stern (ed.), *Representing Consumers*, Routledge, 1998.
35　『哲学事典』平凡社，1971.
36　竹内敏雄『美学総論』弘文堂，1979.
37　小林康夫・松浦寿輝編，前掲書．
38　B. B. Stern (ed.), *Representing Consumers*, Routledge, 1998.

39 量的方法と表象についての説明はつぎの論考に基づいている．D. Iacobucci, "Quantitative Tools and Reprsentation," in *ibid*.
40 ナラティブの方法についての説明はつぎの論考に基づいている．B. B. Stern, "Narratological Analysis of Consumer Voices in Postmodern Research Accounts," in *ibid*.
41 本項の C. J. Thompson の所説についての説明はつぎの論考に基づいている．Craig J. Thompson, "Living the Texts of Everyday Life," in *ibid*.
42 Elizabeth C. Hirschman, "Afterwords: Some Reflections on the Mind's Eye," in *ibid*.
43 C. J. Thompson, "Living The Texts of Everyday Life," in *ibid.*, p. 148.
44 Mats Alvesson and Kai Sköldberg, *Reflexive Methodology*, Sage, 2000.
45 R. W. Belk and N. Dholakia, "Introduction: The Shaping of Consumption and Marketing Institutions," in R. W. Belk, N. Dholakia, and A. Venkatesh, *op. cit.*

第7章

マーケティングとエスノグラフィー

1. はじめに

　われわれはこれまでマーケティングにおける「意味」の発生と，その解釈の方法について考察を重ねてきた．1980年代には記号論を中心とした諸研究が注目を集め，80年代後半からは，ナチュラリスティック・インクワイアリーなどの参与的研究や体験的研究が行われている．そして，90年代以降は，エスノグラフィー（ethnography）ならびに臨床的立場（clinical perspective）からのアプローチが重要性が増していると考えられる．消費者の日常の生活世界の「意味」や「価値」を知るための，記述と分析のフィールドワークの方法がマーケティングへのエスノグラフィック・アプローチである．

　J. O'Shaughnessyは，エスノメソドロジー（ethnomethodology）を社会学の理論に基づく購買者行動の説明体系と位置づけている．彼によれば，これは，R. Belk, E. C. Hirschman, M. B. Holbrook, J. F. Sherry, M. Wallendorfらを中心として精力的に研究が行われてきた[1]．そのほか，G. McCrackenの研究[2]を見落とすことができない．また，社会学者による研究では，R. C. Prusのマーケティングへの論及がある[3]．彼の研究を通じて，われわれは，エスノグラフィーの意義，方法，ならびに課題を学ぶことができる．さらに，H. SchwartzとJ. Jacobsの研究[4]によって，調査における具体的手法について説明したい．

　文化を記述する学問としてのエスノグラフィーはフィールドワークと深くかかわる．フィールドワークの方法については長い研究の歴史がある．文化には，言語によって伝達可能な知識と，暗黙知が含まれる．そのため，ネイティブの日常の知覚や思考を知るためには，研究者がその世界に

参与し，推論を展開することが必要といえる．フィールドワークの歴史と認識の方法については P. A. Adler と P. Adler の研究が知られている[5]．それによって，1920年代のシカゴ学派，実存的社会学，エスノメソドロジーなどの諸研究を知ることができる．

われわれは，エスノメソドロジーの目的と方法について M. H. Ager の文献に基づき考察したい[6]．そして，体験によって異質な文化を知り，新しい理解を創造するためにどのような方法を用いるべきかについて検討する．さらに，J. P. Spradley の研究[7]に依拠して，エスノグラフィーの理論に基づく面接（ethnographic interview）の方法について説明したい．

2. 新たな展開

(1) 研究動向

O'Shaughnessy は，消費者研究についての文献において，「エスノメソドロジーは80年代後半からマーケティング研究者の関心を喚起した」として，エスノメソドロジーについての記述を行っている．以下において，その所説に基づき説明したい[8]．

エスノメソドロジーの起源は現象学にある．現象学とは，経験されたものとしての「現実」に注目し，行為者自身の主観的解釈を理解すること，ならびにそれを社会的世界の描写に織り込む学問的試みである．したがって，現象学という言葉を用いた場合には，行為者にとっての意味を解釈することによって，その行為を説明する方法に重きがおかれる．

現象学では，自己と他者のあいだに間主観的（intersubjective）に成立する知識を"commonsense knowledge"と呼び，これを重視する．すなわち，われわれの知識の多くが社会的に媒介される性格のものであることを仮定し，そうした互恵性のうえに成立する現象を対象としている．エスノメソドロジーは，事実とは社会的過程から生ずるという認識を前提として，人々が社会秩序（social order）を創造し，維持するための民俗的方法について研究する．それゆえ，研究者は，当事者自身の言葉に関心を払う．そして，人々の行為を方向づける意味（meaning）に着目し，それが人々自身の解釈に依存すると考える．

マーケティング研究におけるこうしたアプローチは，J. F. Sherry Jr.[9]，E. C. Hirschman[10]らの研究に応用されている．Sherryは，米国中西部の「のみの市（flea market）」での売買の実態を，ナチュラリスティック・インクワイアリーを基礎とした2年半に及ぶ調査によって探究し，値切り，ひやかしといった売買の儀式的，あるいは慣習的側面を明らかにした．また，Hirschmanは，米国の消費に関するイデオロギーをつぎの3つのテーマで解釈した．①神聖な消費（家族の絆，友情，エコロジーへの関心，養育），②世俗的消費（テクノロジー，都会化など），③媒介的消費．そして，テレビコマーシャルのなかでの，製品の文化的意味と広告戦略の整合性について指摘した．また，G. McCrackenは消費を文化の視点から考察することによって，意味の移転について論述した．McCrackenによれば，広告に登場した有名人による製品の支持（endorsement）が，成熟，信頼，男らしさといった個性を車に付与し，売上げを伸ばした事例を指摘できる．したがって，商品，あるいは消費行為のなかでの意味の根源は「文化」にあるといえる[11]．

(2) 社会的構成活動

　社会学者によるマーケティング研究として，われわれはつぎのようなR. C. Prusの研究に注目することができる[12]．彼はその著書の副題を「マーケティング活動のエスノグラフィー」と称した．Prusは，ビジネスは社会的活動であるため，日常的に考察することによって最もよく理解できるとして，売り手が顧客の行動に対応するために，活動を組織するプロセスを，当事者の言葉に即して記述した研究を行った．彼は，市場は，ドラマ，サスペンス，冒険を含む劇場であると述べている．それは，売り手と買い手の相互作用の場であり，秩序と曖昧さを兼ね備えた場でもある．Prusによれば，市場交換（marketplace exchange）はつぎのような特色をもっている．
　(1) 一般的（generic）活動である．
　(2) 人間の相互作用である．
　(3) 多面的活動である．
　(4) 相互依存的活動である．

Prus は同時に，文献レビューを通じてマーケティングのつぎのような問題点を指摘した．すなわちマーケティングは，これまで，モデル開発と実践的側面に時間を費やしてきたが，市場での相互作用や関係の現実などについての関心は十分とはいえず，そして，ビジネスが社会的活動であるという基本的認識に乏しく，ありのままの社会的状況のなかで研究を進めようとする学問的意図が十分ではない．

　このように，Prus の説明によれば，市場における相互作用については，学問的解明がいまだ十分とはいえない．Prus は，市場交換はつぎのような仮説に基づく社会的構成活動（socially constructed activity）であるとした．

(1) ヒトは対象の意味によって行為する．
(2) ヒトは行為のなかで自己および他者について考慮する．
(3) 意味はヒトの相互作用によって形成される
(4) ヒトの生活はつくり出されるもの（emergent nature）である．

　それゆえ，研究にはエスノグラフィック・アプローチを活用することができる．Prus はその方法的要諦をつぎの3点とした．①観察（observation），②参与（participation），③面接（interview）．

　Prus は，以上のように，マーケティングを社会的構成活動と認識し，マーケティング活動を当事者の視点（言葉）で記述し，市場における相互作用の現実（actualities）を探るべきことを主張した．そして，マーケティングにおけるイメージ研究の意義を指摘した．彼によれば，市場における象徴性の観点からみれば，売り手はイメージの生産者と位置づけることができる．そして，こうしたイメージはつぎの3点と関係する．

(1) 企業などの取引主体のイメージ．売り手のイメージはメディアを通じたプロモーションと，ディスプレイ，人的接触，顧客の評判などから形成される．
(2) 製品イメージ．顧客は機能のみではなく，製品のもつ象徴性やイメージを購買しているといえる．
(3) 取引主体の個人（管理者，スタッフ）のイメージ．

(3) 調査手法

社会調査における具体的手法は，SchwartzとJacobsの所説に依拠すれば，つぎのようないくつかの類型に分けることができる[13]．

社会集団を対象とするものに，面接（interviewing）と参与観察（participant observation）がある．面接は構造化されたもの（structured）と，非構造的なもの（unstructured）に分類される．前者は，調査者が面接で明らかにしたい項目をすでに知っている場合の面接方式であり，後者は，どのような質問が適切であるかについて未知である場合の方式である．なお，参与観察については次節で触れたい．

個人の生活を対象とするものに，当事者の記述（personal accounts）と生活史（life histories）の分析がある．調査は，自殺や犯罪などのように実験や観察ができないものを扱うこともある．こうした場合の手がかりが当事者の記述である．また対面方式での調査以外にも，日記，手紙，自伝などの分析が行われる．生活史の分析は精神医学やソーシャル・ワークなどでも実施される．有効なデータを得るためにはつぎの条件を必要とする．

(1) 当事者の記述を別の証拠で確認できる．
(2) 記述が相当の期間をカバーしている．
(3) 記述が詳細にわたる．
(4) 出来事の時間的経過が明確であり，再構成が可能である．

以上の方法は，研究者が社会生活のある局面に立ち入り，対象の反応を調査するものであることから，反応法（reactive technique）と呼ばれる．これに対して，集団もしくは個人を対象とした非反応法（nonreactive technique）と称される調査がある．これは，調査者の行為が対象世界の変化を誘発する可能性を除くことを意図した方法であり，調査者を観察世界から取り除き，外部から考察を行うものである．この方法として，客観法（unobtrusive measures）と視聴覚法（audio-visual strategies）がある．前者は客観的指標を選んで調査を行う方法である．例えばつぎのような質問がある．「ラジオやテレビの普及率はどのくらいか」，「時間当りの世帯の平均電気消費量はどのくらいか」，「時間や曜日ごとの車の通行量はどれほどか」，「（地域や曜日ごとの）アルコール消費量はどれほどか」．こ

うした調査はデータの入手が比較的容易で，調査が社会生活に影響しない利点がある．反面，人々の生活のある部分を知るための限定的調査であり，行為の意味を深く探ることができない欠点がある．客観法の手法として，非言語コミュニケーション（nonverbal communication）の分析，サインの意味的特徴を明らかにする内容分析（content analysis），手紙，日記などの私的記録の分析がある．これに対して，後者は視聴覚機器を利用した調査方法である．状況を写真やビデオにとったり，人々の会話を記録して，その内容を分析するなどの方法がある．

3. フィールドワークの認識論

(1) 文化の記述

　エスノグラフィーとは文化の研究（the study of culture）と定義することができる[14]．J. P. Spradleyは「エスノグラフィック革命は人類学の堤を越えた」と評しており，そこで，彼の所説に基づいてエスノグラフィーの内容について，以下で説明したい[15]．

　文化の記述はネイティブ（native）の視点からみた生き方を理解することを目的として行われる．行為や事象の意味は言語で表現される場合もあるが，多くは間接的に伝えられるのみである．そして，文化についての人々の学習は，観察すること，聴くこと，そして推論を通じて行われる．それゆえ，文化についての知識の大部分は暗黙知（tacit knowledge）を構成するといえる．エスノグラフィーについての研究者は，人々の言葉を注意深く聴き，行動を観察し，および道具（artifact）を研究することによって，文化についての知識を推論しなければならない．われわれは，自分とは異なる人間の生活についての経験的データを積み上げることによって，別の現実を知り，自己の文化に束縛された理論を修正することができるようになる．

　文化は言語（language）によって記述される．言語には，研究者のものと，インフォーマント（informant）のものがある．言語はコミュニケーションの手段であるばかりではなく，現実を構成するツールでもある．したがって，異なる言語は異なる現実を創造し，表現する可能性がある．

それゆえ，言語修得はフィールドワークの基礎として，エスノグラフィーの最も重要なステップといえる．エスノグラフィーは非西欧社会を研究対象とした歴史が長いが，インフォーマントが研究者と同一の社会に住み，同じ言語を使用する場合であっても，意味的相違（semantic difference）が存在している可能性がある．

(2) シカゴ学派

内部者の視点での研究を行うためにフィールドワークが実施される．フィールドワークの研究上のポイントは，いかにしてフィールドの構成員としての役割（membership role）を獲得し，参与を果たすかにある．P. A. Adler と P. Adler の研究によれば[16]，社会学のフィールド・リサーチの歴史をさかのぼれば，まず，1920年代のシカゴ学派（Chicago School）の研究を指摘することができる．ここでは，生活という主観的領域を深く知るために生活史を事例として探るアプローチが用いられ，面接，観察，記録の収集などが行われた．そして，これが後の参与観察法に発展した．

Adler と Adler によれば，1940年代から50年代にかけて，シカゴ学派の第2世代が経験的研究の新しい流れを創造した．そして，当時の諸研究に共通するのは，内部者の立場で経験的研究を行い，そのなかから理論的概念を発展させる方法であった．とくに，参与観察法の発達を特筆することができる．

(3) 実存的社会学，エスノメソドロジー

シカゴ学派の影響を受けながらも，より革新的方法を提唱した学派が，実存的社会学（existential sociology），ならびにエスノメソドロジーの研究者達であった．Adler と Adler の研究によって，以下でその内容を説明したい[17]．

実存的社会学は M. Heidegger らの実存哲学，E. Husserl の現象学，ならびに W. Dilthey の解釈学を基礎としている．そして，人間を情緒性や非合理性をもつ存在と仮定する．また，社会は異なる集団間での闘い（power struggle）を特色とした，複合的で，多元的存在であると考えた．集団は非構成員に対して戦線（front）を張るため，人々の活動について

は2種類の現実が存在することになる．すなわち，外部者に対しての現実と，内部者にとっての現実である．したがって，内部者の現実を発見するためには，研究者はこうした戦線を越えて進まなければならない．戦線を突破する方法は内部者になることである．研究者は内部者と友好的な，信頼関係を築くことが必要である．また，複数の研究者がチームを組んで調査を行う場合もあった．

　実存的社会学では研究者のフィールドへの過度の関与（over-involvement）に対して否定的立場をとる．すなわち，研究者はあくまでも学者としての客観的立場を守らなければならず，また，観察や分析の内容を学者として報告する必要がある．インフォーマントから収集した情報に，研究を通じた体験を加味することによって，研究者はより深い理解を得ることができる．すなわち，実存的アプローチでは，研究者自身の主観的体験を重要なデータ源泉と考えていた．

　一方，エスノメソドロジーは，E. Husserl や A. Schutz の現象学的哲学から派生し，H. Garfinkel によって1950年代から60年代にかけて確立された学問的立場である．Garfinkel は，日常生活のなかで，人々がいかに交渉と解釈のプロセスを通じて意味を解し，社会構造を創造するかについて考察した．エスノメソドロジーは対象や事象の文脈性（contextual nature）を尊重する．そして，社会的行為の意味を理解するために，つぎのような事項を重視する．①行為者のアイデンティティ，②行為者の経歴，③行為者の即時的意図と目標，④行為の背景，⑤行為の前後のつながり．そして，研究者は完全な構成員（complete member）となるように努めた．このように，エスノメソドロジーでは，概念への関心を捨て，ネイティブと同じ生活をすること（going native）を尊重したといえる．これを，「誠意ある」コミットメント（"good faith" commitment），あるいは現象に同化すること（becoming the phenomenon）と称する．

　以上のように，実存的社会学，ならびにエスノメソドロジーの研究者は，知ろうとする主体（knowing subject）と知識の客体（objects of knowledge）という二元的立場を排し，すべての知識は，それを収集し，解釈する人間の主観的性格に影響されると考えた．そして，研究者と内部構成員の相互作用を重視した．Adler と Adler に従って，研究者の関与の

表7-1　フィールド・リサーチにおける関与

```
構成員の観察      ┐
構成員との相互作用 ├……………シカゴ学派
構成員への参与    ┘
調査的参与………………………実存的社会学
構成員としての役割
 周辺的構成員
 能動的構成員
 完全構成員
 誠意ある構成員………………エスノメソドロジー
```

（出典）Patricia A. Adler and Peter Adler, *Membership Roles in Field Research*, Sage Publications, Inc., 1987, p. 33.

水準を基準として以上の学派を分類すれば，表7-1のとおりである．表7-1における周辺的構成員（peripheral member）とは，集団の活動に参与するが，最も中心的部分には加わらない者，能動的構成員（active member）とは，核となる活動に参与するが，目標や価値にはかかわらない者，さらに完全構成員とは完全な帰属を果たした者を意味する．

4. エスノグラフィー

(1) 目的と方法

　以上のように，集団的社会生活の維持のための文化的方法の記述と分析の研究をエスノグラフィーと称する．社会秩序の維持は文化に依存している．ここでは，M. H. Agar の文献に基づき，以下において，エスノグラフィーの目的と方法について説明したい[18]．

　異質世界（alien world）との遭遇と，そのなかでの意味の理解を目的とした社会調査の方法をエスノグラフィー，もしくは伝承記述（folk description）と呼ぶ．このなかで，研究者は，ある世界での社会的行為の意味を別の視点から明らかにすることを試みる．そのために必要と考えられる条件はつぎのとおりである．①強い人的関与，②科学的統制の放棄，③即興的状況対応能力，④過ちからの学習．エスノグラフィーでは状況の理解に関心を向ける．こうした理解は，個別の発言や行為と，行為者の意図や集団生活の慣習などとの連係を対象としている．そして，エスノグラ

フィーでは「伝統（tradition）」が社会生活を支える重要な要因であるとみなされている．「伝統」とは人が経験から意味を解釈するのに利用する資源である．したがって，エスノグラフィーとは，集団の「伝統」を探究する学問であるということもできる．そして，社会生活における意味の媒介フレームを解明する．このように，エスノグラフィーは第3の視点によって，2つの異なる世界を媒介する解釈的性格の学問である．

研究者は異なる伝統が接触した際に現れる相違（difference）に着目する．こうした相違をブレークダウン（breakdown）と呼ぶ．ブレークダウンとは，人が異なる伝統と遭遇した際に感ずる，体験を組織するスキーマ（schema）に導かれた自己の期待や予想との間に生じた不適合の状況である．それは伝統の分裂（disjunction）である．エスノグラフィーの課題は，分裂を除去するような説明を提供することにある．ブレークダウンから理解へのプロセスをレゾリューション（resolution）と呼ぶ．この場合，人はスキーマを修正するか，もしくは，新しいスキーマを構築して再解釈を試みる．そして，こうしたプロセスをブレークダウンの解消に至るまで繰り返す．こうしたプロセスは，首尾一貫したレゾリューションの達成，すなわち，コヒーレンス（coherence）によって終了する．

(2) 理　解

つぎに，エスノグラフィーにおける理解の概念について，Agar の所説に基づいてひき続き説明したい[19]．

意味の世界に生きる人間のその時点での強い関心を目標（goal）と呼ぶ．目標は孤立的存在ではなく，より大きな目標体系の一部として位置づけられる．目標は意図につながり，現象を発生させる原因となる．行為者は知識を活用して，予想や期待に基づき行為の計画（plan）を練る．知識は目標関連性を基準に体系化される．こうした目標に方向づけられた知識への注目を焦点（focus）と呼ぶ．すなわち，目標が中心となり，知識が結集されて，焦点が形成されるといえる．行為者の知識ストックはフレーム（frame）をつくる．フレームとは一般化された「知識構造（knowledge structure）」であり，経験の蓄積のなかで形造られる．

以上の内容を前提とすれば，コヒーレンスとは，目標やフレームとの関

係のなかで行為の説明を行いうる状態であるといえる.

　エスノグラフィーにおいて, データとなる多様な現象を意味する用語をストリップ (strip) と呼ぶ. ストリップは, 観察された社会行為, 面接内容, 実験, 記録などを意味する. レゾリューションとはスキーマをストリップに繰り返して応用する過程である. ストリップが既存のスキーマによって理解できる場合にはブレークダウンは生じない. しかし, 理解できないと, ブレークダウンが発生し, レゾリューションが要請される. 図7-1は最も単純なタイプのレゾリューション (Single-Strip Resolution) を表している. 図において, なんらかの事実 (ストリップ) に「スキーマ1」が応用された結果, 「B1」と名づけられたブレークダウンが発生する. そして, 研究者はスキーマを修正し, 新しい「スキーマ2」を作り, 再びストリップに応用するが, 別のブレークダウン「B2」が発生する. いっそうの修正が行われ, 「スキーマ3」が生まれる. こうした過程がブレークダウンの解消まで繰り返される. 図7-1の「-B」は, 最終の状況を表し, 「スキーマ4」がコヒーレンスを導いていることがわかる.

　複数のストリップを扱う際には, 図7-2の複数ストリップ・レゾリューション (Multiple Strip Resolution) がみられる. 図7-1との連続性を考慮して, 図7-2では, 「スキーマ4」から出発し, 「ストリップ2」と名づけられた2番目のストリップを対象としている. 図7-2において, ブレークダウンが発生するため, 矢印は再びスキーマへの上向きを示している. しかし, 図7-1とは異なり, 矢印はSSR (Single-Strip Resolution) と名づけられている. このようにブレークダウンの解消までSSRのプロセスが利用される. 新しいスキーマとしての「スキーマ5」は「ストリップ3」に応用される. 図7-2において, 「スキーマ7」は「ストリップ5」に応用されて, ブレークダウンを生じていない. しかし, ここで終了するわけではなく, 「スキーマ7」は, ブレークダウンの解消を確認するため, 「ストリップN」まで応用される.

　エスノグラフィーにおける「推論 (inference)」とは, 数学におけるような厳格なものとは異なり, コヒーレンスを導くためにのかわ (glue) のごときものである. すなわち, バラバラの知識を結合させて, 知識を現象とつなぐ機能を果たすといえる. その結果, 状況, 人間, 事物, 行為, 目

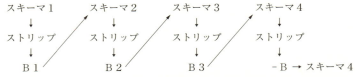

図7-1　単数ストリップ・レゾリューション（SSR）

（出典）M. H. Agar, *Speaking of Ethnography*, Sage Publications, Inc., 1986, p. 28.

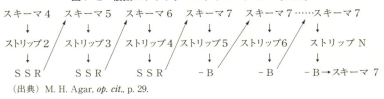

図7-2　複数ストリップ・レゾリューション（MSR）

（出典）M. H. Agar, *op. cit.*, p. 29.

標などが特定の問題に即して結びつけられ，ゆるやかな推論の体系（looser system of inference）とも呼べる，「曖昧さを含んだ」推論（"plausible" inference）が成立する．推論において結びつけられる対象物をノード（node），結合の働きを果たすものをリンク（link）と呼ぶ．複数のノードが，因果関係，所属関係などによって連結される．推論がノードとリンクを共有するとの理由から一団として使用される場合があり，こうした推論の束（bunching）をスキーマと呼ぶ．

(3) 面　接

　つぎに，エスノグラフィーのなかでの面接の方法について，J. P. Spradleyの研究における記述に依拠して説明したい[20]．

　研究者（ethnographer）とインフォーマントは面接の目的を理解することによって実りある会話を実現することができる．それゆえ，研究者は目的を明示することが必要である．また，面接のたびにその方向性を明らかにすることが望ましい．研究者は会話をリードしながら，インフォーマントの知識の吸収に努める．面接を通じて研究者とインフォーマントは互いに学習することとなる．研究者からインフォーマントへの説明はつぎの

5類型に分類することができる．①プロジェクトの説明，②記録についての説明，③用語の説明，④面接の説明，⑤質問についての説明．
　エスノグラフィーにおける質問はつぎの3つのタイプに分類できる．
(1) インフォーマントの言葉を用いた状況の描写をはかるための記述的質問（descriptive question）．
(2) インフォーマントの文化的知識の基本単位であるドメイン（domain）についての情報を発見するための構造的質問（structural question）．
(3) インフォーマントが事物や事象の識別の際に用いる意味の次元を発見するための対照的質問（contrast question）．
　エスノグラフィーの面接の基本要素は表7-2のように整理される．

表7-2　エスノグラフィーの面接の基本要素

1. あいさつ
2. エスノグラフィーの説明の提示
   2.1　プロジェクトの説明
   2.2　質問の説明
   2.3　記録の説明
   2.4　言葉づかいの説明
   2.5　面接の説明
3. エスノグラフィーの質問の実施
   3.1　記述的質問
   3.2　構造的質問
   3.3　対照的質問
4. 非対称的関係（研究者とインフォーマント）
5. 関心の表明
6. 文化的無知の表明
7. 繰り返し
8. インフォーマントの表現の言い換え
9. インフォーマントの表現の統合
10. 仮説的状況の創造
11. 友好的質問
12. 別れ

（出典）J. P. Spradley, *The Ethnographic Interview*, Holt, Rinehart and Winston, Inc., 1979, p. 67.

(4) 分 析

 つぎに，エスノグラフィーにおける分析について，J. P. Spradley の研究における記述によって以下において説明したい[21]．
 分析（ethnographic analysis）とはインフォーマントが考える文化の要素と関係の探索を意味する．こうした内部構造は暗黙的であるため，インフォーマント自身も気付いていないことが多い．それゆえ，研究者はこうした暗黙知の発見に努める．通常，エスノグラフィーはつぎのような局面を経て進行する．
 (1) 問題の選定．
 (2) データの収集（記述的質問，観察，記録）．
 (3) データの分析（文化的シンボルの探索と関係の探究）．
 (4) 仮説の形成．
 (5) 結果のまとめ．
 そして，分析手法の主なものはつぎのとおりである．
 (1) なんらかの類似性（similarity）によってドメインに含まれた文化的シンボルを探索するドメイン分析（domain analysis）．
 (2) ドメインの内部構造の探索と対照集合（contrast sets）を発見する分類的分析（taxonomic analysis）．
 (3) ドメインのシンボルの相違を明らかにする属性探索の構成要素分析（componential analysis）．
 (4) ドメイン間の関係と，全体としての文化とのつながりを探るテーマ分析（theme analysis）．
 ドメインはエスノグラフィーにおける最も重要な分析単位である．他のカテゴリーを含む象徴的カテゴリーをドメインと呼ぶ．ドメインを発見するためにはインフォーマントの表現の類似性に着目する必要がある．ドメインはつぎのような構成要素より成る．
 (1) カテゴリーの代表的名称としてのカバー用語（cover term）．
 (2) カテゴリーの包摂用語（included term）．
 (3) 用語やカテゴリーを連結する意味的関係（semantic relationship）．
 (4) 異種のドメインとの境界（boundary）．
 Spradley はつぎのような面接事例を用いて，これらの関係について以

下のように説明した．この事例のインフォーマントはバーのウエイトレスであった．

「テーブルに座った7人ほどの集団が私を大変に悲しい目にあわせました．彼らはひとりひとり注文をして，全員が高額の紙幣で支払おうとしました．私が注文を伝え，グラスを配ると，結局，彼らはいらないと言いました．私は逆上しましたが，ほほえみを保ち，あやまりました．」

ここにおける，包摂用語は「ひとりひとり注文をする」，「高額の紙幣で支払う」で，カバー用語は「ウエイトレスを悲しませる」，そして意味的関係は「XはYの手段である」である．したがって，この事例の構造は，「ひとりひとり注文することはウエイトレスを悲しませる手段である」となる（図7-3参照）．

ドメインを明らかにするための効率的手順は，意味的関係を手がかりとするものである．どのような文化でも，意味的関係の数は2ダース以下にすぎないといわれる．Spradleyはつぎの9つのパターンを指摘した．①厳格包含（XはYの一種である），②空間的条件（XはYの部分である），③因果関係（XはYの結果である，XはYの原因である），④理論的根拠（XはYを行う理由である），⑤行為の所在（XはYを行う場所

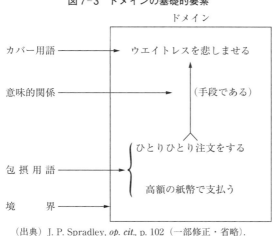

図7-3 ドメインの基礎的要素

（出典）J. P. Spradley, *op. cit.*, p. 102（一部修正・省略）．

である），⑥機能（XはYのために使われる），⑦手段と目的（XはYを行う手段である），⑧順序（XはYの段階である），⑨属性（XはYの特質である）．

　ドメインの内部構造を探るための分類的分析は，限られた数のドメインの深層分析と，できるだけ多くのドメインの表層分析をバランスを保って進める．ドメインは多くの民俗的用語（folk terms）を含んでいる．それらの意味を解明すべく，シンボルを発見し，関係を明らかにすることが必要となる．そして，意味を発見するために対照的質問を用いる．意味を発見するための原則はつぎのとおりである．

　（1）シンボル間の関係によって意味を知る関係原則．
　（2）シンボルがどのように使われているかを問う使用原則．
　（3）シンボル間の類似性を探る類似性原則．
　（4）シンボル間の相違を発見する対照原則．

　以上のなかで対照原則（contrast principle）とは，シンボルの「意味」と「非意味」の対比を利用する方法である．人々はシンボルを一定の集合（set）のなかで比較することが多い．したがって，意味の解釈のためには適切な対照集合を発見することが必要である．

　意味の構成要素分析とは，シンボルと関連した意味の構成要素（属性）の探索である．こうした分析のためには，対照を探し，それらを分類することによって，対照の次元としてまとめ，パラダイムを策定することが必要である．分類的分析が用語間の単一の関係を示すものであったのに対し，パラダイムは次元を設けて行う属性分析であるため，複数の意味的関係を表している．

　人々がドメインを連結する際に用いる概念的テーマを，文化的テーマ（cultural theme）と呼ぶ．テーマは思考のより大きな単位であり，意味ある関係をつくる多数のシンボルより構成される．文化的テーマはつぎのような特色をもつ．

　（1）人々が信じ，妥当であると解釈する社会の認識原則となる．
　（2）大部分が暗黙知の次元にある．
　（3）文化のサブシステムを連結する働きをする．

　そして，文化的テーマはつぎのものを含む．①社会的闘争，②文化的矛

盾，③社会統制の非公式手段（ゴシップ，社会的報酬），④都市生活での社会的関係，⑤地位の達成，⑥問題解決．

5. むすび

　消費者研究における主観性への関心の高まりや，体験的研究方法の台頭において，マーケティングへのエスノグラフィック・アプローチが発達した．エスノメソドロジーの起源は現象学にある．そして，人々が社会的秩序を創造し，維持することの日常生活における文化的側面を記述し，分析する研究をエスノグラフィーと称する．マーケティングへのエスノグラフィック・アプローチの研究はナチュラリスティック・インクワイアリーと関連して発展している．そして，消費における意味の発見や，消費文化の探究を行っている．社会学者によるマーケティング研究は，マーケティング活動を日常的に観察すること，ならびに，参加者自身の言葉を中心として記述することの重要性を明らかにした．したがって，マーケティング研究の今後の課題は，市場における売り手と買い手の相互作用のプロセスに一層の関心を払うことにある．エスノグラフィック・アプローチの方法的要諦は①観察，②参与，③面接の3点にある．

　エスノグラフィーは文化についての研究である．文化の記述はネイティブの視点での生き方の理解をはかるために行われる．人々の行為の意味は必ずしも明示されているとは限らない．人々の知識の根底には，文化的に共有された知識としての暗黙知がある．研究者は，参与と観察を通じて，暗黙知を知ることが必要である．ネイティブの視点を知るためにフィールドワークを実施する．その方法上のポイントは研究者がいかにして内部構成員としての役割を獲得するかにある．初期のシカゴ学派は，観察や参与などの方法を用いて生活史の探究を行った．そして，第2世代は参与観察法を整備し，研究の対象領域を拡張した．また，実存的社会学の研究者は，調査的参与を提唱し，エスノメソドロジーの研究者は現象への完全な参与を説いた．

　エスノグラフィーは，異質世界との遭遇をはかることによって，そこにおける意味の理解の社会調査についての研究を行う．エスノグラフィーで

は，人々が経験から意味を解釈するのに利用する資源としての「伝統」を解明する．異なる伝統の接触による解釈の分裂をブレークダウンと呼ぶ．ブレークダウンから理解への移行プロセスをレゾリューションと称する．そして，ブレークダウンが解消された状況をコヒーレンスと名づける．

エスノグラフィーにおけるさまざまな分析を通じて，社会における文化的テーマの発見が行われることがある．こうしたテーマは，人々の社会的認識の原則を成すが，暗黙知として存在する場合が多い．

注

1　John O'Shaughnessy, *Explaining Buyer Behavior*, Oxford University Press, 1992.
2　Grant McCracken, *Culture and Consumption*, Indiana University Press, 1988（小池和子訳『文化と消費とシンボルと』勁草書房，1990）; G. McCracken, "Who is the Celebrity Endorser? Cultural Foundations of the Endorsement Process," *Journal of Consumer Research*, December 1989, pp. 310-321.
3　Robert C. Prus, *Pursuing Customers: An Ethnography of Marketing Activities*, Sage Publications, Inc., 1989.
4　Howard Schwartz and Jerry Jacobs, *Qualitative Sociology*, The Free Press, 1979.
5　Patricia A. Adler and Peter Adler, *Membership Roles in Field Research*, Sage Publications, Inc., 1987.
6　Michael H. Agar, *Speaking of Ethnography*, Sage Publications, Inc., 1986.
7　James P. Spradley, *The Ethnographic Interview*, Holt, Rinehart and Winston, Inc., 1979.
8　本項のエスノメソドロジーについての説明はつぎの論考に基づく．J. O'Shaughnessy, *op. cit.*, pp. 162-165.
9　John F. Sherry Jr., "Dealers and Dealing in a Periodic Market: Informal Retailing in Ethnographic Perspective," *Journal of Retailing*, Summer 1990, pp. 174-200.
10　Elizabeth C. Hirschman, "Point of View: Sacred, Secular, and Mediating Consumption Imagery in Television Commercials," *Journal of Advertising Research*, December 1990/January 1991, pp. 38-43.
11　G. McCracken, "Who is the Celebrity Endorser? Cultural Foundations of the Endorsement Process," *Journal of Consumer Research*, December 1989, pp. 310-321.
12　本項のPrusの所説についての説明はつぎの論考に基づいている．R. C.

Prus, *op. cit.*

13　本項における説明はつぎの論考に基づいている．H. Schwartz and J. Jacobs, *op. cit.*, chap. 1-5.
14　J. P. Spradley, *op. cit.*
15　本項における「エスノグラフィー」についての説明はつぎの論考に基づいている．*Ibid.*
16　本項の AdlerとAdler の説明はつぎの論考に基づいている．P. A. Adler and P. Adler, *op. cit.*, pp. 8-20.
17　本項の説明はつぎの論考に基づいている．*Ibid.*, pp. 20-35.
18　本項の説明はつぎの論考に基づいている．M. H. Agar, *op. cit.*, pp. 11-19.
19　本項の説明はつぎの論考に基づいている．*Ibid.*, pp. 20-57.
20　本項の説明はつぎの論考に基づいている．J. P. Spradley, *op. cit.*
21　本項の説明はつぎの論考に基づいている．*Ibid., op. cit.*

第8章

マーケティングとクリニカル・アプローチ

1. はじめに

　本章では，クリニカル・アプローチ（臨床的接近）について検討したい．

　購買行動研究への精神分析（psychoanalysis）的手法の応用は，1950年代から行われてきた．心理学の精神分析学派は，人間の無意識の内的葛藤を対象として，隠れた欲求を知ることによって心の苦悩の意味を解明しようとする．そのための手段として，夢分析（dream analysis）や自由連想（free association）がある．また，購買動機の解明のために，モチベーション・リサーチ（motivation research）などが用いられてきた．

　O'Shaughnessyによれば，モチベーション・リサーチは，データの解析の難しさを伴う．一方，自由連想は，商品の購買に関連した象徴的意味と，隠れた動機を探る目的で広く利用されている．しかし，これらは，厳密な因果関係の解明をはかるためというよりも，研究の洞察を得ることを目的として使われることが多いとされる[1]．クリニカル・アプローチの応用は，組織論での研究の伝統がある．例えば，C. Argyrisらによるアクション・サイエンス（action science），また，組織開発（organization development）の研究などが知られている[2]．

　金井壽宏は組織論のE. H. Scheinの研究を引用しつつ，定性的研究方法を臨床的アプローチ（Cモード）と民俗誌的アプローチ（Eモード）に分類した．Cモードとは依頼人（クライアント）の問題に対する診断と解決を試みる方式であり，病理的側面を重視した深いデータの収集を行うものである．一方，Eモードは研究者の側から調査を依頼し，研究上の焦点を重視しながら内部者の考えを学ぶことを目的とした方式であり，聞くこと

への徹底という特徴がある[3]．

　そこで，本章では，組織研究者のScheinの研究[4]を参考としながら，クリニカル・アプローチの内容をエスノグラフィック・アプローチとの比較において探りたい．同時に，精神医学の文献等に依拠することによって，その内容についても若干の考察をしたい．また，認知科学およびマーケティングにおける1990年代の「意味」の研究にも触れたいと考える．

2.「意味」研究の進展

(1) 認知の研究

　近代科学の方法論は，対象の存在の理由を問わず，存在している対象の変化や存在のしかたを問題とすることによって，意味や価値を導入しなければならない対象を除外してきたといわれる[5]．それゆえ，「意味」への関心は，学問研究の方法的課題といえる．その契機のひとつは人間の「認知」への関心の高まりであった．「認知」を人間理解に不可欠なものと考える認知心理学は1960年代半ばに生まれ，やがて現代心理学の主流のひとつに成長した[6]．心理学の研究書によれば，心理学のなかで，人間の行動が外的環境としての刺激によって変えられるのか，あるいは人間自身の内的認識によって変容をうけるのかという論争は今日まで続いているといわれる．すなわち，レスポンデント・アプローチ（respondent approach）やオペラント・アプローチ（operant approach）は基本的に前者の立場であるのに対して，行動療法は外的刺激とともに内的認知が行動変容に効果的な影響を与えると考えているとされる．例えば，マッチが近くにあることが誰に対しても刺激になるわけではなく，煙草に火をつけようとする人にだけ行動を起こさせる効果をもつように，行動に影響を与える刺激の資質は，対象に対する行為者の認知パターンに依存すると考えることができる[7]．

　また，内山喜久雄と坂野雄二は，精神療法としての行動療法に関する記述のなかで，つぎのような説明を展開した[8]．

　従来の行動療法の技法が，オペラント条件づけの応用のように，「外部」からの行動変容を目指してきたのに対して，新しく開発された諸技法は，

クライエントの「内部」からの行動の変容を試みる特色があり，それらの理論的特徴はつぎのとおりである．
(1) 内潜的行動（covert behavior）を外顕的行動（overt behavior）と同様に扱う．
(2) 行動のプロセスにおける「認知」のはたらきを重視する．
(3) 人間の行動の制御メカニズムを明らかにしようとする．

内山と坂野によれば，こうした転換の背景には，認知の変容によって行動は変容し，行動の変容によって認知が変容するという相互決定論的見方がある．

生命情報についての清水博の研究成果は，学問の方法という観点からきわめて示唆に富む内容をもっている．以下において，その内容を紹介したい[9]．

情報研究では，意味情報（セマンティック情報）と「関係科学」の探究が必要であると清水は指摘している．清水によれば，サイエンスには，条件を与える外側の世界から絶縁された，閉じた世界のなかに対象を限定し，これを研究することができる古典力学のごときハードサイエンスと，意味の世界にまで開かなければ適切な記述ができない，開いた対象を研究する生命システムのようなソフトサイエンスがある．そして，コミュニケーション研究の古典として知られる C. E. Shannon と W. Weaver の理論は，情報の受け手を枠の外におき，どのような符号をつかうとメッセージを最も誤りのない形で通信できるかの情報の通信能力を問題にしているため，前者に分類される．これに対して，人間の認識に関係した情報処理はソフトサイエンスと呼ばれる．認識は，外部から五感をつうじて入ってきた信号の意味を，脳が解釈し，それを意識することによっておこる．そして，脳の解釈は人間の体験に基づいてなされるといわれる．例えば，虹の七色の縞模様も，厳密には，見る人の育った風土や文化によって見え方が異なるとすらいわれる．このように，ソフトサイエンスでは，情報の「意味」の解釈が焦点となる．生物は環境のなかにあって，生存に適した条件をみずからつくりだしている．生命システムのなかでの情報処理は，この「生存目的」を実現するようになされるため，複雑な外来信号は自律的な情報処理能力にあわせて主観的に圧縮される．生命システムに，その目的

にとってなんらかの「価値があり」,「意味がある」ような選択をさせる信号や刺激を意味的情報（図）と呼び，それ以外をノイズ（地）と呼ぶ．そして，機械を制御する命令としての情報は，外から与えられた，状態を決定するはたらきをもつコマンドであり，一方，生命体が外界を認識し，行動するための自律的につくるルールとしての操作情報は，関係をつくるはたらきをもつ情報である．

清水の生命情報の研究はつぎの3点におけるコミュニケーション研究との関係を示唆している．

第1は，エントレインメント（entrainment）と呼ばれる「引き込み」の現象の働きである．清水によれば，これは，校庭で遊ぶ子供のあいだの身体的同調，会話をしている人々のなかでの「うなずき行為」などのような，行動リズムの同調的プロセスを意味する．

第2は，「場の情報」である．生きているシステムにおいて，その基本的な構成単位である要素（関係子）は，システム全体の状態を共有するように性質を変化させるといわれる．そして清水は，集団的心理状態（雰囲気）の形成にかかわるものを「場の情報」と呼んだ．そして，これは個が発信した情報の総和に意味的な情報圧縮が加えられて形造られるとした．

第3は，先行的理解の存在である．清水によれば，生命をもつシステムは，生存のために「先行的理解」に基づき，外来信号を解釈する一般的性質を備えているとされる．そして，外来の視覚信号はつぎのようなプロセスを経て処理されていく．まず，それは多くの「部分」に関する要素的な信号（素情報）に分解され，これらのおのおのが脳のなかで関係子のはたらきをもつ適当な情報のプロセッサにエンコードされ，つぎに関係子の集団の自律的なはたらきによって素情報を総合し，「全体の意味」に相当する知覚像を自己組織する．しかし，素情報の一定の集合が与えられた際に，そこでおきる情報の統合にはいくつかの可能性があるが，その選択は，すでに記憶のなかに存在している「先行的理解」と結びつき決定される．このように，認識とは，先行的理解によって入来信号に隠された意味を解釈することである．

清水は，メッセージの受け手の解釈を理解するためには，その先行的理解，もしくは主観的世界と客観的世界の橋渡しをするイメージを知ること

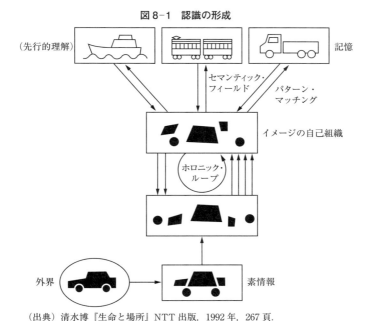

図 8-1 認識の形成

(出典）清水博『生命と場所』NTT 出版, 1992 年, 267 頁.

が必要であるとした（図 8-1 参照).

(2) 消費者の意味解釈

マーケティングにおける受け手の意味解釈の研究として D. G. Mick らのものがある．以下において，その記述に基づき説明したい[10].

コミュニケーション研究においては，伝統的に，メッセージの客観的理解が重視されてきた．したがって，送り手のメッセージを，受け手はできるだけ正確に受信することを期待されている．例えば，広告のなかで，メッセージの意味は所与として，すなわちメッセージ内在的で，広告主の意図に従うものとされる．そして，メッセージの客観的理解とはその学習にほかならない．災害時の情報伝達のような公共的性格のメッセージでは，こうした客観的理解の重要性が強調される．一方，受け手の心理や文脈を通じた意味解釈を，メッセージの主観的理解と呼ぶことができる．この場合，意味はむしろ受け手によってつくられると考えることができる．した

2.「意味」研究の進展　　179

がって，メッセージの理解は文脈依存的で，現象学的性格のものとなる．近年のコミュニケーション研究は，こうした側面にも光をあてている．Mick は，「意味」の創出という観点からそうしたメッセージの主観的理解をつぎの4つの水準に分類した．

(1) 送り手のメッセージ内容に結びついた意味．
(2) 送り手のメッセージ内容から直接に導かれる論理的推論に関連した意味．
(3) 製品や状況的知識を背景とした，論理性や個人的推論を離れた意味．
(4) 知識や体験に基づく，受け手を基礎とした意味．

こうした受け手の意味解釈という視点を導入することによって，メッセージ理解の多様性（diversity）や新奇性（novelty）などの研究課題が誕生するといえる．

Mick らはつぎのような特色と主張を備えた，「意味」をベースとした広告体験のモデルを提示した（図8-2 参照）．

(1) 象徴的・解釈的相互作用論（symbolic and interpretive interactionism）と実存的現象学（existential phenomenology）に基礎をおく．
(2) 受け手の全人的（whole person）視点を採用する．
(3) パーソナリティ要因が知覚と行動に影響すると仮定する．
(4) 作品的テクスト（fictional text）の「意味」は読者がつくると仮定する．
(5) テクストは読者の認識的文脈と先行的体験（prior experience）を基礎とする期待を経て受信される．
(6) 広告は文化的に構成されたシンボルよりなる作品である．
(7) 消費者は広告の「意味」の最終的裁定者である．

また，図8-2のモデルにおける生活テーマ（life theme）とは，人々の内面的生活での目標と手段を意味する深遠な内容である．こうした生活テーマによって人々の体験と行動は主体的性格を帯びる．生活テーマは，個人の社会的背景，ならびに，強い影響を与えた個人的体験（transformational experience）によって形成される．これに対して，生活プロ

図 8-2　意味に基づく広告体験のモデル

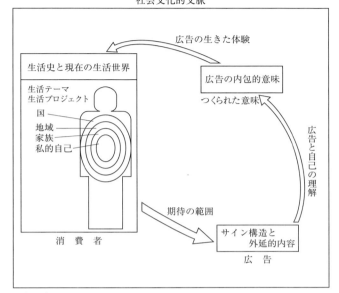

（出典）D. G. Mick and C. Buhl, "A Meaning-Based Model of Advertising Experiences," *Journal of Consumer Reseach*, December 1992, p. 319.

ジェクト（life project）は，その時の状況やライフサイクルに応じて変化する性格のものである．Mickらは，生活史面接調査によって，消費者が生活テーマと生活プロジェクトを基礎として，広告についてのそれぞれの内包的意味をつくることを指摘した．そして，人によって，広告内容に関する複数の解釈が生まれることを明らかにした．そして，これらを，受け手のモチベーションや認識の文脈のなかでホリスティックに探究することが，消費者理解にとって重要であると指摘した．

3. エスノグラフィーとクリニカル・アプローチ

(1) 2つのアプローチ

つぎに，クリニカル・アプローチの特色をエスノグラフィーとの比較において明らかにしていきたい．

大平健によれば，精神医学と文化人類学は共に，19世紀に西欧の諸社会が新しい環境との付き合い方をしなくてはならなくなった時に，そうした事態へのアカデミックな反応として誕生したという歴史がある．そして，それらは共に境界を対象として研究を続けてきた共通性をもつ[11]．精神医学が主に個人に関心を寄せ，文化人類学が社会に注目するという違いがあるものの[12]，現代臨床精神医学の創設者であるS. FreudとE. Kraepelinは，共に文化と精神保健の関係という問題に興味をもち，また，多くの傑出した文化人類学者たちは，精神医学的訓練をうけ，研究生活の大部分を通じ，精神科医と共同研究を行い，また，民族学的発見や文化人類学的洞察は精神医学の学説および実践に重要な影響を及ぼしたといわれている[13]．

　このように，両方の学問とも，文化や常識の枠組みを越えて，現象の「意味」を理解しようとする方法的特色を備えていると考えることができる．大平によれば，文化的な制度は，その制度のなかに暮らしている者には見えにくく，陳腐な，「空気のような」という比喩がよく当てはまるものであり，そして，こうした"見えにくい"ものを見るためには，異文化の視点が必要となる[14]．

　Scheinは，個人，集団，組織，地域社会などを対象として「援助の役割（helping role）」にかかわる専門家をクリニカル・アプローチの実践者と呼んだ．そして，ここに，カウンセリング担当者，精神科医，組織開発コンサルタント，プロセス・コンサルタント，ソーシャル・ワーカーなどを含めた．彼によれば，組織研究者はおおむねつぎの2つのグループに分類される．（1）実験法とサーベイ・リサーチに依存するもの，（2）コンサルテーションとフィールドワークに従事するもの．Scheinは，組織の現実（reality）を理解するためには，実験やサーベイのみではなく，臨床的視点からのアプローチが不可欠であると指摘した．そして，クリニカル・アプローチとエスノグラフィック・アプローチは表面的には似ていても，それらの応用によって産みだされる知識は異なっているため，組織の現実を知るためには両方のアプローチが必要であるとした[15]．

(2) 比　較

　Scheinは2つのアプローチの違いをつぎのように説明した．以下において，彼の所説を項目別に説明したい[16]．

〈探究の開始〉

　クリニカル・アプローチでは，クライアントがコンサルタントを選択し，調査を依頼するのに対して，エスノグラフィーでは，研究者が集団や組織を選んで研究を行う．また，コンサルタントは援助の求めに応じて組織に介入するため，イニシアチブは常にクライアントの側にあるといえる．これに対して，エスノグラフィーでは研究者が自己の理論的関心に基づいて組織を選定する．しかし，組織との関係が深まるにつれて，2つのアプローチは互いに類似した部分が多くなる．

〈対象との関係〉

　クリニカル・アプローチでは，システムを変革することなく，人間のシステム（human system）を理解することはできないと仮定される．すなわち，システムの本質を知るためには，受動的観察者にとどまることなく，そして，長期にわたってその実際を研究することが必要であるとみなされる．そして，コンサルタントは反応を引き出すために，クライアントに診断的質問を行い，示唆，あるいは勧告を用意して，システムに「介入（intervene）」する．ここで，反応は現状を知るための診断的データとみなされる．

　エスノグラフィーでは，組織は研究者の試みとは独立して存在するものと考えられ，そして，解読し，理解するための対象と仮定される．それゆえ，十分な観察の時間をかけて，その根源的構造が解明される．したがって，研究は，参与，観察，解釈によって進行する．研究者は組織を変革しようとすることはないが，観察のために若干の働きかけを行う場合がある．

〈探究の動機〉

　クリニカル・アプローチでは，クライアントの援助の求めに応じて研究

が開始され，その要請の期間中に，関係が継続される．そして，問題の解決によって，関係は解消される．これに対して，エスノグラフィーでは，研究者のアカデミックな関心が契機となる．

〈心理的契約〉
クリニカル・アプローチにおいて，クライアントは専門的援助に対して対価を支払う．一方，エスノグラフィーでは，被調査者は研究者に組織へのアクセスを提供し，その代わりに，調査結果のフィードバックを受ける．そして，研究者は組織のなかで，突出しないこと，構成員を当惑させないこと，厄介な質問をしないことなどの行動規範の遵守を要請される．臨床的関係の終了はクライアントの決定による．一方，エスノグラフィーでは，研究者は十分なデータを得たと判断した際にプロジェクトを終了する．

〈データの概念と種類〉
クリニカル・アプローチは，変化と改善を志向することから，有効性，成長，イノベーション，統合などの規範的（normative）理論とつながる．これに対して，エスノグラフィーの研究者は，研究目標に基づいた自己の概念やカテゴリーを有する．それらは，状況の文脈全体を対象とするため，社会学，人類学，社会心理学などの理論と関連している．
クリニカル・アプローチは，動機と意図を探るための深層（in-depth）の分析を行う．エスノグラフィーは，状況全体が理解できるような濃厚な記述（thick description）をつくる．

〈科学的妥当性〉
エスノグラフィーの研究成果は，別の研究者が同じ観察をするかどうかを基準として，その妥当性が判定される．また，議論の信頼性を確かめるために，データを研究対象に戻し，内容の正確性を調べることを行う．さらに，研究者が集団の構成員として認知されているかどうかを「メンバーテスト（member test）」によって確認する．これに対して，クリニカル・アプローチは，研究者の存在自体が状況を変化させるために，同じ結

表8-1 2つのアプローチの違い

	クリニカル・アプローチ	エスノグラフィック・アプローチ
情報収集の手段	診断的	記録的
フィールドワークの訓練	臨床的	ネイティブのなか
学習の焦点	コンサルテーション理論	参与観察

（注）E. H. Schein, *The Clinical Perspective in Fieldwork*, Sage Publications, Inc., 1987, pp. 56-59 より表として内容をまとめた．

果の反復可能性を基準として内容を確認することができない．そこで，介入の結果の研究者による予測を妥当性の基準とする．

〈研究者の育成〉

クリニカル・アプローチの基礎理論はつぎの領域のものである．精神医学，臨床心理学，応用心理学，社会学，人類学，組織開発，ソーシャル・ワーク．一方，エスノグラフィーの基礎理論はつぎの領域のものである．社会学，人類学，政治学，社会心理学．

また，研究者の育成にかかわる両アプローチの違いを示せば表8-1のとおりである．

4. クリニカル・アプローチの方法

(1) 主観的意味の把握

つぎに，クリニカル・アプローチの内容について考察していきたい．

精神医学者である野田正彰によれば，ある人によって体験された世界は，無数の出来事によって成り立っているのであり，出来事と出来事のあいだに通時的な生起の関係があるかどうかは，容易に知り得るところではない．そこで，ある体験の回想にしろ，夢の分析にしろ，精神科医の主要な関心は，人がその出来事をどう感じたか，どのような感情を伴って思い起こしたか，よく似た感情は他のいかなる出来事，場面と似ているか，などにある．このようにして，精神科医は，病者が生きてきた主観的世界，主観的現実の理解に入っていく．また，いかなる疾病を病むにしても，生物としての人間が病むと同時に，社会のなかで，文化を身につけた個々の

人間が病むという見方をとる[17].

　精神医学のなかでは，このように，主観的世界における「意味」についての考察が展開されてきたといえる．精神医学者の安永浩はこれらをつぎのように整理した[18]．①精神分析学派による「かくれた（無意識的）意味」についての探究，②記述的精神病理学による「認識論」的方向の研究，③人間学的精神病理学による「形而上学」的方向の研究，④日常言語的用法．安永によれば，「意味論」においても，客観主義的立場，すなわち，「意味内容」が「事実」に迫れるかどうかに関心が向きがちであり，意味関係の主観的，恣意的側面を排除する傾向が見られた．しかし，安永によれば，意味は，「ある主観にとって」のみ「意味がある」ことはむしろ自明のことであり，これを意味の主観主義的立場と呼ぶ．このように，「意味」が「ある主体にとって」のものであると仮定すれば，個々の意味は孤立的・絶対的ではなく，その主体のもっている世界についての全体的意味体系との関係において変動しつつ，現れてくる[19].

　また，小林純一は，個人の行為の目的は，意味づけがあるがゆえに目的となり得るとして，この意味づけは，価値づけであると説明した[20].

　精神医学において，相手の主観的意味に気づき，それを解明することを「了解」と呼ぶ．了解とは精神的なものを内的，直観的に把握する行為であり，つぎのような種類に分けられる[21]．①現象学的了解（患者の自己描写によってその体験をわれわれの心のなかに描き出すこと），②表現了解（運動や身振りや形姿における心的意味を直接に知覚すること），③合理的了解（例えば妄想的内容を論理的思考によって了解すること），④感情移入的了解（精神的なものに身を移し入れ，追体験して了解すること）．

(2) 共感法

　「解釈的理解」は単なる手段的課題ではなく，研究における対象や方法の選択，ならびに研究者の態度に関連した方法論的課題である．そして，「事例」を普遍的命題を支える多数の証拠のひとつとして扱うのではなく，独立したケースとして探究することによって，個別の事例についてのより深い理解が得られるといえる．それに対して，研究者の体験と十分な吟味

に基づかない安易な認識は,まさに「人間を理解するどころか,その理解をひとつの視野に閉じこめて歪めてしまう」[22]危険をおかすといえる.

共感法は対象の心情理解のための方法である.心理学者の宮崎清孝と上野直樹は,共感的理解（empathic understanding）を,他者に仮想的自己を派遣し,他者に"なって",その心情を実感的に理解することと定義した.彼らによれば,かかる方法を最初に指摘したのは経済学の A. Smith であった.そして,Smith は他者に同感（sympathy）できることを人間の基本的な特性として捉え,同感は"想像上の境遇の交換"を行うことによって生じるとした[23].

共感（empathy）は感情移入とも訳され,自分の感情を自然物や芸術品などに投映して感受することであり,坂をのぼる汽車があえいでいるように見えるといった表現はこの例にあたる[24].共感法については,精神医学の領域での研究がある.例えば,精神医学者の神田橋條治はその著作のなかで,「患者の身になる技法」という章を設け,以下のような共感を高めるための興味深い方法を提唱している[25].

神田橋によれば,患者をより深く理解するためには,その生活を追体験することが効果的である.このためには現実とイメージの両方において場所と身体を患者と共有することが必要である.神田橋はそれを表8-2のようにまとめた.例えば,医師は,患者と同じようにそのベッドに寝ころがってみれば患者の気持ちが分かりやすい.このように,話し手の置かれている現実の場に身をおく方法（表8-2の①）は最もインパクトが強い方法である.しかし,常にこうした方法が可能なわけではない.その場合には,イメージを働かせることによって場所を共有する方法を応用できる（表8-2の②）.例えば,実際に現場に行くのではなく,間取図を書きながら話を聞くといった方法がある.さらに,身体の共有では,話し手と同

表8-2 患者の身になる技法

	現実に	イメージで
場所を共有	① 往診,椅子,ベッド	② 間取図,視覚化
身体を共有	③ 姿勢,動作,発語	④ 離魂融合

（出典）神田橋條治『精神科診断面接のコツ』岩崎学術出版社,1984,151頁.

じような姿勢をとってみること，また，言葉のつかいかた，アクセント，呼吸のテンポなどを真似ることによって共感性を高める方法がある（表8-2の③）．また，イメージを使って真似るという方法もある．神田橋はこれを離魂融合の方法と名づけた（表8-2の④）．

神田橋は，人の精神活動の外部への表出は，生理，行動，および言語を介して行われており，相手との対話のなかでこれらに十分な注意を払うことの必要性を指摘した．

(3) 援助の類型

クリニカル・アプローチは相手のもつ主観的意味の解明をはかり，その変革を志向するものということができる．Schein はかかる過程をコンサルテーション（consultation）の概念によって，つぎのように説明した．

コンサルタントが自己の仕事を「援助」にかかわる内容と認識することは多いが，管理者（manager）もまた組織の内外でいわば，コンサルテーションに匹敵する業務を担っているといえる．すなわち，管理者は部下に対してはもちろんのこと，顧客に対しても「援助」を与えることによって，その問題解決に貢献している．このように，コンサルタントや管理者は，「援助への志向性（helping orientation）」を備えているということができる．

そして，Schein はコンサルテーションの内容をつぎのように分類した[26]．

〈エキスパート・モデル（expert model）〉

クライアントが問題は何か，どんな援助が必要か，援助を誰に求めればよいかを知っている際のコンサルテーションの方式である．これは，専門家的人材の雇用，各種調査の実施などにおいて見られるものである．クライアントは専門的知識や解答の提供をコンサルタントに期待する．そして，コンサルタントはクライアントにかわって問題を所有し，解決をはかる．こうした方法が有効に機能するためには，以下の条件がみたされなければならない．

（1）クライアントが問題を正しく診断している．

(2) クライアントがコンサルタントの能力を正しく知っている．
(3) クライアントが問題と，必要な知識や情報をコンサルタントに適切に伝えている．
(4) クライアントが調査の結果をしっかりと受けとめる．

〈医療モデル（doctor-patient model）〉
医療における医師と患者の関係のように，コンサルタントに問題の診断と解決を依頼するコンサルテーションの方式である．クライアントは苦痛を経験し，病気の徴候を感じていても，何が問題で，どう対処すればよいのかが分からない場合がある．したがって，医療モデルのポイントは治療のみではなく，病気の診断にある．当該方式が効果を収めるための条件はつぎのとおりである．
(1) コンサルタントが診断のために組織に介入できる．
(2) クライアントがトラブルの徴候を正しく解釈している．
(3) クライアントが診断に協力的である．
(4) クライアントがコンサルタントの診断を理解し，処方を実行できる．
(5) 治療によってクライアントが健康を維持する．

〈プロセス・コンサルテーション・モデル（process consultation model）〉
コンサルタントがクライアントに問題の対応への「援助」を与え，クライアント自身に問題を解決させるコンサルテーションの方式である．すなわち，クライアントは，何が問題であるかを診断するプロセスをコンサルタントと共有し（問題を自分で理解できるようにする），治療に積極的に関与する．この方式は，クライアントこそが問題について何が可能で，何が有効であるかを最もよく知っているという仮定にたつものである．そして，コンサルタントはクライアントの認識や問題への対応を促進する重要な役割を担っている．しかし，行動の決定の責任や，結果に対する責任はあくまでもクライアントの側にある．こうした方式の長所は，クライアントが問題解決の技術を学習できる点にある．その結果，コンサルタントが離れた後でも，クライアントは問題に直面して自力で解決をはかることが

できる.

　プロセス・コンサルテーションとは，このように，コンサルタントが協力することによって，クライアント自身に問題を知覚し，理解させ，解決をはかるための方式である．これは，精神医学におけるクライアントを中心としたカウンセリング（client-centered counseling）に類似した方法である．その意味で，プロセス・コンサルテーションは「援助」の一般理論（general theory of "helping"）とも呼ぶべき性質をもち，人が「生きる」ことにかかわる広い領域に応用できる考え方である．この方式の導入と運用の条件はつぎのものである．
　(1) クライアントだけでは問題の原因と対応がわからない．
　(2) クライアントは利用できる援助の種類や，援助を求める対象が分からない．
　(3) クライアントは診断の過程をコンサルタントと共有する．
　(4) クライアントはコンサルタントとの建設的関係を志向する．
　(5) クライアントが介入の有効性を判断する．
　(6) クライアントは診断と問題解決についての学習を行う．

(4) プロセス・コンサルテーション

　プロセス・コンサルテーションとは，以上のように，クライアントが問題を知覚し，理解し，解決にあたるように援助するための，コンサルタントや管理者の行う一連の活動を称する．つぎに，プロセス・コンサルテーションの方法について，Scheinの所説に基づき，以下で説明していきたい[27]．
　援助の効果をあげるためには，コンサルタントや管理者はいかに物事が進行しているか，すなわち，個人，集団，組織についての現象のプロセスを知ることが必要である．そして，有効な介入を行うためには，現象の本質についての洞察と，訓練と体験に基づく技術の組み合わせが必要である．Scheinは介入に至るまでのプロセスをつぎのように整理した．① 観察（Observation），② 反応（Reaction），③ 分析，処理，判断（Judgement），④ 介入行動（Intervention）．これをORJIのサイクルと呼

ぶ.

　コンサルテーションは,誰がクライアントであるかを明らかにすることから始まる.クライアントはつぎのように分類される.①初期接触クライアント（コンサルタントが問題に関連して出会うクライアント）,②中間的クライアント（初期接触クライアントと連係した中間的クライアント）,③1次クライアント（焦点となる問題をかかえた,予算執行権をもつクライアント）,④究極的クライアント（究極的にその利害を保護すべきクライアント）.

　つぎに,初期的介入戦略の目的を明らかにする.それはつぎの3つに分類される.①援助の提供（クライアントから「役立つ」と知覚されること）,②診断,③介入チームの編成（コンサルタントとクライアントの共有責任の明示）.そして,介入の戦術とスタイルを決定する.それらはつぎのように分類される.①探究的介入（情報収集のための介入）,②診断的介入（問題を探るための介入）,③行動志向的介入（行動の代替案を探るための介入）,④対決的介入（クライアントに率直に指示を行うための介入）.

　そして,介入はつぎのように類型化される（表8-3参照）.①能動的聴取（感情移入を働かせ,クライアントの視点で問題を理解する）,②歴史的再構成（問題に至るまでの現象の再構成をクライアントに要請する）,

表8-3　介入の類型

1. 能動的,関心をもった聴取（探究的）
2. 歴史的再構成の要請（診断的）
3. 具体化の要請（診断的）
4. プロセス重視の要請（診断的）
5. 診断的質問と綿密な調査（診断的,行動志向的）
6. プロセス管理と特定課題の提起（対決的）
7. フィードバック（対決的）
8. 内容の示唆と勧告（対決的）
9. 構造管理（対決的）
10. 教育的介入（対決的可能性）

（出典）E. H. Schein, *Process Consultation Volume II*, Addison-Wesley Publishing Company, Inc., 1987, p. 163.

③問題の具体化（問題の詳細や具体的事実を明らかにする），④ストーリーの作成（プロセスに焦点をあて問題に至るまでの経過を明示する），⑤診断的質問と綿密な調査（診断をクライアントに質問として与えることによって，追加的情報を得る），⑥プロセス管理と特定の課題の提起（クライアントに情報収集のための具体的課題を要請する），⑦フィードバック（現状についての診断をクライアントにフィードバックする），⑧内容の示唆と勧告（内容的援助を提供する），⑨構造的管理（構造の直接的コントロール，あるいは勧告の実施），⑩教育的介入（セミナーへの出席や文献講読の要請）．

以上の介入は，①から⑤までをクライアント中心的（client centered），⑥と⑦を相互的（interactive），⑧から⑩までを援助者中心的（helper centered）と称する．

5. むすび

「意味」への学問的関心の高まりは認知研究の進展を原因のひとつとしている．臨床心理学の研究によれば，人間は認知的特性を有し，自己の行動を自らコントロールしていく可能性がある．それゆえ，行動療法はクライアントの「内部」から行動の変容を試みようとする傾向がある．すなわち認知と行動の相互決定論的考え方を指摘することができる．情報研究の課題は，意味情報（セマンティック情報），ならびに「関係科学」の探究にあるといえる．

人間の認識は，外部から五感をつうじて入ってきた信号の意味を，脳が解釈し，それを意識することによっておこり，解釈は人間の体験に基づいてなされると説明される．それゆえ，情報それ自体というよりも，ポイントは受け手の解釈する情報の「意味」にあるといえる．生命システムは生存目的のために，複雑な外来記号を自律的な情報処理能力にあわせて主観的に圧縮することを行う．そこで，その目的にとってなんらかの「価値があり」，「意味がある」選択をさせる信号や刺激が「意味的情報」と呼ばれる．生命体が外界を認識し，行動するために自律的につくる情報は，関係をつくる機能をもつものであって，機械を制御するためのコマンドとして

の情報とは異なる．生命情報についての研究はつぎの3つの重要な理論的課題を提起した．①引き込み現象，②場の情報，③受け手の先行的理解とイメージ．

　メッセージの客観的理解を中心とした既存のコミュニケーション研究は，受け手によるメッセージの正確な受信にポイントがあったといえる．すなわち，メッセージ内在的な意味を受け手が正確に把握すること，すなわち客観的理解とはその学習と同義であった．これに対して，受け手のおかれた文脈や心理を通じた意味解釈を主観的理解と呼ぶ．「意味」を中心とした広告コミュニケーションの研究によれば，メッセージの受け手（消費者）は，生活テーマと生活プロジェクトを基礎として，広告内容についての解釈をつくるといえる．これらをホリスティックに理解することが消費者研究にとっても重要である．

　歴史的にみれば，「意味」を研究する精神医学と文化人類学は共に境界を対象として，互いに学説や実践において影響を及ぼしてきた．そして，所属する文化や常識の枠組みを離れて，「意味」を理解しようとする共通性を有している．個人，集団，組織，地域，社会などを対象に「援助」にかかわる専門家をクリニカル（臨床的）アプローチの実践者と呼ぶ．ここには，カウンセリング担当者，精神科医，組織開発コンサルタント，ソーシャル・ワーカーなどが含まれる．クリニカル・アプローチとエスノグラフィック・アプローチは表面的には似ていても，つぎの点において異なる．①探究のイニシアチブ，②対象との関係，③研究の動機，④心理的契約，⑤データの種類，⑥科学的妥当性の検証，⑦研究者の育成．

　精神科医は患者が生きてきた主観的世界や主観的現実の理解にたずさわる．精神医学のなかでは「意味」についての複数の用法がある．従来の意味論は客観主義的立場，すなわち「意味内容」が「事実」に迫れるかどうかに関心があった．しかし，「意味」は，本来，ある主体にとってのものであって，これを「意味」の主観主義的立場と呼ぶ．そして，「意味」は主体にとっての「質」をもち，「価値」を随伴させている．それを発見するための方法のひとつがカウンセリングである．研究者が相手の主観的意味に気づき，解明することを「了解」と呼び，それはつぎのように分類される．①現象学的了解，②表現了解，③合理的了解，④感情移入的了解．

共感法は，心情理解の方法である．共感は感情移入とも呼ばれる．精神医学の所説によれば，生活の追体験の方法は，現実と，研究者のイメージの両方で，場所と身体を共有することである．

　クリニカル・アプローチは，相手の主観的意味を知り，その変革を志向する．そのための方法をコンサルテーションやカウンセリングと称する．コンサルタントのみならず，管理者も部下や顧客を対象として，「援助」の機能を果たしている．コンサルテーションのモデルはつぎのような種類に分類することができる．①解答や専門的知識をクライアントに与えるエキスパート・モデル，②コンサルタントが診断と処方を行う医療モデル，③コンサルタントがクライアントに協力し，クライアント自身に問題を知覚し，理解させることによって，解決策を考えさせるプロセス・コンサルテーション・モデル．

　以上のなかで，クライアントの成長を最も促す方式がプロセス・コンサルテーションである．これは，クライアントが診断の過程を共有し，問題の解決に積極的にかかわることから，精神医学のクライアントを中心としたカウンセリングの方法に似ている．コンサルタントは介入に至るまでにつぎの過程を経る．①観察，②反応，③分析・処理・判断，④介入行動．コンサルテーションは，誰が，どのようなタイプのクライアントかを明示することから開始される．介入のスタイルはつぎのように分類される．①探究的介入，②診断的介入，③行動志向的介入，④対決的介入．

　「意味」への関心は情報の「解釈」の解明に焦点がある．既述のように，解釈を知るためには，受け手の先行的理解，もしくはイメージを知ることが必要である．先行的理解やイメージは，情報の送り手と受け手の相互作用を通じて形成され，マーケティング・ダイアローグ（marketing dialogue）の成果と考えることができる．すなわち，マーケティング交換にかかわる主体のあいだでの「対話」としての，「意味の発信と受信の相互的プロセス」[28]の結果である．消費者は生活体験を背景として，先行的理解やイメージをつくる．そして，先行的理解は消費生活を導き，生活文化の創造に貢献するといえる．既述のように，「対話」は，雰囲気，イメージ，行動，振る舞いなど言語以外の要素にも依存している[29]．したがって，企業のイメージや行動などは消費者の生活文化に影響し，生活文化は

企業の市場認識の基礎となるという相互的関係がある．

　また，ひとつの素材でも見る者の視点の違いは異なる解釈をつくりだす可能性がある．そして，多様な意味解釈は既成概念を打破することによって，見る者に驚き，意外性などの新鮮なイメージを与える．受け手の体験が介在することによって，メッセージの意味解釈は拡大するといえる．コミュニケーション研究は，これまで，情報伝達の正確性を中心に進められてきたが，今後は，受け手の意味解釈についてもさらに研究を行うべきであると考えられる．シンボル，イメージなどのテーマがこれに関連しよう．こうした研究は受け手に「意味」の創造を促すマーケティング・コミュニケーションの戦略的課題でもある．

注

1　John O'Shaughnessy, *Explaining Buyer Behavior*, Oxford University Press, 1992.
2　Edgar H. Schein, *The Clinical Perspective in Fieldwork*, Sage Publications, Inc., 1987.
3　金井壽宏「経営組織論における臨床的アプローチと民俗誌的アプローチ」『神戸大学国民経済雑誌』第159巻第1号，1989，55-85頁．
4　E. H. Schein, *op. cit*; E. H. Schein, *Process Consultation Volume* II, Addison-Wesley Publishing Company, Inc., 1987.
5　清水博『生命を捉えなおす』中央公論社，1978；清水博・餌取章男『生命に情報をよむ』三田出版会，1986．
6　内山喜久雄編『行動臨床心理学』岩崎学術出版社，1980，113頁．
7　同上書，132-137頁．
8　内山喜久雄・坂野雄二「行動療法」土居健郎他責任編集『治療学』異常心理学講座9，みすず書房，1989，所収．
9　本項の清水の所説についての説明はつぎの論考に基づいている．清水博『生命と場所』NTT出版，1992．
10　本項の説明はつぎの論考に基づいている．David Glen Mick, "Levels of Subjective Comprehension in Advertising Processing and Their Relations to Ad Perceptions, Attitudes, and Memory," *Journal of Consumer Research*, March 1992, pp. 411-424; D. G. Mick and Claus Buhl, "A Meaning-based Model of Advertising Experiences," *Journal of Consumer Research*, December 1992, pp. 317-338.
11　大平健・町沢静夫編『精神医学と文化人類学』金剛出版，1988，3頁．

12 同上書，5頁．
13 同上書，13頁．
14 同上書，171頁．
15 E. H. Schein, *The Clinical Perspetctive in Fieldwork*, Sage Publications, Inc., 1987.
16 本項の説明はつぎの論考に基づいている．*Ibid*.
17 野田正彰「民俗誌的記述と精神医学的面接」田辺繁治編『人類学的認識の冒険』同文舘，1989，第3章，所収．
18 安永浩『精神医学の方法論』金剛出版，1986，93頁．
19 同上書，95-114頁．
20 小林純一『カウンセリング序説』金子書房，1979，102頁．
21 加藤正明編『精神医学事典』弘文堂，1993．
22 野田正彰『生きがいシェアリング』中央公論社，1988，137頁．
23 宮崎清孝・上野直樹『視点』認知科学選書1，東京大学出版会，1985．
24 外林大作・辻正三・島津一夫・能見義博編『心理学辞典』誠信書房，1971．
25 本項の説明はつぎの論考に基づいている．神田橋條治『精神科診断面接のコツ』岩崎学術出版社，1984．
26 本項のScheinの所説の説明はつぎの論考に基づいている．E. H. Schein, *Process Consultation Volume II*.
27 本項のScheinの所説の説明はつぎの論考に基づいている．*Ibid*., chap. 3-11.
28 S. J. Levy, *Marketplace Behavior*, Amacom, 1978.
29 神田橋條治『精神療法面接のコツ』岩崎学術出版社，1990．

第9章
マーケティングにおける
リフレクション研究の意義

1. はじめに

　われわれはこれまでマーケティングにおける「意味」の形成の基礎的メカニズムについて知るため，言語学の研究に依拠したトランスフォーメーション，対象を理解するための解釈的方法，研究者と対象の関係や存在の原理，さらには表象の方法などを中心として考察を重ねてきた．既述のように，歴史，文化，文脈などと結びつけて消費者の存在を認識するには消費者についての多様な解釈を必要とするといえる．また，解釈という言葉も，消費者が自己の経験を分析した結果としてのものと，消費者の物語を解釈した研究者の内容の両方を指す．そして，消費の経験的側面（エクスペリエンス）への関心の高まりを背景として，消費という行為がなぜとられるのか，また何を目的としているのかという根源的な問いかけも見られるようになっている．これらは，思考の過程を振り返る，別の角度から検討し直す，あるいは本質に立ち帰って考えるという意味で，内省を表すリフレクティブな方法的特質を備えているといえよう．そこで，本章ではリフレクション（reflection）の原理や方法についてマーケティングならびに隣接学問領域の研究に依拠して考察したいと思う．

　リフレクティブな方法が論じられるようになったのはマーケティングでは比較的最近のことであり，こうした研究の出発点はすでに論じた1980年代初頭のM. B. HolbrookとE. C. Hirschmanを中心とした一群の消費者研究の成果にある．それらは，消費者の意識と行動をビジネスの文脈に囚われずに，生活世界と呼べる日常性のなかに位置づけ，消費者の経験を対象として，消費者のナラティブ（narrative）への解釈という方法でホリスティック（holistic）な視点を尊重して把握しようという特質をもつ

ものであった.そこで,リフレクションについて考察するに先立ち,まずこうした研究の近年の展開の一端を跡づけたい.例えば経験を複数の感覚器官を通じたイメージの総合と考え,アート(芸術)の審美的経験について論じた研究に A. Joy と J. F. Sherry, Jr. のものがある[1].その他,Holbrook らの研究以降使われ始めたヒドニック(hedonic)という概念を採用することによって,消費者の態度や商品の分類に応用した研究として,K. E. Voss, E. R. Spangenberg,および B. Grohmann[2],ならびに E. M. Okada の論文[3]がある.また,かかる分類を基礎としてマーケティング戦略への応用について論じた研究もある[4].他方,当該方法論に関しては多様な意見や論争も認められる[5].同時に,生活世界のなかでの「生」の本質的問いかけを消費行為と連関させて論じた深みのある研究も著されている[6].

リフレクションの概念については心理学や哲学の辞典,ならびに精神医学の文献[7]などを参考として考えていきたい.また,自省とも訳される内容について,再帰性(reflexivity)の問題も含めて今田高俊の研究に依拠して検討したい[8].今田の研究はリフレクションの本質や方法的意味合いを考えるうえで極めて示唆に富むものである.つぎに,C. J. Thompson らの研究に基づきマーケティングにおけるこうした方法の意義を指摘し,解釈による「意味」の把握について改めて検討を加えたい[9].同時に,リフレクションを用いて研究を進めるうえでの具体的内容について M. Alvesson と K. Sköldberg の文献に基づき考察していく[10].そして,マーケティングにおける質的研究(qualitative research)との接点について D. Carson, A. Gilmore, C. Perry,および K. Gronhaug の文献を基礎として検討したい[11].さらに,データ志向的解釈,意味解釈などの個別の内容について C. Goulding の文献[12]なども参考として説明する.

2. 生活世界のマーケティング

(1) 「日常性」の消費

社会を研究する立場には,現象を貫く原理の探究を目的に演繹的な説明体系の基盤としての壮大な理論(grand theory)を目指すものがある一方

において，すでに意味的に構成された日常世界を対象として，社会に生きる人々の姿を「意味」を中心に据え，帰納的視点から理解を深めようとする立場がある．既述のように[13]，後者においては，思想というよりも常識が考察の対象となり，日常の意味付与過程での秩序の形成が研究課題となるため，これを「日常」の社会学と呼ぶこともできる[14]．Holbrook らを中心とした 1980 年代以降の消費者研究は消費による「経験」の探究というテーマにおいて以上のような「意味」を中核とした生活世界の理論と接点を有するといえよう．

　すなわち，こうした立場でのマーケティング理論は，日常性を焦点とした消費者の生活世界のなかでの経験に基づく意味の秩序についての考察を進めていくことが必要である．A. Joy と J. F. Sherry Jr. は，21 世紀において市場が要求するものは製品とサービスの販売から，消費者に経験（エクスペリエンス）を売ることに転換したと述べ，J. Pine II と J. H. Gilmore の『経験経済』の文献[15]を引用しながら，今後の市場において優位を占めるためには審美的経験（aesthetic experience）の感銘が必要であると指摘した[16]．そして，美術館における五感を通じたアートへの接触を素材として身体的経験（somatic experience）が来館者に与える影響について論じた．彼らはミュージアムでの経験を，アートを見て，聞いて，触れて，味わって，そして臭覚で感じることの同時性という五感の総合性として把握することによって，複数の感覚器官を通じた理解（multisensory apprehension）と，消費者研究における身体（body）というテーマの意義について論じた．

　1980 年代以降の「経験」の消費という命題が提起した新たな概念は楽しみを求める快楽型消費（hedonic consumption）であった．この「快楽」という言葉は「功利主義的（utilitarian）」と対比されることによって，消費者の態度の測定尺度や商品の分類に応用されて今日に至っている．K. E. Voss らは，消費者態度の尺度開発の試みにおいて，これら 2 つの視点に依拠した研究を行っている[17]．それによれば，快楽的（HED）尺度とは製品の使用経験による感覚の次元に関するものであり，コンサマトリー（達成的）な感情的満足と結びつき，一方，功利主義的（UT）尺度とは製品の果たす機能の次元につながるものであり，手段的購買動機と結

びつく性格のものである．具体的にはそれぞれがつぎのような SD 法で表現できる内容を意味している．

　　HED：楽しさ（fun），興奮（exciting），うれしさ（delightful），スリル（thrilling），愉快さ（enjoyable）

　　ＵＴ：効果的（effective），有用さ（helpful），機能的（functional），必需的（necessary），実用的（practical）

　また，E. M. Okada は快楽的商品（hedonic goods）と功利主義的商品（utilitarian goods）という分類を基礎として消費者の選択行動を説明した[18]．それによれば，商品をすべて単純に2分類することができるわけではなく，また人によっても，あるいは状況に応じて変化はあるものの，相対的に見れば，快楽的商品は裁量的性格のもの，功利主義的商品は必需的性格のものと一応の区分をすることができる．具体的事例としては，オーディオテープや眺望のあるアパートメントは前者，コンピュータ関連用品や職場に近いアパートメントは後者に該当するといえる．一般に，快楽的商品は経験的楽しみという便益を提供し，功利主義的商品は実用的機能性の便益を与えていると考えられる．Okada は，それゆえ，快楽的消費には一種の罪の意識（sense of guilt）が伴うといえ，このためにそうしたものへの支出を正当化することは心理的抵抗感を発生させ，他方，功利主義的商品への支出の決定は比較的容易であると指摘した．そして正当化が難しい状況では人は快楽的商品への消費に躊躇すると考えた．すなわち，楽しむための消費は意思決定の文脈がそれを認める柔軟性をもつ場合になされるとの見解である．これは，人は楽しみたい，つまり快楽的商品に支出したいという欲求をもつものの，それを正当化できる状況でのみ行うことを意味している．言葉をかえれば，一般に快楽的商品への消費者の反応は功利主義的代替品よりも好意的であるが，購買決定は難しいということである．

　その他，快楽的商品と功利主義的商品の選択が意思決定にどのように影響するかを論じた研究に R. Dhar と K. Wertenbroch のものがある[19]．そのなかでは，新車のスポーティなデザインは快楽的属性，走行マイル数は功利主義的属性，デザイナーブランドの衣料，スポーツカー，ぜいたくな腕時計は楽しみや興奮などをもたらす快楽的商品，電子レンジ，ミニヴァ

ン，パソコンは手段的で機能的な功利主義的商品と分類された．そして，快楽的次元の重要性が高くなるのは消費者がどの品目を獲得するかよりも，どれをあきらめるかを決める時であると指摘し，マーケティング戦略への応用可能性を論じた．

(2) 「生」と消費

　消費者研究という当事者の「経験」に焦点をあてた研究が提唱されてから30余年を経たが，その間にさまざまな所説が発表され，議論が生まれている．現代のマーケティングと消費者行動を人類学的視角で論じた文献が1990年代の半ばにJ. F. Sherry Jr. によって編集され刊行されている[20]．また，A. F. FiratとN. Dholakiaは現代資本主義社会における消費の意義を論じ，ポストモダンにおける変容を探ることによって消費の劇場（theater of consumption）とも呼びうるものへの移行を指摘した[21]．そして，Holbrookは消費者研究に関する内観的エッセーと称した文献を刊行することによって，消費者研究のこれまでの歩みを主観に依拠する形で論述した[22]．さらに，S. BrownとD. Turleyは記号論，ポスト構造主義，差異に関するポストモダンの論考などのヨーロッパと米国の研究者の成果を中心とした文献を刊行している[23]．その他，S. Brownを中心に80年代以降の消費者研究をめぐる対象や方法に関する議論が行われた[24]．

　同時に，今日までの研究の展開を踏まえて，人文領域でのテーマや方法との接点を有した深みのある研究も著されてきたことは注目に値する．例えばS. K. BonsuとR. W. Belkの研究は人間生活における生と死，そこにおける儀礼の役割を消費行為との関連においてアフリカのガーナでの人類学的な異文化研究の視点によって論じたものである[25]．その方法はインフォーマントへの面接の文化的解釈，記述内容の歴史的かつ社会文化的文脈を踏まえた綿密な読解による解釈の構成であった．同時に，当該地域についての情報を補足的に利用することによって，解釈の基盤を拡張した．そして，インフォーマントの間での共通のテーマを検討した．

　また，T. M. PaviaとM. J. Masonはがんのような深刻な病気をもつ人々が自己の将来にどう対処するかを消費行動という視点で論じた研究を著わしている[26]．それによれば，生命を脅かすような事態に直面した場合

に，人はなんとかその危機を乗り切り，衝撃に対処しようともがくが，その方法はこれまで主として医療関連の分野で扱われてきたため，対応が日常の消費生活にどのような影響を及ぼすかや，消費者にとっての意味が論じられることは稀であった．それゆえ，自己の将来が深刻な脅威にさらされた場合の消費について蓄積された知識はほとんどない．Pavia らの論文は近い将来に死に直面するかもしれない乳がん患者を対象としたものであった．他の慢性疾患においても同様に，こうした疾病は治療が難しく，病む期間が長いため，著しい緊張の期間を経験しなければならない．しかも再発の不安を抱えて日常生活を過ごすこととなる．Pavia らは，再発の不安に対処する手段をもつようにと医療の専門家は勧めるが，「退職に備えて貯蓄を続けるべきか，あるいはすぐに消費して即時的満足を求めるべきか」といった日常の消費者の疑問に答えられる研究は無いと述べている．そこで，Pavia らは現象学的アプローチを用いて患者の不安と消費行為についての研究を行った．具体的には，1 時間から 3 時間に及ぶ面接を実施し，その内容を録音して，逐語的に文字化することによって解釈を試みた．それによれば，患者の心理の推移は手術をはさみ大きくつぎの 3 段階に分けることができるという．①がんの発見によるショックと関連消費の発生（医療書籍の購買等），②持続的不確実性への対処，③未来志向．そして，面接内容の解釈を通じて以下のようないくつかのポイントが指摘された．①多くの購買行動は回避と接近の組合わせであって，それによって消費者は病気に立ち向かうのに必要な購買に希望的観測を注入する，②ショッピングは絶望によって心を乱した時期に人を現在につなぎとめる働きをする，③将来の活動につながる計画や購買は不確実な将来を生きる人々への意味を担っている，④人は病気やそれを思い出させるものを忘れる新しい環境をつくるために購買を利用するかもしれない，⑤購買は意識的にあるいは無意識のうちに未来志向の動きを誘発する触媒として機能する可能性がある．

　こうした研究によれば，病気の推移に応じて消費のもつ意味は異なることがわかる．初期段階では治療法の選択のような将来に向けての決定，即時的な快楽的楽しみ，あるいは現状からの逃避などが関心をそそるかもしれないが，次第に未来志向の要素が強くなるといえる．具体的には，耐久

消費財の購入，旅行の計画，ショッピングの楽しみ，食品の購入などをあげることができる．このように消費は将来に向けて自己を構想するようにしむけることしても，さらには将来があるということを信じさせる自己を映し出す鏡としても機能するといえる．つまり，モノや経験の消費は生命を脅かすような状況，とくに持続的不確実性を伴った状況に対処するための患者にとっての重要な武器であるといえる．Pavia らは，その研究をつうじて，消費は死すべき運命（mortality）との対峙による恐怖を処理するうえでの副産物以上のものであって，消費による恐怖への対処は，消費行為に帰する意味が消費者の将来についての暗黙の信念を明らかにする関係にあることを主張した．

3. リフレクション

(1) 基礎概念

リフレクションの和訳的意味には反射，反映，内省，熟考，非難などがある．心理学辞典によれば，内省は内観と相互的に使用され，"introspection"と呼ばれる．それはつぎのように説明される．「自己の意識的経験の内容や過程を直接的あるいは追体験的にみずから観察すること．とくに，実験的観察法のひとつとして，実験者が被験者に一定の条件と教示のもとでの組織的な内観を行わせることによって，意識の構成要素を分析することは構成主義心理学での主要な方法であった．しかし，より広義には，ヴュルツブルグ学派の思想研究の方法や実験現象学における直接経験の記述なども，一種の内観あるいは自己観察とよんでよい」[27]．また，リフレックス（reflex）は，刺激に対する自動的な反応という意味で「反射」と訳される．さて，実験心理学の方法としての内観（内省）といえば構成主義心理学の研究で歴史に名を残すヴント（W. M. Wundt）が知られている．彼のもとで学んだ研究者で，その要素主義，内省主義の面を完成した人としてはティチェナー（E. B. Titchener）がいた[28]．構成主義（structuralism）とはつぎのように説明される．「意識の内容を心理学の主要な対象とし（その意味で，作用心理学にたいして内容心理学と呼ばれることもある），それを分析的な内観によっていくつかの構成要素に分析し，要素の連合に

よる総合として現実の意識過程を説明する．要素としては感覚，観念あるいは表象 idea 感情などがあげられるが，属性あるいは次元が要素とされることもある」[29]．一方，哲学辞典によれば，リフレクションには「反省」の意味合いが出てくる．例えば反省的実在論（reflective realism）のように使用される[30]．

内省を用いる他の学問領域には精神医学がある．その文献によれば，「内省」といっても，単に自分の行動をふり返るというような場合の，素朴で日常的な態度としてのもの（自然な反省）と，哲学者が意識的に行うような，あらゆる日常的判断や先見に疑いをさしはさむようなもの（先験的反省）では，その次元を相当に異にしている[31]．また，なんらかの体験をした後に始めて，その体験において表出されてしまっている自分へのふり返りとして与えられるような自己観察の形式を「事後的内省」と呼び，これはわれわれが日常用語で「反省」とか「内省」とかいうものと形式上はとくに異なるところはない．例えば「自分は悪いことをした」と反省する場合がこれである[32]．精神医学では，内省を患者の自己観察という意味で使用することが多いようである．

以上のように，リフレクションは「反射」を原義として，人の意識を対象とした場合に「反省」や「内省」などの意味を生ずることがわかる．また，日常的には，経験に基づく意識内容への自己の振り返りとして用いられるが，哲学的には独自な意味で使われる．よって，日常的には自己観察と同じような意味をもつといえよう．

(2) 再帰性

リフレクションの方法的な意義を明らかにしつつ，その内容を深めた研究に今田高俊のものがある．今田はリフレクションを自省あるいは再帰性と訳して，近代（機能の文明）からポストモダン（意味の文明）へという文脈のなかで理論を展開している．そしてリフレクトを「立ち返る」という内容で捉えている[33]．

彼の立場は基本的に意味の文明にかんするリアリティ生成を解釈学によって明らかにしようとするものである．その説明によれば，物質やエネルギーについては機能（そして構造）論が重要であるが，生命とエコロジー

にかんしてはこれ（ら）に加えて意味論が重要な問題となるという．そして，意味の記述概念が差異（ディファレンス）であり，説明概念が自省（リフレクション）であるとする．すなわち，「ある対象を他から区別する差異によってはじめて意味が生じるから，この差異が何であるかを把握することは意味を記述することである．これに対し，ある差異は既存の差異からの差異化としてはじめて認識される．だから差異の働きを認識するには，分節された差異が既存の差異に立ち返る（リフレクトする）ことを必要とする」[34]．これは，今田の言葉によれば差異の働きを解釈する意味の説明概念は，差異としての意味が既存の意味体系に立ち返る，諸差異の自己言及作用としてのリフレクションとならざるをえないことを表現している．彼は近代の優先様式と運営原理を成果と制御，ポストモダンのそれらを差異と自省で表した．そして，機能分化と効率化・合理化の追求は，生活世界での意味の文脈を分断し，意味喪失につながり，ポストモダンの潮流はこうした傾向への反動であると指摘した．そして，ポストモダンは建築の意匠や文学，芸術領域で美的基準に始まり，人間観の脱構築，道徳的基準の脱構築，真理にかんする認知的基準の脱構築にまで及ぶであろうと述べた．さらに，意味の文明の兆候は，人々の主たる関心が所有から存在へ，物質から記号へ，欠乏から差異へと移行するなかに現れており，商品を物＝差異＝記号＝意味の方程式によって脱物質化する消費社会の風潮は，機能優先の発想に風穴をあけることになると指摘した．

　既述のように，今田は意味作用の本質は差異が差異に立ち返る自己言及的な運動，すなわち差異のリフレクションにあるとしている．そしてつぎのように論述している．「意味世界の外側は無規定なわけがわからない混沌の世界であり，この世界に区別を持ち込むこと（差異の存在分節）が意味作用の原点である．さらに，すでに諸差異が分節化されて体系を形成しているなかから新たな差異を分節し，これを差異体系のなかに割り込ませて自身の居場所を確保する営みが，意味作用の運動である．それは差異からの差異化を引き起こすことに相当し，差異が差異に立ち返る自己言及的な営みである．」[35] さらにつぎのように述べている．「こうすることで意味は新たに境界を生成しその世界を拡張していく．こうした自己言及作用は，しばしば矛盾やパラドキシカルな帰結をもたらす．しかし，これらを

排除するのではなく，パラドクスの責任を引き受け，そこから新たな人間存在や社会の在り方を探索することが自省（リフレクション）である.」[36]

以上の所説をマーケティング理論，とりわけ消費者研究に応用して考えれば，今日のわれわれが課題とすべきは，物質的豊かさのなかで「何のための消費か」という問いを取引の文脈というよりはむしろ生活世界を基盤として発し，そこにおける機能主義的把握との差異に基づくゆらぎを踏まえて，新たな消費のイメージを生活世界，社会，文化の次元で構築し，消費の意味を分節するというリフレクションの試みである．

今田は自省の方法的側面を強調した概念として「再帰性」を使用した．彼によれば，再帰性という概念が脚光を浴びるようになったのは，自己言及性を焦点とする諸理論で自己組織性論に関連した議論が登場して以降であり，これらは制御を前提としないシステムにかんする理論であることから，再帰性（自省）はフィードバック概念とは本質的に異なるものだといえる[37]．さらに，差異と同一性という側面から内部イメージの再構築過程にかかわる作用が再帰性であり，「ある同一性を保った自己の内部イメージに差異（異質な要素）が導入されることで同一性にゆらぎが発生し，これに反応して新たな同一性を再生産したり，新たな内部イメージを自己組織化することに関連するのが再帰性である[38]」と指摘された．

(3) 解釈的意義

社会的現実がどのように表象されるかだけではなく，研究者によっていかに構築されるのかを探ることを目的として，リフレクションの方法論を詳細に論じた文献が M. Alvesson と K. Sköldberg のものである[39]．それは，社会科学の研究を決定づける要素は手法（methods）ではなく，存在論（ontology）と認識論（epistemology）であり，こうした側面は質的研究のなかでこそ扱われるとの見解を基礎としている．彼らのいうリフレクティブ（reflective）あるいはリフレクシブ（reflexive）は哲学的反省と，研究者の仮定，解釈，ならびに経験的材料との相互作用の検討を含んでおり，リフレクシブはリフレクティブな研究の特定的で具体的な形であって，いくつかの水準についての，あるいはいくつかのテーマに向けられたリフレクションを含んでいるとされる．リフレクティブな研究は「注意深

い解釈」と「リフレクション」という2つの特性を有している．前者は経験的データに対するすべての言及は解釈の結果だとするものである．それゆえ「リアリティ（現実）」や「経験的事実」と調査結果（テクスト）との間に正確な対応関係があるとの見解は拒絶される．そして理論の諸仮定，言語や事前理解（pre-understanding）の重要性に目を向ける．後者は以下のものへの注目を意味する．研究者としての人間，研究者集団，社会全体，知的かつ文化的伝統，研究文脈での言語とナラティブ（プレゼンテーションの形態）の重要性と問題点．それゆえ，リフレクションとは「解釈の解釈（interpretation of interpretation）」，そして経験的素材や構築内容についての解釈の批判的自己探究の実施にほかならない．Alvessonらも指摘するように，これまで解釈はデータの収集と分類に関連して，またリフレクションは技術的問題や結論づくりと結びつけて論じられる場合がほとんどであって，以上のような形で取り上げることは稀であった[40]．すなわち，彼らの方法論はリフレクティブな経験的研究（reflective empirical research）と呼びうるものであり，その焦点は経験的材料の扱い方というよりは，解釈の背景を成す知覚的，認知的，理論的，言語的，テクスト的，政治的，そして文化的状況にあるといえる．

　また，D. Carsonらは質的マーケティング研究についての文献においてつぎのような論述を展開している[41]．「科学的」という言葉の背景には，自然科学がすべての認識活動の基準となるとの暗黙の前提が存在し，そのため「意図された（purposeful）」や「系統的（systematic）」といった用語が研究の性格を表わすために使用されることが多かった．同様に，方法論の選択は規則（rules）と手順（procedures）の応用という意味で用いられてきた．存在論とはリアリティであり，認識論はリアリティと研究者の関係，そして方法論はリアリティを発見するのに研究者によって使用される（諸）技法である．伝統的研究観に対して，リアリティが客観的に決まるというよりも社会的に構築されるとの見方にたてば，研究者は事実を集め，なんらかのパターンがどの程度発生するかを測定するだけではなく，人々が経験に対してもつ解釈や意味を認識する必要があり，研究の目的は人々の行動を説明する原因や法則を研究するのみではなく，なぜ異なる経験を有するかを理解し，説明することにある．これらは，人間の行為

は外部刺激に対する直接的反応ではなく，状況について人々がつくる意味から生ずるとの考えに依拠したものである．

　Carsonらは研究を形づくるのはつぎの5点であると指摘した．①理論の役割（研究の初期段階で理論に基づき仮説やリサーチ・クエスチョンを策定するか否か），②理論構築と検証，③演繹と帰納，④構造的アプローチ（論理的で段階的流れ）と非構造的アプローチ（内容は進展に応じて変化する），⑤研究者の役割（対象から距離をおくか，関与するか）．そして，質的研究が目指すべき理解の内容としてつぎの特質を指摘した．①深い思い（deeply set beliefs），②エモーションと意味，③文脈における儀礼と行動．さらに，マーケティングにおける質的研究法の適性としてつぎの5項目をあげた．①象徴的，文脈的，秘密的，リフレクシブである記述的データ，②研究者の経験的知識と理解，③データの解釈的分析，④データ収集のホリスティックな文脈，⑤実査，観察，フォーカスグループ，インフォーマントなどの活用．

　マーケティング研究においてポストモダンの立場からクリティカル・リフレクシブ（critical-reflexive）な方法の必要性を提唱したのがC. J. Thompsonであった[42]．彼は研究は対象となる現象についてばかりではなく，研究コミュニティについても光をあてることを盲人と象の比喩を用いてつぎのように説明した．複数の研究者がバーチャルな象を分析している隔離されたコンピュータの席にすわり，すべてのバーチャルな象が別のソフトウェアパッケージで組み立てられ，さらにそれぞれのコンピュータプラットホームが独自の技術的能力や限界を示している状況を仮定すれば，リフレクシブ・クリティカルな分析とは，こうした多様な表象と分析を比較して，媒介的技術がそれぞれの研究者は何ができるのか（あるいはできないのか）にどのように影響し，そしてこうした背景を導くのに可能な（あるいは不可能な）知識の種類を明らかにするものである．すなわち，当該方法は，消費者研究においてリサーチ・プロブレム，概念，そして理論的方向性が「どのように」また「なぜ」優位を占めているのかについて洞察し，逆に，除外された他の研究方法に注意を向けることができる．Tompsonは，記号論の「意味は関連概念の区別と対象を通じて形づくられる」という命題を基礎として，解釈の差異（interpretive differences）

がクリティカル・リフレクシブのなかで中心的役割をはたすと指摘した．そして当該方法の手順をつぎのように示した．①現象についての解釈の差異の発見，②差異の暗黙の仮定，修辞的慣習，および社会的利害を背景とした説明．このようにして，研究者は自分達の属するリサーチ・コミュニティ以外の問題意識や分析の方向性に気付き，既存のパラダイムを超えて視点や技法の開発に励むようになる．すなわち，当該方法は共有された暗黙の仮定，規範，学問的慣習などに光をあて，自省する点に特色がある．

4．質的研究

(1) 解釈の水準と研究の類型

つぎにリフレクション，あるいはリフレクシブ研究の具体的内容について論述していきたい．

Alvesson と Sköldberg はリフレクティブな方法論について論じるなかで，解釈の4つの側面あるいは水準を表9-1のように示している[43]．

クリティカル・セオリー（critical theory）とポストモダニズムを意味するメタセオリー（metatheory）はリフレクションをうながすのみならず，つぎの2つの方法で経験的素材とその解釈による創造性を促進する．第1は，研究者の自明の解釈に隠れたものへ疑問を呈することによる．つまり，メタセオリーは支配的な解釈のパターンの正当性を問題とする．第2は，経験的研究における考察の代替的出発点を考えることによる．メタセオリーは否認，両面価値，代替的表象の可能性を強調するかもしれない．このようにして，経験的素材についての態度（データやそれらについ

表9-1 解釈の水準

側面／水準	焦　点
経験的素材と相互作用	面接の記述，状況と経験的素材の観察
解釈	基調をなす意味
批判的解釈	イデオロギー，権力，社会的再生産
テクスト生産と言語使用についての自省	自身のテクスト，権威への主張，テクストに表象された意見の選択性

（出典）M. Alvesson and K. Shöldberg, *Reflexive Methodology*, Sage Publications, 2000. p.250.

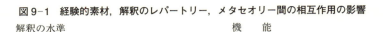

図9-1 経験的素材，解釈のレパートリー，メタセオリー間の相互作用の影響

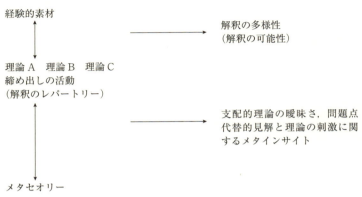

（出典）M. Alvesson and K. Sköldberg, *op. cit.*, p.253.

ての自身の解釈は正しいという考え）は疑われ，研究者や読者の思考は活性化し，経験主義と常識に基づく予見の罠が回避される．図9-1はこうした過程を示している．

　解釈の水準を設定することはきわめて重要であるが，それらのあいだに重要度の違いが存在する訳ではない．異なる解釈の相互作用によるリフレクションのテーマも含めて，解釈の水準間の相互作用を示せば図9-2のとおりである．図9-2において左側の複数の垂直の矢印は，水準間の相互作用を示しており，自明である．また，長い水平方向の矢印は相互作用の結果を示している．その中心にある垂直的矢印は変異の可能性を表し，解釈的水準と自己批判的／言語学的水準のあいだで直接的に働き，批判的水準を迂回することを意味している．その垂直的矢印の上方にある短い矢印は（わずかな批判的思考を伴う）解釈に力点が置かれることを意味し，下方の短い矢印は自己批判的そして言語学的リフレクションに重点があることを意味する．図9-2より，質的研究とは4つの異なる水準での解釈，ならびに水準間での接触や対立による疑問やテーマを調査する，リフレクションの問題と定義される．これは研究者が経験的素材を扱うばかりではなく，経験的水準への再結合を行いながらもメタ理論の領域を通ることを

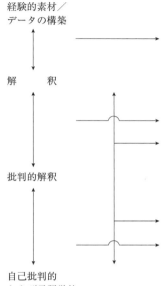

図9-2 解釈の異なる水準間の相互作用

（出典）M. Alvesson and K. Sköldberg, *op. cit.*, p.255.

意味している．

　Alvessonらは，さらに，解釈のつぎの4つの要素が同様の重要性を伴って存在することを指摘する．第1の「データ駆動的研究（date-driven study）」は，データが生ではなく，経験的状況についての解釈の構築物として扱われるとの理由で，グラウンディド・セオリーなどのようなデータ中心的アプローチとは異なる．それゆえ，経験的素材に対する態度は自由であり，意識的解釈が要求される．手順の厳格さへの要請はゆるみ，経験的素材の解釈的性質と関係するリフレクションの要求は高まるといえる．政治的・イデオロギー的批評と自省という要素が，権威と表象をどう扱うかということと並んでここに含まれる．第2の「洞察駆動的研究（insight-driven research）」では解釈のプロセスに焦点があり，深い意味

4. 質的研究　　211

を求めた洞察を展開する．したがって，テクストとしての経験的素材が意味を評価し，洞察をはかるための対象となる．第3の「批判的解放駆動的研究（critical emancipation-driven research）」は，構築データという形での経験的素材にはあまり重きを置かず，社会についての知識や社会現象の観察や印象といった研究者自身の経験的素材以外の要素を中心とする．すなわち，思考を中心として，面接や観察のごときデータを焦点としたものを全体のわずかな部分としてのみ扱う段階である．一方，エスノグラフィーは対象の意見を聞きとることを中心とするため，解放駆動的研究よりも経験的素材を含む．こうした意見の多様性を考えれば「多音駆動型研究（polyphony-driven mode of research）」を指摘できる．多様な意見への関心は理論的洗練さの程度と研究者の解釈の余地が縮小することを意味する．

(2) リフレクションの方法

リフレクションを「解釈の解釈」と考え，それを非明示的内容，あるいは隠れた意味を引き出すための行為プロセスと認識すれば，Alvessonらに従っておおよそつぎの4つの道筋と，それらの具体的内容を指摘することができる[44]．

第1はデータ志向的方法（date-oriented methods）であり，これはグラウンディド・セオリー（grounded theory），エスノメソドロジー，帰納的エスノグラフィーによって構成される．これらの共通性は現場を重視した理論であること，ならびに帰納的方法に依拠する点である．

第2は解釈学（hermeneutics）に基づいた解釈（interpretation）と洞察（insight）の方法である．「解釈」の基礎的内容については既述であるため，ここではそれらの若干の確認にとどめたい．当該方法の特色は知識生成の過程としての「直観（intuition）」の重視である．これには意味の理解を探究する立場と真理を焦点とするものがある．聖書解釈を出発点とした解釈学は，部分（part）の意味は全体（whole）と関連づけられて理解されるとの見方を基本としており，意味の理解ではいわゆる「解釈学の輪（hermeneutic circle）」を想定し，一方，真理を焦点とする学派では事前理解と理解とのつながりを重要と考えてきた．そして，いくつかの意義

深い概念や方法が提起されている．第1に，部分と全体の関係は聖書やギリシャ古典という当初の枠組みを越えて，世界の歴史を文脈とした行為の理解にまで及んでいる．第2に感情移入（empathy）による理解を求めた結果，イマジネーションや直観の重要性が指摘された．これらは自然科学に対置されるモラル・サイエンスやリベラル・アーツ，そして社会科学の本質にも関係した事柄であって，I. Kantをはじめとした多くの哲学者の論究とつながりを有するといえる．論点のひとつは人間の意志（will）の力をどのように位置づけるかにあり，それは説明されるものというよりは，直観によってのみ理解されるものであると考えられた．第3に現実を知る起点としての経験（experience）の意義である．これはイギリスの経験主義者のいう「知覚（perceptions）」とはつぎの2つの点で異なっている．①経験は主体の外側の何物かの受身的感受ではなく，能動的，創造的で，意図や意味を付与されている．②経験は主観的状況全般をカバーしており，人間の生活全体とつながっているという意味で単独の知覚よりも包括的である．

その他，学派の違いにより解釈学の主張は異なるが，自然科学とは異質の方法を用いて人間の生活世界を探究する点，また存在の根底に横たわる表面的には知りえない隠れた何物かを明らかにしようとする点などに方法的特色を指摘することができる．メタファーやナラティブなどはとくに後者との関係が深いものであろう．

第3は政治的そしてイデオロギーの次元と深くかかわるクリティカル・セオリーである．これは1920年代末に出現したフランクフルト学派やそれに関連した人々を中心とした社会科学の伝統を意味している．最も広く知られる研究者の名前のひとりがJ. Habermasであった．当該学派の知識の源泉は社会学，精神分析学，哲学，経済学，美学であった．そして科学についてのそれまでの見解が拒絶され，実証主義を批判し，哲学的内容をもち実践的な政治的意義のある社会的理論をつくろうとの試みが見られた．批判理論は論争の対象である社会的現実への関心とつながる解釈的アプローチによって特徴づけられる．そして，社会現象を歴史的文脈で見ることを主張し，社会についての弁証法的見解を備えているため，社会現象における変化という特質を重視した理論といえる．当該理論の目的のひと

つは社会現象の政治的特質に気づかせ，当然と考えられている現実を批判的に見直す能力を伸ばすことにある．また，言語，コミュニケーション，そして文化への関心を有し，表意（signification）や意味の研究につながりをもつ．クリティカル・セオリーに依拠した研究は三重の解釈学として説明することができる．社会的文脈での単純な（simple）解釈学は個人としての自分達についての解釈と，その主観的あるいは間主観的（文化的）現実，そして現実に付与する意味を探る．二重の（double）解釈学は現実についての知識を理解し，開発しようとする際に研究者が従事する内容であり，それは解釈する存在（人間）を解釈する試みといえる．三重の（triple）解釈学は無意識の過程，イデオロギー，権力関係などの支配の様式についての批判的解釈を含んでいる．

　第4は言語によるディスコース分析（discourse analysis）である．20世紀に言語は哲学の中心的位置を占めてきたが，言語への関心は限定された言語学的単位からより大きなテクスト単位，すなわちディスコースに移行する傾向が見られた．ディスコースは社会科学で話題を集めているテーマであり，その分析によって経験的研究のなかでどのように言語を扱うかという問題も深めたり，データ志向的方法の根底にある諸仮定を問うことが可能となる．質的方法との関連でいえば，面接法や，参与観察における記述にかかわる問題点を示すとも考えられる．ディスコース分析は言語についての伝統的見解への懐疑を基本としている．すなわち社会的現実は完全に記述可能かという問題意識である．人々が面接や日常で話すことが「本当に」考えていることと違っていたり，あるいは態度と行動が必ずしも適合しないことはよく見られることである．人間の発言は文脈依存的（context-dependent）であり，公的な場と私的な場では異なり，同僚に対するものと研究者に対する内容は違うことも多い．また，それは会話における以前の発言や，どのようにまとめられるかによっても影響をうける．つまり言語は本質的にメタフォリカル（metaphorical）で，比喩的（figurative）で，文脈依存的であって，必ずしも複雑な状況を十分に映し出すものではないと考えることができる．

　ディスコース分析は，人々が気まぐれであると仮定し，言語を外的あるいは内的（心的）状況を必ずしも映し出すものではないと考える点でポス

ト構造主義と類似しているが，哲学的説明というよりは経験的で体系的な研究の方法である点に独自性がある．ディスコースとは口頭と記述の両面より構成された言語を用いた社会的テクストである．ディスコース分析は，言語を通じて人々が社会的世界の構築にかかわると主張するが，これはつぎの3つの側面より成る．①人々は既存の言語学的資源を基礎として主体的に話をつくる，②人々は無数の言葉と意味のなかでの選択に常に主体的に関与している，③選択された内容は結果を生む（表現様式は影響力をもち，考えに影響し，反応をつくる）．そして，分析は会話，面接内容，その他の言語的表現を対象として実施されるが，そこから何らかの一般性ある結論を導くことを目指すのではなく，それら自体を相互作用の場としての文脈と考えるところにポイントがある．

5. むすび

　1980年代以降のHolbrookらを中心とした消費の経験的側面を焦点とした諸研究は，すでに意味的に構成された日常世界のなかで生きる人々の姿を意味の展開という視点から把握し，帰納的方法により理解を重ねようとする社会的理論と接点を有する．こうした系譜に属する研究によって，エクスペリエンスの提供，五感の総合性，消費経験における身体などの重要なテーマが明らかとなった．また，「ヒドニック（快楽的）」は「ウティリテアリアン（功利主義的）」と対比されて，楽しさ，興奮，うれしさ，スリル，愉快さなどの内容を示唆する，使用経験による感覚やコンサマトリー（達成的）な満足につながる態度尺度とも認識されている．一方，功利主義的尺度は機能や手段的購買動機との関連性が深い．商品分類への応用においては，前者は裁量的性格のもの，後者は必需的性格のものと分類される．快楽的商品への支出はなんらかの罪の意識を伴うことから，人は楽しみへの支出はそれが正当化される文脈において行う傾向があり，難しい意思決定を経験するかもしれない．また，快楽的次元の重要性は消費者がどの品目を選ぶかよりもどれをあきらめるかの決定において高いと論じられる．また，人間の「生」と消費行為とを関連させて考察した奥深い研究が増えている．それらは人類学的方法や現象学的アプローチに依拠したもの

であるが，共通点は当事者への面接を時間をかけて慎重に行い，その内容を文脈を踏まえて解釈するという試みである．とくに病気を経験した人々を対象とした研究は「生」の意味を考えさせ，示唆に富む内容のものが多い．それらの要諦を指摘すればつぎのとおりである．①慢性疾患，再発の不安を抱える病いは日常の消費における悩みを伴う，②病気の不安を解消しようとする消費行動がある（医療書籍の購入など），③ショッピングは患者の心を現在につなぎとめる働きをする，④旅行や耐久財の購入など将来につながる計画は患者や家族に新たな意味をもたらす可能性がある，⑤病気を忘れようとするための購買もある，⑥購買は意識的にも無意識的にも未来志向の触媒として機能する，⑦病状の進行に応じて消費の意味は変化する，⑧患者の消費行動は将来に対する自己の暗黙の信念を表現している．

　リフレクションは，刺激にたいする自動的な反応という意味での「反射」を元来の意味として，人の意識を対象として用いた場合に反省や内省などの意味内容を生む．内省は日常的意味では経験に基づく意識への自己の振り返りであるが，哲学的にはあらゆる日常的判断や先見に疑いをさしはさむような先験的反省の意味で使用される．また日常性のなかでの主体による自己観察の行為と理解することもできる．近代からポストモダンへという時代背景に基づきリフレクションを定義する所説によれば，リフレクト（立ち返る）を基本として，自省や再帰性といった意味内容を捉えることができる．そして意味の記述概念が差異であり，説明概念が自省であるとされる．意味作用の本質は差異が差異に立ち返る自己言及的な運動，すなわち差異のリフレクションにあるという．今日のマーケティング理論，とりわけ消費者研究にこれを応用すれば，物質的豊かさを背景として「何のための消費か」という問いかけを生活世界のなかで行い，新たな消費のイメージを構築することが重要であるといえよう．

　現実の表象のみならず研究者による構築をテーマとすれば，研究とは手法の適否だけではなく，存在論と認識論にかかわる事柄を問題とする．哲学的反省と，研究者の仮定，解釈，ならびに経験的材料との相互作用の検討を含み，リフレクシブをリフレクティブな研究の特定・具体的形態と考えれば，それは注意深い解釈とリフレクションの2つの特性を備えてい

る．前者は経験的データに対するすべての言及は解釈の結果と考える立場であり，見方や考え方を根底において支える仮定や事前理解を重要とする．後者は「解釈の解釈」という行為を指す．それゆえ，焦点は，データの収集と分類についての技術的問題や結論の妥当性の検討というよりはむしろ，解釈の背景を形造る，知覚的，言語的，テクスト的，文化的要因などについて考えることである．存在論とはリアリティ，認識論はリアリティと研究者の関係，そして方法論はリアリティを発見するために使用される技法の集合である．質的研究では，人間の行為を外部刺激に対する直接的反応として因果関係的に把握するのではなく，状況の意味を人々がどのように捉えているかを知ることを目的としている．それゆえ，質的研究における理解とは，深い思い（信念），エモーションと意味，文脈での儀礼と行動などを対象として，方法的には記述的データ，経験的知識，解釈，ホリスティックな文脈，観察，フォーカスグループ，インフォーマントなどを用いる．マーケティング研究において提唱されるクリティカル・リフレクシブな方法の意義とは，優位を占めるリサーチの理由を明らかにしつつ，除外された理論や方法を見直すことにある．すなわち「意味」が関連概念の区別と対照によって形造られるように，現象についての解釈の差異を発見し，差異をつくる表現されない暗黙知のごとき構成要因に光をあてることによって，既存の支配的パラダイムを超えた視点や方法に気づき，さらにそれらを開発することである．

　リフレクシブな方法論による解釈はつぎの4つの水準でなされる．①経験的素材との相互作用，②基調をなす意味の解釈，③イデオロギー，権力等を焦点とした批判的解釈，④テクスト生産と言語使用．クリティカル・セオリーやメタセオリーは当たり前と思われている経験的素材についての解釈を否定したり，疑問をはさむことによって，研究者や読者の思考を刺激する．解釈の水準を想定することは有益であるが，それらは重要度を反映するわけではない．質的研究は4つの水準での解釈とそれらの相互作用のなかから生まれる疑問やテーマについて調べ，解明する．それはつぎのように分類される．①経験的素材をつくり，解釈することによって現象をより深く知るためのデータ駆動的研究，②解釈によって深い意味を捉えようとする洞察駆動的研究，③社会的知識のような広い文脈で思考を中心に

解釈を行う批判的解放駆動的研究，④調査協力者から広く意見を集め解釈する多音駆動型研究．

リフレクションを「解釈の解釈」と考えれば，おおよそつぎの4つの道筋と関連学問領域，ならびに基礎概念を示すことができる．①データ志向法（グラウンディド・セオリー，エスノメソドロジー，エスノグラフィー）（データ対話），②解釈・洞察法（解釈学）（直観，感情移入，経験，メタファー，ナラティブ），③批判解釈（クリティカル・セオリー）（歴史的文脈，弁証法），④テクスト・言語法（ディスコース分析）（会話分析，面接法，参与観察法）．

以上の考察を通じて，解釈には水準の違いがあり，それぞれが明らかにしようとするリアリティの内容があり，方法論を備えていることがわかる．消費者の生活世界を対象として，外側からは観察できない意味という非明示的内容を，データ，知覚，感情，文脈，文化などを総合的に駆使して明らかにしようとする質的試みが消費者研究のなかで進展している．それは消費者の「生」の意味を考えようとする研究とも表現することができるものである．こうした研究における存在論，認識論，および方法論を探ることがわれわれの課題である．

注
1 Annamma Joy and John F. Sherry Jr., "Speaking of Art as Emdodied Imagination: A Multisensory Approach to Understanding Aesthetic Experience," *Journal of Consumer Research*, September 2003, pp.259-282.
2 Kevin E. Voss, Eric R. Spangenberg, and Biance Grohmann, "Measuring the Hedonic and Utilitarian Dimensions of Consumer Attitude," *Journal of Marketing Research*, August 2003, pp. 310-320.
3 Erica Mina Okada, "Justification Effects on Consumer Choice of Hedonic and Utilitarian Goods," *Journal of Marketing Research*, February 2005, pp.43-53.
4 Ravi Dhar and Klaus Wertenbroch, "Consumer Choice Between Hedonic and Utilitarian Goods," *Journal of Marketing Research*, February 2000, pp.60-71.
5 Stephen Brown, "Theodore Levitt, Morris Holbrook, and the Anxiety of Immanence," *Journal of Marketing*, January 2000, pp.88-90; S. Brown, "Marketing and Literature: The Anxiety of Academic Influence," *Journal of*

Marketing, January 1999, pp.1-15.
6 Samuel K. Bonsu and Russell W. Belk, "Do Not Go Cheaply into That Good Night: Death-Ritual Consumption in Asante, Ghana," *Journal of Consumer Research*, June 2003, pp.41-55; Teresa M. Pavia and Marlys J. Mason, "The Reflexive Relationship between Consumer Behavior and Adaptive Coping," *Journal of Consumer Research*, September 2004, pp.441-454.
7 長井真理『内省の構造』岩波書店, 1991.
8 今田高俊『意味の文明学序説』東京大学出版会, 2001.
9 Craig J. Thompson, "A Re-Inquiry on Re-Inquiries: A Postmodern for a Critical-Reflexive Approach," *Journal of Consumer Research*, June 2002, pp.142-145.
10 Mats Alvesson and Kaj Sköldberg, *Reflexive Methodology*, Sage Publications, 2000.
11 David Carson, Aurdrey Gilmore, Chad Perry, and Kjell Gronhang, *Qualitative Marketing Research*, Sage Publications, 2001.
12 Christina Goulding, *Grounded Theory*, Sage Publications, 2002.
13 武井寿『解釈的マーケティング研究』白桃書房, 1997.
14 Alfred Schutz, *On Phenomenology and Social Relations*, University of Chicago Press, 1970（森川眞規雄・浜日出夫訳『現象学的社会学』紀伊國屋書店, 1980,「訳者あとがき」＜浜日出夫＞）.
15 Jseph Pine II and James H. Gilmore, *The Experience Economy*, Harvard Buisiness School Press, 1999（電通「経験経済」研究会訳『経験経済』流通科学大学出版, 2000）.
16 A. Joy and J. F. Sherry Jr., *op. cit.*
17 K. E. Voss, E. R. Spangenberg, and B. Grohmann, *op.cit.*
18 E. M. Okada, *op.cit.*
19 R. Dhar and K. Wertenbroch, *op.cit.*
20 John F. Sherry Jr. (ed.), *Contemporary Marketing and Consumer Behavior*, Sage Publications, 1995.
21 A. Frat Firat and Nikhilesh Dholakia, *Consuming People*, Routlege, 1998.
22 M. B. Holbrook, *Consumer Reseach*, Sage Publications, 1995.
23 Stephen Brown and Darach Turley, *Consumer Research*, Routlege, 1997.
24 S. Brown, *op. cit.*
25 S. K. Bonsu and R. W. Belk, *op. cit.*
26 T. M. Pavia and M. J. Mason, *op. cit.*
27 園原太郎・柿崎祐一・本吉良治監修『心理学辞典』ミネルヴァ書房, 1971, 209頁.

28 同上書.
29 同上書，115頁.
30 『哲学事典』平凡社，1971.
31 長井真理，前掲書，73頁.
32 同上書，84-85頁.
33 今田高俊，前掲書.
34 同上書，11頁.
35 同上書，26-27頁.
36 同上書，27頁.
37 同上書，44-47頁.
38 同上書，47頁.
39 本項のAlvessonとSköldbergの所説についての説明はつぎの論考に基づいている．M. Alvesson and K. Sköldberg, *op.cit.*
40 *Ibid.*, chap. 1.
41 本項のCarsonらの所説についての説明はつぎの論考に基づいている．D. Carson, A. Gilmore, C. Perry, and K. Gronhaug, *op.cit.*
42 本項のThompsonの所説についての説明はつぎの論考に基づいている．C. J. Thompson, *op.cit.*
43 本項のAlvessonとSköldbergの所説についての説明はつぎの論考に基づいている．M. Alvesson and K. Sköldberg, *op.cit.*, chap. 7.
44 本項のAlvessonとSköldbergの所説についての説明はつぎの論考に基づいている．*Ibid.*

第10章

マーケティングとメタファー

1. はじめに

　われわれはこれまで消費者の生活世界とかかわるマーケティングの基礎概念や方法について考察を重ねてきたが，そこにおける「生活世界」とはビジネス活動の対象としての切りとられた生活の一側面というよりはむしろ，消費者の「生」の意志を中心とした生活の全体像と考えることができる．それは消費者にとっての生きることの意味を発生させるコンテクスト（文脈）と言うこともできよう．消費者が日常の生活のなかで把握する「意味」を当事者の立場に即して捉え，理解しようとすることがわれわれの一貫した研究の目的であった．そして，それは1980年代以降のマーケティングにおける「経験（experience）」という研究テーマ，またそこにおける消費者の主観性といった課題にアプローチするうえで方法的意義をもつものと考えられる．「意味」は「解釈」という行為によって明らかとなる．前章においてわれわれは「リフレクション」という方法について論じた．それは「解釈の解釈」といえるものであり，非明示的内容，あるいは隠れた意味を引き出すための行為プロセスに他ならなかった．その道筋のひとつとしての解釈学に基づいた解釈（interpretation）と洞察（insight）のなかでメタファー（metaphor）やナラティブ（narrative）の重要性を指摘することができる．そこで，本章では，表現と推論の機能をもつと考えられ，近年のマーケティング研究にしばしば登場するメタファーに着目することによって，その概念や働きを探ることを通じてこれまでのわれわれの考察を進めたいと考える.

　まず，研究の継続性のために，最近の消費者研究の動向をRussell W. Belk[1]，Aaron C. Ahuvia[2]，Kelly Tian と R. W. Belk[3]，John L. Lastovicka

と Karen V. Fernandez[4] の研究に依拠して解釈という視点を中心に論述したい．つぎに無意識への注目，ならびにビジュアルへの関心についても触れたい．つぎにメタファーの概念と機能について関連諸領域の研究に基づいて考察する．メタファーは比喩，レトリック，アナロジーなどと関係が深い．そしてこれらは人文領域の学問において長い研究の歴史がある．そこで，瀬戸賢一の文献[5]，佐藤信夫らによるレトリック事典[6]などを参考にしながら，基礎概念，差異，ならびに類型について詳しく述べていきたい．また，メタファーは心理学や認知科学との関連で取り上げられることも少なくない．本章では，芳賀純・子安増生の文献[7]，Yadin Dudai による記憶の辞典[8]などに触れることによって内容を掘り下げていく．メタファーによる表現と推論については，認知科学の文献[9]，David Rose の文献[10]などを参照することによって論述を進めたい．

そのほか，組織の研究のなかでメタファーが取り上げられることが多い[11]．本章では David Grant と Cliff Oswick によるメタファーと組織の文献[12]を対象とすることによって，社会科学におけるメタファー研究の内容の展開について考察する．つぎに，消費者研究とメタファーの関連性を S. Ratneshwar と David Glen Mick による文献[13]，S. Ratneshwar, D. G. Mick ならびに Cynthia Huffman の文献[14]を用いて探る．そして，メタファーを消費者研究の中心に据えて論じ，関連学問領域との連携のなかで技法として確立した Gerald Zaltman の所説と ZMET と呼ばれる手法について説明したい[15]．

本章では消費者の生活世界を背景として，メタファーの機能に焦点をあてて，マーケティングを通じてつくられる「意味」を探るための理論の一端について説明したい．

2. 消費者研究の動向

1980年代以降に登場した解釈的立場からの消費者研究は，既述のように R. W. Belk をはじめとした一群の研究者によって担われており，2000年代の半ばに至るまで成果が示されている．例えば，Belk はタブーの交換（taboo exchanges）というテーマを取り上げることによって，これが

贈与，愛などについての消費者研究の解釈的枠組みとなることを論じた．そして交換行為には儀礼的（ritual）や道徳的（moral）な基盤があることを示唆し，心理学的考察に加えて，社会学的研究，人類学的考察によって消費についての実り多い内容が得られることを指摘した[16]．また，J. L. LastovickaとK. V. Fernandezは，ガレージセールやオンライン・オークションによる親しい知人以外への消費者にとっての意味あるものの販売という行為を考察の対象として，解釈的研究の枠組みによる「意味」の問題を論じている．そして，会話やナラティブという言葉の分析を通じた方法の重要性を指摘した[17]．また，A. C. Ahuviaは消費者の所有物や行動と自己概念とのかかわりを解釈的アプローチを用いて論じているが，その中心はインフォーマントの自宅での2時間から5時間に及ぶ面接，電話でのフォローアップ調査という手法であり，内容はインフォーマントの生活史に触れるものであった．そして分析は会話の解釈を焦点として行われた[18]．そのほか，解釈的立場での自己概念に関する研究にK. TianとR. W. Belkのものがある．そこでは自動駆動法（auto-driving）としての写真を用いた意味導出の手法（photo-elicitation technique）が応用されていた[19]．

　また，無意識への関心，ビジュアルへの注目も近年の消費者研究の特色といえよう．Ap DijksterhuisとPamela K.Smithらの研究は無意識の消費者行動について論ずるものであるが，情報処理を基盤とした消費者の選択行動という見方に対して，日常の購買行動は環境からの影響を強く受けることによって，知覚と行動のリンクやオートマチックな目標達成という無意識的部分に支配されることも少なくないと説明した．それは実験室での消費者行動は実生活上のものとは異なることを示唆している．その他の原理として示されるものは互酬性（reciprocity），コミットメント（commitment），整合性（consistency），社会的証拠（social proof），権威（authority）などである．そして，人は製品について十分な判断材料を持たない場合には，習慣的行動に依拠したり，態度を迂回した衝動的購買に走ると述べている．その研究はスーパーマーケットでの最寄品を中心とした買物行動を焦点としているが，社会的認知（social cognition）という視点から人間行動に与える環境上のキュー（cue）の意識されない影響を論じた点が興味深い[20]．

一方，ビジュアルとの関連性においても独自な研究が著されている．既述のように，1980年代以降の消費者研究のなかでは，認知科学の研究成果として視覚に訴える刺激と言語刺激では消費者による情報処理のルートが異なるという立場が支持されてきた[21]．最近の研究としてはJohn W. Pracejus, G. Douglas Olsen, ならびにThomas C. O'Guinnの研究が興味深い．彼らは広告における余白部分（white space）をレトリック（修辞）の方策，あるいは視覚的比喩と捉えることによって，それが消費者のブランド知覚などにどのような影響を及ぼすかを検証した．そして，余白は品質，名声，信頼などのブランド知覚に強く関係することを明らかにした．すなわち，「何も描かれていない」ということは情報要素であって，意味を伝えるという点が重要であり，「何もない（nothing）」が「何物か（something）」に転換する視覚を契機としたプロセスに意義を認めることができる．彼らはこうした研究を通じてイメージ・マネジメント（image management）の価値にも言及している[22]．そのほか，イメージを基盤とした消費者研究へのアプローチを意図して，写真などの視覚研究を用いてまとめられた文献としてJonathan E. Schroederのものがある[23]．

3．メタファーの概念と機能

(1)　メタファーならびに類似概念

　メタファーはレトリック，アナロジー，あるいはシンボリズムなどと関連した概念である．語源的にはギリシア語の移転（transfer）から生じており，「他のものに属する名前をあるものに与える」という意味を示唆している[24]．つまり，ある存在を別のもので表す比喩的表現（figure of speech）がメタファーということになる．瀬戸は意味を「転じる」ことがメタファーの語源であり，分解すれば「メタ（向うに）ファー（運ぶ）」であると述べている[25]．

　そして，それは《見立て》と考えるとわかりやすく，さらに言い換えれば「を見る（see）」に対する「と見る（see as）」ものの見方のことであると指摘している[26]．メタファーは主旨（tenor）と媒体（vehicle）という2つの要素からできており，これらは共有的共通属性，あるいは領域

（ground）として提示される．前者をターゲット・ドメイン（target domain），後者をソース・ドメイン（source domain）とも呼んでいる．「記憶は倉庫だ（memory is storehouse）」と言う場合に，「記憶」が主旨（ターゲット・ドメイン）で，「倉庫」が媒体（ソース・ドメイン）となり，「空間（space）」が領域と考えられる．そして，主旨と媒体との相互作用のなかで新しい意味がつくられる[27]．

　古典的にはメタファーは技巧的，詩的な装飾と考えられてきた[28]．すなわちレトリックに近いものということができる．精神医学者のMichael J. Mahoneyは，認知科学者は「知ること（knowing）」におけるメタファーの力を近年になって認識してきたが，メタファーの力はすでに詩人，劇作家においては昔から，そして最近では精神療法家によって理解され，活用されていると述べている．そして，精神医学におけるトランスフォーメーションやメタモフォシスなどの変化（change）の理論をはじめとして，メタファーとの結びつきを指摘できるものは数多くあり，実際に，論理的および治療的心理学の最新の地平のなかにはメタファーの領域から現れたものもあると説明している．また，メタファーを通じてわれわれは神話，レトリック，宗教的象徴性の意義を深く知ることができると述べている[29]．では，レトリックとは何であろうか．佐藤信夫によれば，それは古代ギリシアに始まり，19世紀後半まで2000年以上，絶えることなくヨーロッパで継承されてきた〈効果的な言語表現の技術〉であり，古典的な意味でのレトリックは，今日，〈弁論術〉ないし〈雄弁術〉，〈演説法〉と訳されるという．また，レトリックの性格は，一方では弁証術ないし論理学，他方では詩学という両極の間で揺れ動いてきたとされる．さらに，中世から近代まで，レトリックはヨーロッパにおける中等教育のなかで，一般教養の仕上げの役割を果たす重要な科目であったが，近代の合理主義的ないし実証主義的な思潮は，いわば内容主義の言語観に基づき，レトリックを旧式な無用の学科とみなし，19世紀末にヨーロッパの教育制度から正式に除外され，伝統的レトリックは消滅したとすらいえるとしている．そして，日本ではレトリックの訳語として修辞学が用いられてきたが，これは思想内容に効果的な言語表現を与える技術という狭義の意味でのものであったという．佐藤によれば，ところが，1970年代前後から，レトリ

ックを見直そうという機運が各国でわずかずつ高まりを見せている．それは言語や記号はコミュニケーションの手段であるばかりでなく，むしろ人間の文化の根拠である，という記号学的な考え方を反映した潮流であって，復活しつつある新しいレトリックは，単なる技巧の問題ではなく，人間の言語・記号的認識の動態の探究を目指すものとされる[30]．

　瀬戸の研究はメタファーについて論ずるものであるが，以上の動向を反映しているといえよう．瀬戸はつぎのように書いている．「メタファー思考は，人間存在のあらゆる面に根源的に関与し，その存在基盤のひとつとなっている」．「《人間的意味の形成の問題》というテーマに，メタファーの観点からアプローチし，「人間とは何か」という大きな問いにひとつの答えを与えることができるチャンスは，まさに，このことの認識にある[31]」．

　つぎに，アナロジー（analogy）との異同はどうであろうか．アナロジーは英語では parallelism, similarity などと解説できるものであり，日本語では類推，推論などと解釈されている．P.ウィーナーの西洋思想事典によれば，「最も広い意味では，二つもしくは一対の事物の間に類似関係があるという着想もしくは認識に基づいてなされる，あらゆる様式の推論」のことであり，「Aに対するBの比はCに対するDの比といった関係のみならず，モデルやイメージを用いてする，あからさまなもしくは含みをもった対比を含む」と説明される[32]．また，同書によれば，中世においては，文化のあらゆる面でアナロジーとシンボリズムが豊富に使用されたという．教父たちは聖書を解釈し，世界とその超越的根拠である神とを理解する手段としてシンボリズムを整えたのであり，したがってシンボリズムとは，「事物とその根底にある統一的との隠れた結合を明るみに出す」という考えであり，見えざるものを開示するために見える形態のもつ関係ないし適合をシンボルと呼ぶ，とされる[33]．瀬戸はメタファーが点対応であるのに対して，アナロジーは面対応であると指摘する．たとえられるものA（未知）が，たとえるものB（既知）との点対応によって理解されるのがメタファーであり，たとえられるものA（未知）の諸特質（a_1, a_2, a_3……）が，たとえるものB（既知）の諸特質（b_1, b_2, b_3……）との面対応によって理解されるものがアナロジーであって，それゆえ，アナロジ

ーとは一貫したメタファーの連続的対応のことであると説明している．瀬戸はつぎのような巧みな例をひいている．不況で就職難の状況を誰かが「どしゃ降り」と呼べば，それに乗っかって，さらに悪化した状況を誰かが「氷河期」と呼び，状況が好転すれば「雪どけ」という表現が用いられているが，これはアナロジー思考である．すなわちアナロジーは構造的メタファーであって，あちらこちらに飛ぶのではなく一貫した構造（システム）を形成している[34]．

(2) メタファーの類型

メタファーは大きく直喩（simile）と隠喩（metaphor）に分けられる．前者は「或るものや状態，動作などを，明示的に別のもの，別の状態，動作などになぞらえる表現[35]」である．なぞらえることは比べることであるが，大小の比較を意図するものではなく，「〜のごとし」「〜のような」によって表される比較である．「ライオンのように勇ましい」「玉のような肌」がこれに該当する．直喩はシミリ，明喩と呼ばれる場合もある．また「まるで」「まさに」などの副詞が添えられることも多い[36]．これに対して，隠喩は広い意味では転義的比喩の一切を示すものであるが，通常は「普通の用語法によっては名付けられないような対象や事態を，その特徴においてよく似た別のものの名辞によって名付ける修辞技法[37]」をいう．暗示的表現，間接的表現という言い方も用いられることがある．川端康成の小説『雪国』の「国境のトンネルを抜けると雪国であった．夜の底が白くなった」は隠喩を用いた有名な事例とされる[38]．そのほか，「文は人なり」，英語表現としての"eat one's words"（前言の過ちを認める）などもこれにあたる．隠喩は暗喩とも呼ばれる．隠喩は，〈合理性〉や〈理性〉の拡張を行うことを通じて，思想史を支配し続けてきた，ヨーロッパ起源の〈言語中心主義〉に代替案を示すものとも評される[39]．また，その一種の曖昧さ（ambiguity）が言語表現の新しい可能性をひらく因となるともいわれる[40]．

さらに詳細な分類ではつぎのものをあげることができる．

換喩（metonymy）は「一部の言葉を省略し言表そのものを短縮しようとして出来た転義的比喩」あるいは「或るものの名称を別のものの名称に

よって置き換える転義的比喩の一種類」と定義される[41]．婉曲の意志を備えたものとしてメトニミーとも表記される．王冠（crown）が国王を表し，富（wealth）が富裕な人々を表すといったように，「あるものごとを言いあらわすのに，その名称をもちいず，それと現実的な隣接関係にあるものごとの名称をもちいて表現する形式[42]」とも言われる．

提喩（synecdoche）は「対象や事象のうちで，いま言わんとしている特徴（関与的な特徴）だけを捉えて，普通に理解されているよりも少なく言う表現，言い換えれば，より多くを理解させるような表現」と定義される．「概念的なもの（「花」と言って桜を指すように，より一般的な概念を用いる表現）と，物象的なもの（「帆が見える」と言って帆船を意味するように，対象の一部分を捉える表現）がある」といわれる[43]．シネクドキとも表記される．換喩との違いは，言うべきことだけに注目して，より小さく言う比喩という点にある[44]．

瀬戸は以上のうちメタファー，メトニミー，シネクドキの違いをつぎのように説明している．メタファーは類似性に基づき，抽象的でわかりにくい対象を，より具体的でわかりやすい対象に見立てることを指す．メトニミーは現実世界（民話のような想像世界を含める）のなかでの隣接関係に基づく意味変化である．シナクドキは意味世界（私たちの頭のなかにある）における包摂関係に基づく意味変化である．包摂関係とは類と種の間のカテゴリー関係であり，類で種を表し，種で類を表す意味変化をシネクドキと呼ぶ．瀬戸によれば，現実世界と意味世界の橋渡しをするものがメタファーである．意味世界はわれわれの内にあり，現実世界は外にあって，両世界を結ぶメタファーは身体が媒介する．身体による五感のメタファーが世界を理解すること，すなわち外の情報を内の意味に転換するうえでとくに重要な働きをする理由はここにある[45]．

諷喩（allegory）とは「独立した表現システムがあり，それが全体として別の事柄を指し示し，語る，という技法．そのモデルとなるのはたとえ話であり，諷喩とは局部的なたとえ話である」と説明される[46]．それはアレゴリーと表記される．つまり，ある事柄を別のものを装って語るとの意味であって，遠まわしにそれとなくさとすとの含意がある．多くのことわざや寓話は諷喩に該当する．

組織研究者のD. GrantとC. Oswickは以上とは異なる観点からメタファーの分類を行っている[47]．彼らは階層性（hierarchy）の有無を基準としてつぎの類型を明らかにしている．

　われわれが自分たちを取り囲む世界について考えたり，理解しようとする際に，大きな影響を与えるメタファーから，さほどではないものまでの階層性の存在を前提とすれば，「深層的メタファー（deep metaphor）」と「表層的メタファー（surface metaphor）」を識別できる．前者は対象の本質を決めるものであり，それ以降の表層的メタファー形成の土台を成すメタファーである．例えば，組織（organization）を人間にたとえるといった方法である．組織の行為（organizational action），能力（competence），学習（learning）などの表層的メタファーはここから演繹される．そのほか，1次的意味と2次的意味，表層的メタファーと基根メタファー（root metaphor），強いメタファーと弱いメタファーなどの分類がある．これに対して，非階層的メタファーはそれぞれが相対的価値をもたないものである．むしろ，メタファーがそれぞれどのように働き，いつ，どこで使用されるかを理解することに焦点がある．デッドメタファー（dead metaphor）は極めて習慣化し，われわれがそれをメタファーとは気づかないようなものである．「椅子の脚（chair leg）」，「のこりぎりの歯（teeth of a saw）」などがこれに該当する．ライブメタファー（live metaphor）は解釈のために文脈と創造性を必要とするものである．「頭脳としての組織」「精神的牢獄としての組織」「機械や生物としての組織」などがこれにあたる．さらに半ば文字通りに使用されるドーマントメタファー（dormant metaphor）がある．組織行動，組織構造などがこれに該当する．

(3)　メタファーの機能

　つぎにメタファーの主要機能について説明したい．

　既述のようにメタファーとは句や語の文字通りの意味が新しい文脈（コンテクスト）に比喩的に応用されたものであり，われわれは周囲の環境を理解しようとする際に，こうしたプロセスに依拠することによって既存の知識を活用する．これを既知の対象から未知のものへの情報の移転と呼

ぶ．すなわち，2つのもののイメージを比較したり，置きかえたり，相互作用を通じてわれわれは対象を知るのである[48]．こうした働き以外に，メタファーにはつぎのような表現上の機能がある[49]．①経験のいきいきとした様子を伝える，②コンパクトな描写を可能にする，③文字言語では表現不可能なものを表す．表現不可能性（inexpressibility）はつぎの2つの理由に基づいている．第1は人間の脳と認知の進化に関係するものである．人間の言語能力や知識は限られており，いずれかは人間の洞察が科学的用語によって形を整えられるとしても，そこまでの暫定的段階が必要であり，それゆえ，未知のものについての理解が既知のものによって仲介される必要がある．その役割を担うのはメタファーである．素人にとって電子とは何かを直観的に知ることは難しくても，それを太陽を回る小惑星に譬えることによって理解が進む如きものである．坂原茂は，近年の意味論の焦点が，メタファーなどの認知操作の重要性が明らかになるにつれて，文の意味の客観的，論理的研究から意味構築にかかわる認知操作へと移ったことを指摘している[50]．第2の理由は適切な知識の単なる欠如である．

　以上の働きと重なり合う部分も多いが，メタファーのもうひとつの機能は記憶，推論，イメージ形成などに関係するものである．「脳についての理解を導いてきたものもメタファーである」とD. Roseは意識について論じた文献で指摘している．それによれば，その時代の最も複雑な技術が神経科学のモデルとなってきた歴史があり，デカルトの時代の油圧機械，行動主義のなかでの電話交換機，認知主義でのコンピュータ，そして今日の仮想現実のゲームをあげることができる[51]．また，楠見孝・高橋秀明は記憶理論・モデルはつぎの3つのメタファーに支えられていると述べている．①心は場所・空間である，②記憶は場所・空間に貯えられた物である．③検索は場所・空間に貯えられた物を検索するプロセスである．そして，記憶の減衰や忘却に関する主観的な意識経験では自然物を，また，現在と過去を結びつけ，自己の連続性を支えるものとしては日記や映画などをメタファーとして用いることが多いと述べている[52]．

4. メタファー研究の内容

(1) 組織変革とメタファー

　芳賀と子安が紹介するように，メタファーの研究領域には言語学，教育学，心理療法などがある[53]．本節では組織研究ならびに消費者研究のなかでのメタファーについて論述したい．まず D. Grant と C. Oswick の文献を用いて組織研究のなかでのメタファーの使われ方について説明する[54]．

　Robert J. Marshak は組織変革のためのメタファーの活用について分析的かつ戦略的に論じている[55]．それによれば，1980年代の以降の組織変革のアプローチあるいは学派はつぎの3つに分類される．①認知，②文化，③無意識（精神分析）．これらは立場は異なるが，知覚と反応の決定での主観的な社会的意味の重要性に重きを置く点では共通性がある．「認知学派」は，個人や組織の問題解決と適応行動は一群の意識的支配信念によって導かれるという前提に立つものであり，支配信念（governing beliefs）はスキーマ，パラダイム，フレーム，認知マップなどと称される．代表的研究者として C. Argyris がいる．総じて，組織を学習システムとして捉える研究者が依拠する学派であり，頭脳としての組織（organization as brains）というメタファーで表現される特色を備えている．「文化学派」は組織のなかでの行動が文化と呼ばれる多層性の集合的信念（collective beliefs）の体系によって影響されたり，支配されると考えるものであり，文化人類学の影響を受けて発展した．E. H. Schein はその代表的研究者の一人である．集合的信念の多くは日常生活のなかで意識にのぼる以前の，あたかも忘れられたものと言えるものかもしれない．しかし，文化的信念は神話，物語，儀礼，メタファーといった象徴的様式（symbolic modality）を通じて強く表現される．そして，組織文化は個人と組織の選択を暗黙的に支配し，成否の決定因のひとつとなると考えられる．すなわち文化としての組織というメタファーを備えた立場である．「無意識・精神分析学派」は80年代から90年代に力を拡大したものであるが，フロイトやユングの見方に従い，無意識の力学（unconscious dynamics）が組織のなかの知覚，意味，行為に影響すると主張する．したがって，無意識要因に注目することなく組織の変革は達成できないと考えている．そして無

意識を表し，無意識を対象とするうえで欠かすことのできない媒体が象徴（シンボル）であると指摘する．この学派の特色として，精神的牢獄としての組織（organization as psychic prisons）というメタファーが使われることもある．

　以上の3つの学派は，実は，つぎの特色を備えた組織変革のメタセオリーと関連するという点で共通性がある．①組織行動は意識外（out-of-awareness）のスキーマに影響される，②スキーマが意識（認知）的か，意識に先行するもの（文化的）か，無意識的かによって，スキーマに接近し，修正するうえでの手法は異なる，③組織の革新を創造するためには支配的スキーマの修正を必要とする．そして，3つの学派を一体化させるものがメタファーである．メタファーはつぎの2点で一体化を促す．①メタファー自体が意味と反応を構築したり，媒介するスキーマであるので，メタファーを診断し，そして修正する能力が組織変革の手段となる．要するにメタファーは組織の現実と反応を構築する重要なスキーマにほかならない，②メタファーは文字通りのものと象徴的なもの，および意識的なものと無意識的なものをつなぐコミュニケーション手段としての役割を果たす．以上より，メタファーは組織変革のための診断と介入にとって欠くべからざるものといえる．とくにポストモダンにおける組織の革新を考えれば，組織は「頭脳」，「文化」，「精神的牢獄」であるばかりではなく，個人，集団，組織に同時に作用する象徴的意味の多層的体系であることから，メタファーの手段的意義は重要である．

　象徴的意味体系（symbolic meaning systems）は，土台としての深み，シンボルの連なりとしての幅，コア・テーマのもとに形成されるシンボルの内的関連性，そしてテーマの一貫性を伴う．そして，その中心にメタファーがある．組織のメタファーは，メタファーによって表現され，構成員の知覚や行動をつくるテーマを明らかにすることによって，意識から無意識，明示的から暗黙的，中心から周辺へと作用する．そして，テーマは組織の認知的，文化的，および無意識的仮定やパターンを形造るのである．組織の変革とその戦略はメタファーの核となるテーマ（core theme）と矛盾するものであってはならない．組織のメタファーのテーマが機械論的（mechanical）であるとすれば，組織は部品を組み合わせて設計されたマ

シーンと認識される．そして，故障の修理，新型モデルへの切りかえなどをイメージした革新が実行される．一方，テーマが生物学的（biological）であれば，組織は環境のなかで暮らす生物体と認識される．よって，修正は病気の治療のようなものであったり，新しいライフステージへの適合，メタモフォシス（変態）などとなる．また，テーマが認知的（cognitive）であれば，組織は認識や学習にかかわる頭脳とみなされる．組織を修正し，維持することは誤まり（エラー）を直すことであり，場合によっては思考方法の根本的見直しが実施される．さらにテーマが政治的同盟をイメージした関係的（relational）なものであれば，組織はつながりや結束を強調するものとなる．それは異なる構成要素をつなぎ合わせて作品をつくる織物のようなものである．組織の修正はほころびを修繕するイメージと重なり，必要があれば全体の関係を組み替えて新たなデザインをつくることも試みられる．このように，組織変革のためには，どのようなメタファーを想定するかによって，修理（repairing），治療（curing），訂正（correcting），そして修繕（mending）といった違いが発生する．

　それではメタファーは組織変革を目的とした診断と介入にどのように応用されるのであろうか．診断では，①組織のコミュニケーションには文字通りの意識的部分と，自覚的ではない象徴的次元が存在すること，②人間は自分が自覚する以上の知識をメタファーを通じて象徴的に伝えていること，などを前提として，文字通りのメッセージ（literal message）を象徴的に，そして象徴的メッセージ（symbolic message）を文字通り探ることによって多様な意味を知ることが重要である．前者は組織構成員のメッセージのインプリケーション（含意）を推定する行為であり，後者は象徴表現を字義に沿ってイメージをふくらませ，解釈する行為である．つぎに介入は以下のプロセスを経て進行する．①組織成員の知覚と行為に影響しているメタファーやテーマを認識する，②メタファーの適切さについて疑問を投げかける，③完全な否定に至らない場合は，メタファーとその連想を別の角度から見直したり，再構成する，④既存のメタファーやテーマを別のものに置きかえる，⑤新たなメタファーについての組織の学習を促し，新しい選択を導く知覚や解釈をつくる，⑥既存のテーマとの矛盾を回避するための調整を行い，一貫性を回復すべく再統合を試みることによっ

て，認知面（make sense）と感情面（feel right）の安定を組織内につくりだす．

(2) メタファーの意義

 Gareth Morgan は D. Grant らによる既述の文献において，メタファーの方法論的意義について示唆に富む指摘を行っている．その内容は組織やマーケティングの研究を超えた普遍的価値をもつと考えられるため詳しく紹介したい[56]．

 Morgan によれば，メタファーは経験のひとつの要素を別のものに繰り越すことを含むプロセスであり，それ故に意味を創造し，表現するために使用されるイメージや言葉となる．こうしたイメージや言葉は言語のなかに現れるので，メタファーは言語学的現象と考えられがちであるが，言語学的側面はより深い過程の表層にすぎず，メタファーは生活のすべての面で人間の理解や意味の創造にとって基本を成すプロセスとして把握すべきものである．すなわち，われわれはある現象を別のものを通じて理解する．これが，外界とかかわり，得たものを組織化し，理解しようとする際に意味を創造することの本質である．それゆえ，メタファーは任意の添えもの（optional extra）ではなく，生活や経験のひとつの形態として構成的・生成的特質を備えたものと考える必要がある．Morgan は，メタファー研究の今後の突破口は言語学や哲学よりはむしろ認知研究や脳の研究，さらに人工知能の分野にあるだろうと述べている．また，われわれが話したり，語ることは，外界の経験のメタファーとしての様式をとることが多いので，メタファーはどこにもあり，不可避であるとの理由から存在論的（ontological）であると指摘する．同時に，それは外界（世界）を見る固有のフレームを提供するという意味で認識論的（epistemological）であると述べている．つまり，自己のメタファーを変えることによって，われわれは異なる見方や知識を得ることができるのである．

 そのほかにも，Morgan は，サイエンスはメタファーによる知識を排除するのではなく，むしろ積極的に包摂することによって新たな地平を開拓できることを示唆している．彼によればサイエンスがメタファーに依拠している程度によって，それは部分的真理を創造し，他の部分的真理を排除

するプロセスと考えることができる．例えば，「光は波動か，粒子か」という問いに対して，波動と仮定すれば光はそうしたものとして現れ，粒子とすればそうしたものとして姿を現す．それぞれのイメージや認識が特有の「真理（truths）」を産出するのである．すなわち，サイエンスを「客観的に装うために言い換えを用いたメタファーを含む企て」と認識した際に，どのような視点やアプローチにも限界があり，その超越のためには新たな視点やアプローチが必要であることを認めざるをえなくなる．そこに新たなサイエンスの可能性が開かれるとMorganは主張する．

彼の主張は，言葉が現実をつくるように，どのような学問的探究もメタファーに依拠している限りにおいてバイアスがあり，不完全であるが故に，メタファーには新しい洞察をつくる潜在力もあると考えるものである．彼は，メタファーを，それ自体やそれがつくり出す知識を脱構築する（deconstruct）ためのポストモダンの概念と考えることによって，われわれがその活用によって自己組織的（self-organizing）で，有機的な認識の様式を手にすることが可能となると示唆している．

(3) 消費者研究とメタファー

つぎに本章にとってより本質的課題である，消費者研究におけるメタファーの位置づけや利用について述べていきたい．

消費者研究でのメタファーへの関心は，消費者の自覚的部分，研究者にとっての可視的現象を超えて，「消費の内側には何があるのか」「なぜ消費は生まれるのか」について，消費者の動機，目標，そして欲求を焦点として無意識や不可視的部分に光をあてながら探究しようとする試みに始まる．当該領域ではS. Ratneshwar，D. G. Mickらの研究者の名前が知られており，研究成果が2000年代に入って刊行されている．「消費」が現代社会の人間生活を特徴づける主要な行為であるとの前提のもとにこうした問題を論じた最初の文献[57]に続いて，関連分野の研究者をさらに増やして執筆された文献が刊行された[58]．これらは，マーケティング現象を個人の認知構造に基づき説明し，いわばマーケティングを自然科学的に扱おうとする勢いを増しつつある方法論的展開[59]への再考のなかで，社会，文化，世代間影響など人々の日常行動を無意識のうちに方向づける要素に目を向け

る必要性を論じ，具体的トピックを紹介したものである．メタファー，感情，シンボルなどに関連した内容も包摂されている．人々が意識せずに示す行動の多くの部分は"take it for granted"，すなわち意識に上る以前の習慣化して当たり前になっていることに基づいていると考えられる．これは，文化，サブカルチャー，あるいはそのなかで共有される暗黙知と呼ぶことができる内容であり，われわれの「日常性」を構成するものといえる．それは現象の主要部分というよりはむしろ細部に表現されると考えられる．人々のなに気なく行っている行為にこそ文化の真髄が隠されており，暗黙知の発露があると思われる．行為者はその思考や行動の理由を明確には説明できず，自明のこととして受容しているのである．われわれの行動の多くは，こうした特性を備えていると考えられるが，集団の内部者である限り，それに自覚的に気づくことは少ない．「違い」の認識は外側の価値観と接触して発生するものであり，それは衝突（conflict）という形をとることもめずらしくない．「違い」の中心は大枠というよりも細部において意識されるといえよう．消費者研究における「日常性」の意義，ならびに探究の難しさと面白さはこうしたことに関連すると考えられる．

　消費者の目標設定と達成のプロセスをメタファーの作用を中心として論じた研究が R. Coulter と G. Zaltman のものである[60]．それによれば，目標設定と達成の意識的側面についてはこれまでも論じられてきたが，近年においてその無意識的部分への関心の高まりが認められ，それはメタファーを中心として検討することが可能であるとされる．それはつぎの2つの発見を基礎としている．①思考の大部分は無意識である．②思考はメタファーやイマジネーションに基づいている．第1の点に関しては，認知科学や神経科学において，ほとんどの認知は認知的無意識のなかで発生するという見解があり，無意識思考は認知の95パーセント以上を占めているとの指摘もある．第2の点に関しては，われわれがメタファーやその他の比喩的表現に注意を払うべきであることを示唆している．ここでメタファーはつぎのような種類に分けられる．コンセプチュアル・メタファー（conceptual metaphor）はわれわれの推論，経験，日常言語を組織する，概念上のドメインを横断してつくられたイメージであり，メタファー表現を通じて日常会話のなかに現れる．フットボールで「あのディフェンスバ

ックは油の行き渡った機械だ（a well-oiled machine）」と言えば傑出したプレーヤーであることを意味している．それは2つのドメインを繰り返して組み合わせた結果として発生するものであり，われわれは自動的に，無意識のなかでそれを学習する．つぎに，コンセプチュアル・メタファーはメタファーの地図（metaphorical map）としてのコンプレックス・メタファー（complex metaphor）を構成する単位となる．別の表現をすれば，コンセプチュアル・メタファーのつながりがメンタル・モデル（mental model）をつくる．こうしたメンタル・モデルは文化的に共有されている．例えば，「目標は行先である」「目標は望まれる対象物である」という2つのコンセプチュアル・メタファーは「目標は旅である」というコンプレックス・メタファーを構成する．「スーパーボウルへの道」，これはスーパーボウルでの戦いまでにプレーヤーが辿らなければならない道のりを比喩的に表現したものである．ここで「勝つかどうかよりも，どのようにゲームを戦うかだ」あるいは「どう戦うかよりも，勝つかどうかだ」はコンプレックス・メタファーであり，目標の2つの重要な側面を併置しており，目標やその達成に関連する価値観を表現している．

　メタファー表現，コンセプチュアル・メタファー，そしてコンプレックス・メタファーはディープ・メタファー（deep metaphor）を明示する基礎となる．ディープ・メタファーとはコンセプトの全体系を組織化する手段であり，高い抽象性を現象に付与する機能をもっている．その抽象性のために，それは人々の思考を映し出し，導くといえる．ディープ・メタファーの働きで人々は情報を特定のやり方で知覚し，解釈するといえる．主なディープ・メタファーとしてつぎのものをあげることができる．①身体性（身体にかかわるもの），②釣り合い（均衡にかかわるもの），③動作・移動（動きにかかわるもの），④自然（自然界，屋外にかかわるもの），⑤力（パワー，エネルギー源にかかわるもの），⑥戦い・逃走（闘争，回避にかかわるもの），⑦理想（理想や完璧さにかかわるもの）．

　メタファーは，意識的なものであれ無意識的なものであれ，消費者の目標とその過程を顕在化させ，理解する際に力を発揮する．メタファーの研究は投影法や臨床的なコンテンツ・アナリシスのような臨床文脈において長い歴史を有している．その特質のひとつは無意識から意識へとアイデア

を移動させ，検討を容易にする手段としての役割である．メタファーは言語的に表される場合もあれば，非言語的に表されることもある．メタファーを活用して，表面化していない思考や感情を明らかにすることによって，暗黙知が明瞭となり，消費者の動機や欲求をよりよく理解できるようになる．

　S. B. Kaiser と K. Ketchum は人間の身体や外観を装うファッションをテーマとしてメタファーの意義を論じている[61]．それによれば，ファッションはメタファー（抽象的意味と表意の体系），文化的ムード（集合的エモーション），物質性（身体，政治経済，素材の製品化）のあいだでの曖昧な相互作用をつうじて意味をつくったり，つくり直すものであり，アイデンティティや意味を明示し，限定する役割を担っている．曖昧さ（ambiguity）とは，共有的意味がまったくないこと（non-sense）と，意味は当然のものとなっていて新しいことは解釈では発生しないという退屈さ（boredom）のあいだに位置する．消費者の立場では，ファッションは日常のなかで自己を表現し，誰になるかを表すことを可能にする重要な領域のひとつである．それは所与の時点と文化のなかでの他者との関係性において実現される．また，言葉では十分に表現されない何物かを意味するように，色，生地，形状などを記号論的にエンコードした素材によってつくられるともいえる．文化が衣類やファッションにメッセージを託する程度に応じて，消費者は日常性において視覚的に（visually）メッセージを構築するという課題をもつこととなる．それは言語的表現にはなじみにくい特質を備えている．

(4) ZMET 法

　最後に，G. Zaltman が中心となって考察したメタファーを基軸とした消費者研究の方法である ZMET（zaltman metaphor elicitation technique）について説明したい．

　ZMET 法が広く知られるようになった契機は，1990 年代半ばに発表された G. Zaltman と R. H. Coulter の論文であった[62]．「顧客の声を見る（seeing the voice of the customer）」と題された研究はメタファーに基づいた広告調査のあり方を提唱したものであった．ZMET の特質は，①消

費者の思考と行動を導くメンタル・モデルを表面化させる，②こうしたモデルを消費者のメタファーを使った実行可能なやり方で特色づけることにあり，そのために視覚をはじめとした消費者の感覚的イメージ（sensory images）を活用している．すなわち，当該方法は，既存の調査手法の大部分が言語中心的であって，人間のコミュニケーションが非言語的に行われているという側面に目を向けていないという反省のもとに，リサーチ・プロセスのなかに非言語的（nonverbal）ルートを導入しようとする試みであった．こうした方法の必要性は，広告における調査部門の成果が言語やデータで提示されるのに対して，クリエイティブ部門は視覚を中心とした非言語要素に依拠して消費者とコミュニケーションを交わしているという実務上の対立にも関連するものでもあった．つまり，消費者からの情報を複数の感覚ルートを通じて顕在化させようとする狙いがあった．Zaltmanらは広告調査とコピー開発を改善するための7つの前提をつぎのようにまとめている．①「理解」の仕組みや人間の進化などに関連した多くの研究が，非言語コミュニケーションの言語コミュニケーションに対する優位性を示しており，人間のコミュニケーション活動の中心は非言語的であるといえる．②言語が思考を形づくるという科学的根拠はなく，言語的に表現される思考もその発生はイメージ（image）によると考えられる．したがって消費者に思考をイメージで表現させ，研究者がそれを学ぶことが効果的であり，言語とイメージを組み合わせることによって消費者はより深い意味を伝えることが可能となる．③思考は本質的に文字的というよりは比喩的であると考えられるので，消費者がイメージを表現するのに用いる視覚等の感覚メタファーに注目することによって，その思考や感情をよりよく知ることができる．④臨床心理学者が写真や絵をクライエントのカウンセリングにおいて使用することからも明らかなように，視覚をはじめとして他の感覚（知覚）イメージをメタファーとして捉えることによって，消費者の思考，感情，そして行動をより深く知ることが可能となる．⑤消費者は自己のストーリーの表象としてのメンタルモデルをもっている．ストーリーは知識のメタファーであり，コンストラクト（construct）の関係を示し，ダイアグラムとして表現される．こうしたダイアグラムが市場経験についての個人や集団のアイデア（コンセプトやコ

ンストラクト）の相互関連性としてのメンタルモデルである．コンストラクトのつながりはひとつのコンストラクトが別のコンストラクトにどのように影響するかを表す推論の過程である．⑥すべての消費者がもっている意識的思考と隠れた思考の両面を知ることが必要であり，後者は絵や写真を用いることによって表面化させることが可能である．⑦理性と感情を共に考察の対象としなければならない．

　Zaltman は以上の内容を他の論文においてつぎのようにまとめ，市場調査（market research）における手法の強化の必要性を指摘している[63]．①思考は言葉ではなくイメージを基盤としている（イメージを直接的にモニターする手法），②大部分のコミュニケーションは非言語的である（知覚，学習，思考の非言語表現を包摂する技法），③メタファーは思考の中心である（メタファーを導き出し，体系的に分析する手法），④メタファーは隠れた知識を顕在化させるうえで重要である（精神療法におけるような熟練した問いかけの技法），⑤抽象的思考の中心には身体で表現されたメタファーが存在する（知覚，動作，空間などと関連したメタファーを統合した手法），⑥理性と感情を同等に扱う（両者を総合した手法），⑦大部分の思考，エモーション，学習は自覚なしに発生する（メタファーを活用した技法），⑧メンタルモデル（われわれの情報処理に影響を与えるコンテクストに応じた神経系連想のパターンのメタファー）が外界からの刺激の選択と処理を導く（コンストラクトの連想を明らかにする技法），⑨連想において中心となり，意味を誕生させるコア・コンストラクトを示す（社会的に共有されたメンタルモデルを構築する技法）．

(5) 手　順

　つぎに ZMET 法の手順について説明したい．ここでは Zaltman らによる広告への消費者の態度についての ZMET の調査の結果を中心として[64]，その他の既述の研究を補足的に用いることによって内容をまとめたい．

　当該調査の意図は，広告について消費者がどのような印象をもっているかを知り，いかなる意味を連想しているかを理解しようとするものであった．調査協力者（インフォーマント）は 6 人の男性と 8 人の女性からなる米国の消費者であった．そうした人々は手紙で面接時に広告の価値につい

ての知覚を表現した絵や写真を持参するよう要請された．面接は1対1で，2時間実施され，テープ録音がとられた．担当者はZMETの内容をよく心得たものであった．平均して，インフォーマントは13枚の絵や写真を持参した．これからメタファーを抽出し，相互関係を知るためにつぎのような手続きが開始された．①ストーリーテリング：インフォーマントに持参物が広告の価値についての自己の印象にどのように関係しているかを説明してもらう．②見つからなかったイメージ：インフォーマントにイメージを見つけることができなかった印象があったかどうかを尋ねる．③コンストラクトの導出：面接者は持参された任意の3枚を選び，類似していて残りのものとは異なっている2枚を示すようにインフォーマントに要請する．これは経験を理解し，意味を明らかにするカテゴリー分類の重要性を示すプロセスであり，「手段—目的」の連鎖（means-end chain）のなかに位置づけることによってコンストラクトを導び，それらの関係を示すことを狙いとする．④感覚イメージ：インフォーマントに味，感触，匂い，音，色，そして感情を用いて広告の印象を描写するように要請する．すなわち感覚のメタファーを活用して無意識の思考を発見しようとする手段である．⑤ビネット（vignette）：インフォーマントに広告についての思考や感情を描いたビネットや短いビデオ（サイコドラマ）をイメージするように求める．⑥要約的イメージ：広告に関連した思考や感情の合成物をインフォーマントにつくらせる．すなわちデジタル・イメージを想像する段階であり，専門家の支援を受けてこれを完成させる．

そしてメタファーの分析に移る．まず，面接記録のなかのストーリーのナラティブ分析（narrative analysis）を行う．それは消費者が広告についての思考と感情を論ずるために用いているメタファーを特定化することを目的としている．メタファーの分析を通じて消費者が何を考えているかを知ろうとするものである．14人分の面接テープが文書化されて，テクストがつくられる．最初にそれらのファーストオーサー（first author）と2人のリサーチ・アシスタントがそれぞれの記録を個別に読み，インフォーマントのメタファー表現（言語，句，文章）を記録する．例えば「広告は柵をこえて鼻を突き出している馬のようだ」はメタファー表現である．これら3人の読み手によるメタファー表現の編集によって，つぎにテーマ

のカテゴリーの集合を引き出すことが可能となる．そうするために，読み手はそれぞれメタファー表現を再検討し，テーマ・カテゴリーをつくり，インフォーマントが使う目立ったメタファーを明らかにする．そしてこのプロセスを反復して行う．その結果，それぞれのメタファー表現にテーマ・カテゴリーが付けられる．広告に関する前述のメタファー表現に付けられるテーマ・カテゴリーは「広告の侵入性」である．その次の段階はテーマ・カテゴリーを抽象化して，コンセプチュアル・メタファー（比喩，直喩，比較）とするものである．コンセプチュアル・メタファーの有用性はデータをまとめた適切な表現が可能となる点にある．例えば，「広告の侵入性」を表すために「でしゃばりな隣人」というメタファーが使われる．それはインフォーマントの言葉を使う場合と，リサーチ担当者が名づける場合がある．最後に3人のオーサーはテーマ・カテゴリーとコンセプチュアル・メタファーを吟味し，ディープ・メタファーを明示する．それはコンセプチュアル・メタファーよりも抽象化の水準が高く，コンセプト全般の枠組みの基本となりうるものである．広告の価値についてのそれらはつぎのとおりであった．①情報としての広告，娯楽としての広告などを統合した「資源（resource）」，②遍在する存在としての広告，でしゃばりな隣人としての広告，経済のエンジンとしての広告，購買と物質主義を鼓舞する誘惑者としての広告などをまとめた「力（force）」，③広告は人間，身体，家庭，生活についての理想主義的，非現実的イメージを提供する邪悪なセラピストであるとの広告の「真髄（the essence）」．要するに，本研究では，インフォーマントは広告を生活水準にプラスの影響を与える肯定的イメージと，パワーを備えたマイナスの影響をもつ力という否定的イメージの両面で捉えていることが明らかとなった．一層の分析を通じてインフォーマントはつぎの類型に分かれることが示された．①両面価値論者（広告の情報価値と娯楽価値を評価する一方において，理想化されたイメージや，リアリティを正しく映し出さない点に不満をもっている者），②懐疑論者（若干の肯定的イメージは伴うものの大部分は否定的印象をもっている者），③敵対論者（広告の偏在性，侵入性，操作性，虚偽性などを中心として非常に否定的な印象をもっている者）．

　以上のようなZMET法は，消費者の無意識に着目した『心脳マーケテ

ィング』として体系化され，広く注目を集めるようになった[65]．当該手法は，既述のとおり，写真や絵を用いたリサーチの方法，深層タイプの面談などを組み合わせた混成型調査である．さらに，これらに加えて近年では心の事象（mental events）を測定するためのPET（positron emission tomography）やfMRI（functional magnetic resonance imaging）などの技術が応用されている．また，脳の構造や機能に目を向けた研究への関心も高まっている．『心脳マーケティング』は，ハーバード・ビジネススクールの市場心脳研究所における活動，および同研究所のアドバイザリー・カウンシルにおける協賛企業との交流の成果であると述べられている[66]．同書は従来のマーケティング・パラダイムの問題点をつぎのように指摘している．「人間の心（mind）や，脳（brain），体（body），そして社会（society）といった重要な要素を人為的に分断してとらえてしまっている[67]」．メタファーを焦点とした研究，ならびにそのための新しい技術開発は，消費者をホリスティックな視点で考察するための新たな研究パラダイムを進展させる一助となろう．

5. むすび

　解釈的立場からの消費者研究には消費行為の儀礼的，道徳的側面を社会的視点や人類学的基盤から論ずるものや，自己概念との関係を検討したものなどがある．調査にあたっては長時間の面接，会話内容の分析，生活史の把握，写真による意味導出の手法などが用いられる．また，情報処理による消費者の意識的な選択行動以外の側面についての研究や，ビジュアル，レトリック（修辞），イメージなどがブランド知覚に及ぼす影響を論じた研究もあり，興味深い．

　メタファーはレトリック，アナロジー，あるいはシンボリズムなどと関係が深い言葉であり，「移転」を語源として，ある存在を別のもので表す比喩的表現を意味している．メタファーは趣旨と媒体，あるいはターゲット・ドメインとソース・ドメインにより構成され，両者の相互作用から意味がつくられるといえる．したがって，メタファーを用いた創造性とは構成要素の一方または両方の組み替えによって始まると考えられる．認知科

学者がメタファーの意義を認識する以前から，詩人，劇作家などはその重要性を知り，活用してきた．また精神療法においてもその価値は知られている．メタファーはわれわれに神話，レトリック，宗教的象徴性の意義を教える．レトリックは 2000 年以上にわたってヨーロッパで継承されてきた「効果的な言語表現の技術」であり，弁論術や雄弁術との関係も深い．言語や記号はコミュニケーションの手段であるばかりではなく，人間の文化の根拠であるという記号論的な考え方に裏づけられて，レトリックを単なる技巧としてのみではなく，人間の言語認識や記号認識の基盤として捉え，人間とは何かという根源的問いにつながるものとして考えようとする気運が復活しつつある．アナロジーは類推，推論などと訳されるものであり，2 つのもののあいだに類似関係を認める考え方である．シンボリズムは宗教的意味で用いられることも多く，事物とその根底にある統一的なものとの隠れた結びつきを明るみに出すためのものと見られる．

　メタファーは大きく直喩（シミリ）と隠喩に分けられる．前者は「〜のような」「まるで〜」といった明示的な喩えである．後者は，これに対して，暗示的表現を用いるものであり暗喩とも呼ばれる．厳密には隠喩をメタファーと称するが，喩えの一般的名称としてメタファーという用語を使うことが，とくに応用的分野においては多いようである．その他，換喩（メトニミー）は，婉曲の意思を備え，あるものごとを隣接関係にあるものごとの名称を用いて表現する形式である．提喩（シネクドキ）は，特徴を捉えてより少なく表現し，より多くを理解させるような方法である．メタファーは外の現実世界と，われわれの内にある意味世界の橋渡しをするものであり，それは身体によって媒介されるため，五感を用いたメタファーの数は多く，情報を意味に転換するうえで重要な働きをしている．さらに，ことわざや寓話として表された「たとえ話」を諷喩（アレゴリー）と呼ぶこともある．

　メタファーの階層性を基準とすれば，深層的メタファーと表層的メタファーに分類できる．前者は例えば組織を人間に譬えること，後者はそうした認識を基礎としての組織の行為，能力，学習などを導くことである．その他，1 次的意味と 2 次的意味，表層的メタファーと基根（ルート）メタファー，強いメタファーと弱いメタファーなどの分類がある．これに対し

て，非階層的メタファーとはそれぞれが相対的価値をもたないものであり，デットメタファー，ライブメタファー，ドーマントメタファーなどを含む．

メタファーに依拠することによってわれわれは既知の対象から未知のものへと情報を移転し，それがどのようなものかを理解する．メタファーは対象がどのようなものかをコンパクトに，いきいきとした様子で表現することを可能にし，たとえ詳細な知識がいまだ得られていないような分野においても，「〜のようなもの」という描写を活用することによって表現不可能性を緩和することができる．同時に，人間の記憶や推論，あるいはイメージ形成に貢献する．

メタファーの応用的領域は広い．組織研究のなかでは組織変革を図るうえでのメタファーの活用が論じられてきた．組織を学習システムとして捉える立場からは「頭脳」としての組織というメタファーを指摘できる．集合的信念として，組織成員の日常の決定や行動に目に見えない形で影響を及ぼす要因が文化であり，それは神話，物語，儀礼，メタファーなどの象徴的様式を通じて表現される．つまり「文化」としての組織というメタファーを指摘できる．組織成員の無意識という要因に注目することによって，とくにシンボルを通じた組織変革を図ろうとする立場では，「精神的牢獄」としての組織というメタファーを用いることがある．3つの立場は，組織変革のためには支配的スキーマ（認知的・文化的・無意識的）を修正する必要があるという点で共通の基盤のうえに立つ．そして，そのために重要な働きをするのもがメタファーである．なぜならば，メタファー自体が意味と反応を構築したり，媒介するスキーマであり，また，メタファーは文字通りのものと象徴的なもの，意識的なものと無意識的なものをつなぐコミュニケーション手段であるからである．メタファーの手段的意義は組織を個人や集団にとっての意味の多層的体系と考えればさらに明らかである．組織の変革はメタファーの核となるテーマと矛盾するものであってはならない．もし，組織のテーマが機械論的であれば，組織は部品を組み合わせて設計したマシーンと考えられ，「修理」というイメージ，あるいは新型モデルへの切り替えという行動が考えられる．また，テーマが生物学的であれば，「治療」や新しい環境への適合をイメージした行動が

選択されよう．テーマが認知的であれば，組織は認識や学習にかかわる頭脳とみなされ，組織の変革は誤りを直すこと，あるいは思考方法の見直しと同義であり，「訂正」を目的とした行動がとられる．さらに，テーマが同盟のような関係的なものである場合には，つながりや結束を強化するための「修繕」や，新たな関係を構築することを意識したデザインが必要となろう．

　組織変革のための診断では，組織におけるコミュニケーションの象徴的部分とメタファーの存在を前提として，組織成員のメッセージのインプリケーション（含意）を知り，同時に象徴的表現を解釈することが必要である．介入の段階は「重要なメタファーやテーマの認識」「メタファーの否定あるいは再解釈」「メタファーの置き替え」「メタファーについての組織学習の促進」「メタファーの安定化」というプロセスを経て進行する．

　メタファーはそもそも単なる添えものではなく，存在論的にも認識論的にも人間が生きていくことと深くかかわっている．これまで言語学や哲学に依拠してきた研究は，今後，認知研究や脳の研究などに新たな突破口を見い出す機会が増えるであろうとの予測がある．

　消費者研究でのメタファーへの関心は，消費者の動機，目標，欲求などを焦点として無意識や不可視的部分に光を当てようとする試みと関連している．われわれの日常の行動の多くは無意識のなかでなされているといえ，その理由が外に示されるとは限らない．「当たり前」になっていることは暗黙知として，集団のなかで人々に共有されている．本当に重要なことは実は言語化されることは少なく，同時に細部にその真髄が表現されるともいえる．「日常性」とはこうした特質を備えていると考えられる．研究によれば，無意識的思考が認知の95パーセント以上を占めているといわれている．また思考の大部分はメタファーやイマジネーションに基づいているとも指摘される．消費者の目標設定と達成のプロセスを想定してメタファーを分類すれば，まず，「コンセプチュアル・メタファー」と「コンプレックス・メタファー」をあげることができる．前者は2つのドメインを横断してつくられる，メタファー表現を通じて日常会話にあらわれるものであり，後者は複数のコンセプチュアル・メタファーをまとめたメタファーの地図のごときものである．そして，コンセプチュアル・メタファ

ーのつながりが，文化的に共有されるメンタル・モデルをつくる．さらに，メタファー表現，コンセプチュアル・メタファー，そしてコンプレックス・メタファーを統合するものとして「ディープ・メタファー」があり，高い抽象性のゆえに，われわれの思考を根底において方向づけている．メタファーは周知のように臨床的文脈において用いられてきた歴史が長い．その特質は，無意識から意識へとアイデアを移動させ，その検討を容易にすることにある．それゆえ，消費者の目標とその過程を顕在化させ，理解するうえで力を発揮するといえる．物質性，文化，およびメタファーが曖昧な相互作用を通じて意味を構成したり，再構成する分野がファッション衣料であり，メタファーの論議は視覚を中心として当該領域においてなされることが少なくない．

　メタファーを消費者研究の領域に応用した代表的手法がZMETである．その特質は，消費者のメンタル・モデルを明示化すること，およびメタファーの導出にあった．すなわち視覚をはじめとした消費者の感覚的イメージを用いて，リサーチ・プロセスのなかに非言語的要因を取り入れようとする試みであった．その背景には広告における調査部門とクリエイティブ部門の体質的相違の解決という実務上の課題もあった．当該手法の前提はつぎのとおりである．①人間のコミュニケーション活動の中心は非言語である，②思考は言語ではなくイメージを基盤としている，③メタファーが思考の中心にある，④感覚（知覚）イメージをメタファーとして捉えれば，思考，感情，行動をより深く知ることができる，⑤消費者はメンタルモデルをもち，それは市場経験についてのアイデア（コンセプトやコンストラクト）の総合関連性を表すもので，ストーリーとも呼びうる，⑥隠れた思考を絵や写真を用いて表面化させることができる，⑦理性と感情を同等に扱う，⑧意味の誕生にはコア・コンストラクトが重要な役割を果す．

　広告への消費者の態度を知ることを狙いとしたZMETでは，調査協力者（インフォーマント）に広告へのイメージを表現すると考える絵や写真の持参を要請し，長時間の面接を行い，そしてその内容を録音する．具体的にはつぎのような手順がとられた．①絵や写真に関する消費者のストーリーテリング，②イメージを発見できなかった印象の調査，③持参物に基

づくコンストラクトの導出，④広告についての五感を中心としたメタファーによる表現，⑤ビネットやサイコドラマづくり，⑥広告についての総合的なデジタル・イメージの作成．そして，メタファーの分析のためには，面接記録のなかのストーリーのナラティブ分析を行う．面接テープが文字化されることによってテクストを作成する．それを複数の担当者が読むことによって，インフォーマントのメタファー表現を記録していく．つぎにそれらを編集し，目立つメタファー表現に着目することによって，テーマ・カテゴリーが明らかになるまで解釈の作業を繰り返し続けていく．その結果，メタファー表現に適合したテーマ・カテゴリーが定まる．さらに，テーマ・カテゴリーを抽象化することによって，データをまとめた適切な表現を可能とするコンセプチュアル・メタファーをつくる．最終的に，解釈者達はテーマ・カテゴリーとコンセプチュアル・メタファーを吟味することによって，ディープ・メタファーを明らかにする．Zaltmanらの調査結果では，インフォーマントのメタファー表現を基礎として，「広告の侵入性」（テーマ・カテゴリー），「でしゃばりな隣人」（コンセプチュアル・メタファー），「力」（ディープ・メタファー）という関連性が明らかにされた．全体としてみると，広告は生活水準にプラスの影響をもつ肯定的イメージと，パワーを備えたマイナスの影響を及ぼす否定的イメージの両面で捉えられていることがわかった．

　ZMETは，最近では，脳研究で明らかになっている理論や技法を加えることによって，消費者の無意識を焦点とした「心脳マーケティング」の手法としても高度化を遂げ，注目されている．メタファーを中心として消費者をホリスティックな視点で捉え直そうとする点に同手法の今日的意義があると考えられる．長時間の面接によって消費者（インフォーマント）の語る内容を記録し，テクストとして編集し，解釈の作業を開始することに加えて，ZMETは消費者の無意識という思考における最も重要である部分に目を向け，それをメタファーという形で顕在化させ，メタファー表現からディープ・メタファーまでの体系が整うまで，部分から全体への解釈の作業を繰り返して行う点に特色がある．その意義は，消費者の思考や感情を深く探るという実践的意味合いにとどまらず，生活のなかに溶け込んでいる人間としての消費者の声を解釈という手段で知ろうとする点にあ

ると考えられる．すなわち，消費者の「生」を対象として，そのなかでの「意味」をメタファーの解釈を通じて深く把握しようとすることに当該手法の本質があるといえよう．

注

1 Russell W. Belk, "Exchange Taboos From an Interpretive Perspective," *Journal of Consumer Psychology*, 15 (1), 2005, pp. 16-21.
2 Aaron C. Ahuvia, "Beyond the Extended Self: Loved Objects and Consumers' Identity Naratives," *Journal of Consumer Research*, June 2005, pp. 171-184.
3 Kelly Tian and Russell W. Belk, "Extended Self Possessions in the Workplace," *Journal of Consumer Research*, September 2005, pp. 297-310.
4 John L. Lastovicka and Karen V. Fernandez, "Three Paths to Disposition: The Movement of Meaningful Possessions to Strangers," *Journal of Consumer Research*, March 2005, pp. 813-823.
5 瀬戸賢一『メタファー思考』講談社，1995．
6 佐藤信夫企画・構成『レトリック事典』大修館書店，2006．
7 芳賀純・子安増生編『メタファーの心理学』誠信書房，1990．
8 Yadin Dudai, *Memory from A to Z*, Oxford University Press, 2004.
9 石崎俊・波多野誼余夫編『認知科学ハンドブック』共立出版，1992；大津由紀雄編『認知心理学3 言語』東京大学出版会，1995．
10 David Rose, *Consciousness*, Oxford University Press, 2006.
11 高橋正泰『組織シンボリズム—メタファーの組織論—』同文舘，1998；野中郁次郎・紺野登『知識創造の方法論』東洋経済新報社，2003．
12 David Grant and Cliff Oswick (eds.), *Metaphor and Organizations*, Sage Publications, 1996.
13 S. Ratneshwar and David Glen Mick (eds.), *Inside Consumption*, Routledge, 2005.
14 S. Ratneshwar, David Glen Mick and Cynthia Huffman (eds.), *The Why of Consumption,* Routledge, 2000.
15 Gerald Zaltman and Robin Higie Coulter, "Seeing the Voice of the Customer: Metaphor-Based Advertising Research," *Journal of Advertising Research*, July/August 1995, pp.35-51; G. Zaltman, "Rethinking Market Research: Putting People Back In," *Journal of Marketing Research*, November 1997, pp. 424-437; Robin A. Coulter, Gerald Zaltman, and Keith S. Coulter, "Interpreting Consumer Perceptions of Advertising: An Application of the Zaltman Metaphor Elicitation Technique," *Journal of Advertising*, Winter 2001, pp. 1-27; G. Zaltman, *How Customers Think*, Harvard Business School Press, 2003（藤川佳則・阿久津聡訳『心脳マーケティング—顧客の無意識を解き明

かす―』ダイヤモンド社，2005).
16 R. W. Belk, *op. cit.*
17 J. L. Lastovicka and K. V. Fernandez, *op. cit.*
18 A. C. Ahuvia, *op cit.*
19 K. Tian and R. W. Belk, *op cit.*
20 Ap Dijksterhuis and Pamela K. Smith, Rick B. Van Baaren, and Daniël H. J. Wigboldus, "The Unconscious Consumer: Effects of Environment on Consumer Behavior," *Journal of Consumer Psychology*, 15 (3), 2005, pp. 193-202; A Dijksterhuis and P. K. Smith, "What Do We Do Unconsciously? And How?" *Journal of Consumer Psychology*, 15 (3), 2005, pp. 225-229.
21 武井寿『現代マーケティング・コミュニケーション―基礎理論的研究―』白桃書房，1988，184-188頁.
22 John W. Pracejus, G. Douglas Olsen, and Thomas C. O'Guinn, "How Nothing Became Something: White Space, Rhetoric, History, and Meaning," *Journal of Consumer Research*, June 2006, pp. 82-90.
23 Jonathan E. Schroeder, *Visual Consumption*, Routledge, 2002.
24 Y. Dudai, *op. cit.*, p. 160
25 瀬戸賢一，前掲書，23-24頁.
26 同上書，4頁.
27 Y. Dudai, *op. cit.*, p. 160.
28 *Ibid.*
29 Michael J. Mahoney, *Human Change Processes: The Scientific Foundations of Psychotherapy*, Basic Books, Inc., 1991, pp. 272-275.
30 佐藤信夫「レトリック」『大百科事典15』平凡社，1985，所収.
31 瀬戸賢一，前掲書，202頁.
32 フィリップ P. ウィーナー編『西洋思想事典4』平凡社，1990，54頁.
33 同上書，58頁.
34 瀬戸賢一，前掲書，186-189頁.
35 佐藤企画・構成，前掲書，190頁.
36 芳賀純・小安増生編，前掲書，11頁.
37 佐藤企画・構成，前掲書，216頁.
38 同上書，216-217頁.
39 廣松渉他編『岩波哲学・思想事典』岩波書店，1998，108頁.
40 『哲学事典』平凡社，1971，1158頁.
41 佐藤企画・構成，前掲書，244頁.
42 『大百科事典15』平凡社，656頁.
43 佐藤企画・構成，前掲書，265頁.

44 同上書, 275頁.
45 瀬戸賢一, 前掲書, 203-206頁.
46 佐藤企画・構成, 前掲書, 484頁.
47 D. Grant and C. Oswick (eds.), *op. cit.*, pp. 6-10.
48 *Ibid*. p. 2.
49 Y. Dudai, *op. cit.*, pp. 160-161.
50 坂原茂「メンタル・スペース理論」大津由紀雄編, 前掲書, 238-239頁, 所収.
51 D. Rose, *op. cit.*, p. 320.
52 楠見孝・高橋秀明「メタ記憶」石崎俊・波多野誼余夫編, 前掲書, 238-250頁, 所収.
53 芳賀・子安編, 前掲書.
54 D. Grant and C. Oswick (eds.), *op. cit.*
55 本項の説明はつぎの論考に基づいている. Robert J. Marshak, "Metaphors, Metaphoric Fields and Organizational Change," in *Ibid.*, pp.147-165.
56 Gareth Morgan, "An Afterword: Is There Anything More to be Said About Metaphor?" in *ibid.*, pp.227-240.
57 S. Ratneshwar, D. G. Mick, and C. Huffman (eds.), *op. cit.*
58 S. Ratneshwar and D. G. Mick, (eds.), *op. cit.*
59 Douglas B. Holt, "How societies desire brands," in *ibid.*, pp. 273-291.
60 Robin Coulter and Gerald Zaltman, "The Power of metaphor," in S. Ratneshwar, D. G. Mick, and C.Huffman (eds.), *op cit.*, pp. 122-143.
61 Susan B. Kaiser and Karyl Ketchum, "Consuming fashion as flexibility," in S. Ratneshwar and D. G. Mick, (eds.), *op. cit.* pp. 122-143.
62 G. Zaltman and R. H. Coulter, *op. cit.*
63 G. Zaltman, "Rethinking Market Research: Putting People Back In," *op. cit.*
64 R. A. Coulter, G. Zaltman, and K. S. Coulter, *op. cit.*
65 G. Zaltman, *How Customers Think*, および前掲翻訳書.
66 同翻訳書.
67 同翻訳書, 4頁.

第11章

意味解釈のマーケティングの目的と課題

1. はじめに

　本書の狙いは，深く理解すべき対象としての人間に働きかけていく際にわれわれは何について，どのような手順を考えていく必要があるのかを，市場における企業と消費者の相互作用を特徴としたマーケティング状況を想定して，およそ30年の研究テーマに関連した諸研究を参照することによって，存在や認識についての枠組み，さらには方法論の拡張と深化を探究することにあった．情報処理のパラダイムが台頭して以降，認知や知識という言葉が多くの研究の場で用いられており，これらを主題とした優れた研究業績も著されている．こうした研究の背景には，社会や集団，そして組織のなかで人が生きていくことは「考える」ことと等しく，知識を創造することが人間の本質であるという洞察があるように思われる．本書では，考えるという行為を「解釈する」という内容で捉えて，生きることの解釈的側面をマーケティング研究として論述した．

　本書の意図するところは，消費者をその生活世界のなかに位置づけてトータルに理解するという観点とそのための方法の探究にあり，生活世界のコンテクスト（文脈）のなかで消費者のもつ「意味」を知ることの重要性の解明であった．そして，マーケティング活動の使命は，こうした「意味」に気づき，それらを個別に尊重すること，また意味の多様性と豊かな発展に重きを置いた働きかけを図ること，さらには意味解釈の基盤となる消費者の生活世界の充実に長期的視点から資することであると考えた．また，こうした立場での学問の特性や，研究者のあり方にも触れた．

　以下において，各章のポイントを提示して，本書の論旨を整理したい[1]．

2. 意味解釈のマーケティング

(I) 意味解釈の理論

　第1章では本書を貫く問題意識と，それに関連した理論の歴史的発展，ならびに意味解釈を含めた技術的側面について論述した．聖書解釈学を起源とする意味の「解釈」というテーマが，マーケティング研究に導入されたのは1980年代の初頭であった．それらは消費者の行動の奥底にあるエモーションやイメージという経験的あるいは内面的部分に焦点をあてた消費者研究を展開しようとする目的を備えていた．そして「解釈（的）」を表す言葉をマーケティングに加えることによって，新しいマーケティング研究のあり方を提唱した．現代のマーケティング研究のなかで存在論，認識論などの用語が学問としての体系を意識しながら哲学的意味合いを込めて明記されるようになったのはこの時期以降といえよう．また，消費行為をコンテクストと一体のものとして捉えて，人間が「生きる」ことと結びつけて理解するために「ホリスティック」という概念を使用することも行われた．そして，サイエンスの目的としての現象の「説明」と並んで，現象を構成する当事者や内部者の立場に即した「理解」を促進するための研究の規範や方法が提唱された．さらに，研究における「言葉」の重要性が指摘された．

　マーケティングにおける意味解釈というテーマを消費者研究をベースとして，今日まで一貫して研究してきたのはLevyであった．当該領域は今日においても体系化がなされたと言える状況にはないが，Levyは長年の研究を基礎として，それは質的研究の一端を占めるものであり，解釈的，主観的，解釈学的，内省的，ポストモダンなどの名称で呼ばれる領域と近似していると述べている．臨床的心理学を応用したパーソナリティ分析や投影法は解釈的次元への関心を喚起し，Dichterのモチベーション・リサーチを有名にした．Levyの研究は，学問的には意味論との接触，実務的には社会調査の専門機関での仕事を通じて内容の深まりを見せたが，その最大の功績は，「意味」の誕生を消費者のモチベーションとパーセプションの相互作用のなかに捉えたことであった．彼の鋭い洞察は，1970年代末までに，①ブランド・イメージ，②象徴（シンボル）の分析，③マーケ

ティング概念の拡張,という現代にも通じる研究テーマを誕生させた.

その他,第1章では,意味解釈にかかわるいくつかの理論や,それらとマーケティングの関連性について説明した.象徴的相互作用論の影響を受けて社会学を中心に発達した理論がデータ対話型理論とも呼ばれるGlaserとStraussのグラウンディド・セオリーであった.これは大理論に基づく演繹体系とは対極にあるデータに根ざした理論をつくるというニュアンスを有し,コンテクストの重視や研究者のフィールドへの没入などの方法上の特徴を備えている.クリティカル・セオリーは,批判理論とも呼ばれ,人間の権利や価値の問題を中心として,人々の苦しみを緩和するためになし得ることを考える規範的・啓蒙的色彩をもった,変化を指向した理論である.そして,実在や意味について論じる.

解釈的特質を備えた理論とはつぎのような特徴をもつといえよう.①人間の行動を方向づける目的と価値に重点を置く,②経験による人間の意味の認識に焦点がある,③当事者の立場で理解を図る,④コンテクストと歴史を重視する,⑤意味には自律性があり,受けとる者によって複数の解釈が生まれる(両義性)ことを仮定する,⑥テクストの意図を忠実に蘇らせるという方法論がある一方で,意図の支配をつぎつぎに置きかえていくイマジネーションを尊重した脱構築に基づく方法論もある,⑦部分と全体の循環のプロセスを経て意味を把握する.また,テクスト解釈に関した研究に基づき,つぎのような示唆を得ることができる.①解釈のスタートは直観的理解に依存する,②感情移入は相手の身になって知る方法である,③深い解釈や理解とは,伝統的解釈と解釈者自身の経験に基づく解釈による意味の融合である.

これらをマーケティング文脈に応用すれば,つぎのようなポイントを提示できる.①消費には経験すること自体を目的とした表現的意味を求めるタイプがある,②全体の意味(イメージ)は要素(部分)の総合を超えて消費者に知覚される,③イメージ,サイン,シンボル,コードなどの概念を解釈学的に再検討する必要がある.

以上の事柄は今日のグローバル化したマーケティング文脈において重要性を増している.

(2) 認識の拡張

第2章では，1980年代以降を中心に消費者研究によって提起された「認識」の拡張について論じた．取り上げた事項は相対主義的認識，ナチュラリスティック・インクワイアリー，人文主義的認識などであり，最後に消費者研究の学問的位置づけに触れた．80年以降の動向は今日にまで引き継がれている．

相対主義は認識や価値において相対性を重視する立場であり，現象学，主観主義，実存主義などと接点を有し，現実をそれ自体というよりは認識する意識との関連において認識するとの考えに立っている．現実という客観的事実が存在し，それを支配する法則を実証を通じて解明しようとする立場に対して，相対主義や構成主義では，文脈や準拠枠に応じた多数の現実のなかから，合意を形成することによって現実はつくられると考える．こうした立場での研究は，歴史学，人類学，社会学，臨床心理学などの分野にある．

ナチュラリスティックは，研究者が対象の行動の先行的条件に操作的意図をもつことなく，あるがままの形でフィールド調査を行い，コンテクストを重視しつつ結果を解釈という手段で認識する方法を示唆しており，エスノグラフィック，現象学的，脱実証主義的，質的，解釈学的，ヒューマニスティックなどの言葉に近い特色をもつ．研究は調査者が現象のなかに入り込むことによって進められ，面接（インタビュー）を通じて，言語化された命題知のみならず，体験的理解による暗黙知の共有を回答者とも図る．それゆえ帰納的分析や検証が展開されて，ケース・リポートとして成果がまとめられることが多い．

1980年代以降にマーケティング研究において唱えられた人文主義的認識とは，現実とは人間が組みたてるものであって，本質的には個別的性格を備えており，それゆえ，そのなかで因果関係を明示することは容易ではなく，消費者の価値意識をその内面に即して探ろうとする立場である．その際に用いられる方法が参与観察，感情移入，直観などである．研究では体験に基づく内容の言葉（言語）への移しかえがポイントになるが，この過程で，さまざまな体験の意味がひとつの統一性を備えた認識パターンに突如として変換されることがあり，これをゲシュタルトと称する．また感

情移入では研究者側の感受性の働きを求める直観とは対象とひとつになって，内から実感する能力を指している．つまり，研究者の自己の内面を見る内観の力と，イマジネーションといえよう．こうした認識や方法の結果として，生きた経験をそれが発生した生活世界に即して理解できるようになり，研究者と回答者の間での対話の活性化，新しいテーマの発見，厚みのある解釈などの利点を享受できる．

以上のような消費者研究における認識の拡張は，「意味」や「価値」などを研究対象とすることによって，マーケティングと人文科学との接点をより強く意識させたと言えよう．

(3) 消費における経験と意味

第3章では，消費における「経験」についての理論的扱いと「意味」のインプリケーションを研究系譜も交じえて論じた．1980年代前後から消費にかかわるさまざまな言説が発表されてきたことはマーケティングの世界では周知のことである．その特色のひとつは消費をコミュニケーションという枠組みで考察することであった．消費の人間的側面に光てあてようとする研究もこの時期に始まったと考えることもできよう．そして，消費者の意思決定過程を認知のみではなくアフェクトやエモーションも含めて論じる動きが勢いを増した．すなわち，消費者をトータルな人間存在と認識して，その本源的な欲求と行動を認知と感情と身体をベースとして捉えようとする方法論への転換であった．

HolbrookとHirschmanを中心とした消費におけるヒドニズム（hedonism），すなわち快楽主義の研究が最も広く知られた研究であった．そこでは消費の経験的側面に注目した．彼らは，研究テーマとして愛，憎悪，喜び，恐れ，悲しみなどを含めることを提唱し，そして研究方法的には，刺激の相違に基づく消費者の情報処理の違いに着目した．また，経験としての消費はイメージ，ファンタジーなどの消費者の内面の拡張に働きかけて，それ自体としての満足を招来することを示唆した．そして，消費者研究における「意識」「エモーション（情動）」「価値」といった要因の重要性について嚆矢的指摘を行った．

既述のように，マーケティングにおける「意味」の研究はLevyに始ま

る．彼は買い手の購買態度を分析することによって，製品の社会心理的特性に注目した研究を行った．製品の販売をシンボル（symbol）の販売と考える彼の主張はここに由来している．また，購買動機が必要性から好みに転換するにつれて，消費者のシンボリックな反応の意味合いが拡大するとの見方は，経済成長に伴う変化を予言する内容であった．Levy の初期の研究は，当時台頭した行動科学を基盤としたものであって，彼は「マーケティング行動」と呼ぶ理論的枠組みを使用して，マーケティング交換に参加する主体間での「意味」の発信と受信のプロセスを「マーケティング・ダイアローグ」と名づけた．そして「意味」を伝えるものを「シンボル」と考えた．彼の「意味」の創造と解釈についての萌芽的言説は，社会，集団，個人に関する奥深い分析に基づくものであって，今日のエスノグラフィーとの接点に関する記述をも含んでいる．さらにマーケティング・ダイアローグがブランド・イメージをつくるといった注目すべき指摘も含まれていた．

　意味研究の方法的側面に注目すれば，言語学に基づく古典的研究から，近年の認知科学的成果まで，その発展を跡づけることができる．Osgood の研究は，1950 年代に始まったものであるが，心理言語学と呼ばれ，それは，彼の活動した当時の心理学の支配的枠組みであった刺激−反応のモデルを基礎として，意味の形成を表象媒介過程によって説明するものであった．そして，意味が関係づけの概念であること，人間の経験を内包する過程を経ること，そして意味は受け手によって創造される特質をもつことなどを明らかにした．また，認知心理学の研究によれば，認知は単なる外界の模写ではなく，外界と，生体が貯蔵した知識によってつくられると考えることから，人間は外界からの情報に基づき「意味」を創造することがわかる．それゆえ，現実（実在）とは主観的な解釈のシステムによるイメージの世界ともいえるのである．

　外界からの入力情報に対する生体からの働きかけの過程とその結果を知るためには，エモーション，人間行動の非合理的側面，そして欲望を知る必要があり，これらをトータルなものとして全体を見る観点を忘れてはならない．これをホリスティック・アプローチと呼ぶ．消費経験を存在論的に研究するためには，ケース・スタディと参与観察が有効である．また内

観による方法も提唱された．

(4) 意味解釈の系譜

　第4章では，社会学を中心とした伝統的な「理解」や「解釈」についての研究に触れた．その理論的基盤のひとつは象徴的相互作用論であって，それは人間が意味に基づいて行為すること，意味は社会的相互作用過程から生じること，そして意味は人間によって解釈される，と考える．また，その理論は，プラグマティズム，Darwin流の進化論，行動主義の影響のもとに発達したとされる．象徴的相互作用論の要諦は，人が状況に直接に反応するというよりは，状況を定義し，解釈すること，そして他人との相互作用のなかから社会的現実をつくるという認識にあった．そして，こうした象徴としての社会的存在とその意味を中心として，行為者の立場に即して社会を考える特色を備えていた．人は反応するのではなく行為するものであるという前提に当該理論の主張がよく反映されている．

　他人を理解するとはどういうことで，経験を解釈することの意義はどこにあるのかといった問題意識が歴史的にみて多くの研究者の心を捉えてきた．その結果，人間科学，精神科学，文化科学，理解社会学，知識社会学，エスノメソドロジーなどの学問がヨーロッパや米国で提唱された．そして，それぞれの研究状況と系譜のなかで，追体験，生の哲学，異質性への着眼，感情移入，全体と部分の往還などの学説や方法が示されてきた．

　現代の学問における「解釈」の復権を唱え，道徳的言説の重要性をいちはやく指摘したのは既述のようにBellであった．また，一群のマーケティング研究者は，人文科学を中心とした解釈的アプローチに依拠することによって，人間行動に関する素材をテクストとして，意味を探るために批判的分析を行うことの必要性を論じた．テクストは多くの場合において消費者行動を基盤とした内容であった．HudsonとOzanneの研究は，存在論，価値論，ならびに認識論の次元で，解釈主義の特色を実証主義との対比によって明らかにした特筆すべき内容を備えていた．具体的には以下の事柄の重要性を指摘した．①存在論としての社会構成的仮定，②意味の連鎖によって依存関係にある複数のシステム，③コンテクストを含めた存在，④行動の説明よりも理解を大切と考える理論目標，⑤時期と文脈に依

存した知識，⑥個性記述的知識，⑦対象との相互作用的関係．

(5) 意味解釈と文脈

　第5章では，1980年代以降の認知科学の発展と意味研究との関連性，90年代前半におけるマーケティングでの意味研究の展開，およびマーケティング研究として紹介された意味を探るための具体的技法について論じた．

　20世紀の最大の研究成果とも評価された認知科学は学際的研究としてすでに1950年代に始動していた．そこには，心理学での行動主義への批判，人工知能，Osgoodの意味測定の研究などが含まれていた．そして，研究の推移によって，認知科学は人間の認識についての方法論的立場からの議論を招来した．「知る」ことは感覚的経験の跡づけを中心とした連合（アソシエーション）であると考えれば，それは生体の外側から内側に向かう方向性を備えるということができる．初期の認知的研究は，感覚器官から短期記憶へ，そして長期記憶へという移転のルートとそこでのメカニズムを提起した．また，スキーマという重要な概念を指摘した．それら以外にも，研究の進展によって，神経科学（ニューロサイエンス）への依存，コネクショニズム，自己組織化などが明らかとなった．認知科学が「意味」をどのように扱うかはきわめて興味深いものであった．「意味」をそれに先立つ感覚的経験との瞬間的連合とみれば，「意味」は行動的あるいは神経生理学的事項に他ならない．大きな課題はコンテクスト理論であった．すなわち「意味」は文脈によって決定されるとの主張である．つまり，「意味」は刺激に内在するわけではなく，それゆえ普遍的であったり，状況や認識者から独立するものではないと考えるのである．ここに認知における両義性の議論が関係する．さらに，解釈学を交じえることによって，認識や認知の議論はさらに深まりを増した．「意味」をテクストのなかに位置づけ，解釈とは無関係なものとして考えようとする客観主義的立場と，解釈者の地平（視界）と時点による文脈化を重視する立場があり，後者を尊重すれば，能動的人間仮説として，テクストのなかに封印された意味を発見することではなく，個人のなかに封印された意味を明らかにする方法が重要となる．すなわち，テクストと読み手の関係は固定的ではなく，両者の関係から新しい意味を誕生させる可能性が生まれる．

以上のように，認知科学の発展は，個人の相違を測定誤差としてではなく，本質として捉えようとする学問の潮流を示唆しているともいえよう．
　「意味」を対象物についての知覚や解釈であって，人間，対象物，文脈（コンテクスト）の相互作用から生ずるものと考えれば，人は対象物についての自己の解釈（意味）に反応するのであって，「客観的」対象物に反応するわけではない．また，「意味」の知覚は人によって，また同じ人間でも状況に応じて異なるといえる．意味形成の過程は，外界からの複数感覚器官を通じたインプットに始まる．文脈はここにおいて個人が利用可能な情報である．これは環境の特色のような外部的文脈と，知覚者の対象物との体験の蓄積としての心理的文脈に分けられる．意味形成の段階はつぎのように分類される．①２つの文脈の範囲を定める，②個人が文脈から重要性に応じて情報を抽出する，③情報に基づき仮定的意味をつくる，④仮定的意味をラベルによって示し，それを検証し，最終的に承認する，⑤ラベルの妥当性を意味の一致として確認する．
　解釈の世界では，暗黙知のような事前に共有された理解は認識や比較の基盤のためにむしろ肯定的に受けとめられる．また相互理解を促すための対話（ダイアローグ）を重視する．さらに時間と空間を超えた経験の交流は言語（言葉）によってなされると考える．そして唯一の客観的解釈という考えを否定する．また解釈と，それによる理解の方向性を自己の内側に向ける．相手を知るということは内省や自己の変化を通じて自己の認識が変わることと考えるのである．これを存在論的な理解の様式や，主体と客体との一体的認識と呼ぶ．1990年代以降の解釈学的手法を用いた消費者研究の特色はつぎのとおりである．①テクストの表現形態の多様化，②テクストの意図を超えた解釈，③テクストの解読における記号論や構造的分析の応用と，言葉以外の表現要素への着目，④解釈学の輪，⑤事前理解の変化による地平（視界）の拡張，⑥適切な解釈のための条件の整備．また，解釈のプロセスでは象徴性のあるメタファーが活用される．それは対話を通じて現れる関心事，価値，そして意味の関連を伝える典型例としてのイメージや出来事であり，現象学的アプローチにおけるテーマと近似している．あるいは意味のパターンと表現することもできよう．
　解釈の技術的側面では，エスノグラフィーの考え方と方法を応用した意

味の文脈的理解としての行動的コンステレーション，視聴覚機器を用いた投影的技法としてのオートドライビングと呼ばれる写真等による消費者調査の方法，消費経験を現象学的に探究する試みとしての内観などについて説明した．

(6) ポストモダニズムの潮流

　第6章では，マーケティングで論じられるポストモダニズムの言説について説明した．ポストモダンという言葉は建築の世界などでも使用されており，使用頻度の少ない概念ではないが，その本質を知ることはなかなか難しく，誤解も多いように思われる．われわれは1990年代後半から2000年代初頭にかけての研究業績を中心として考察した．

　1950年代と60年代の構造主義者の影響力の拡大は「意味」を関係性のなかで認識する動向を生んだ．ある概念は他の比較可能な概念との対比によって「意味」が決まるという見方である．その変化はポスト構造主義者の立場とも呼ばれたが，社会的文脈，歴史とつながる意味，状況依存性などを重視した．そうした転換を象徴する言葉が脱構築であった．それは単一の意味への収斂ではなく，拡散的意味に重きを置くものであった．つまり二項対立を示して，その対立を調和させるという考え方や，階層性（ハイアラーキー）を崩し，統一や確実性に向かうことを批判する特色を備えていた．モダニティとは16世紀あるいは17世紀初頭に始まり現在に至る歴史の期間を意味し，モダニズムとはこの期間を形造る哲学的，社会文化的観念や状況を表している．そのなかでは，理性や合理性，認知の主体性，サイエンスとテクノロジー，リアリズム・表象・目的の統一性，産業資本主義，公的な生産と私的な消費の分離などが尊重された．それに対して，ポストモダニズムでは，文化，言語，美学，物語，象徴，文学的表現などを中核において，ローカリズム，個別主義，経験，ディスコース（言説），主観的説明などを重視する．

　その結果，ポストモダニズムは生産と消費に関して，とりわけ消費について独自な見方を発達させた．すなわち，モダニズムでは生産が価値を生み出す活動であるのに対して，消費をいわば価値破壊の行為と認識したのに対して，ポストモダニズムでは消費における文化的視点を重要と考え

て，商品は個人や集団の間でメッセージを伝える手段と認識されるようになり，消費を理解するうえでの文化の果たす役割と象徴的様式の意義を説いた．そして，美学と経済学の弁証法的作用によって，商品形態の美学や審美対象の商品化が行われた．象徴性についての認識が深まるにつれて，現実とシミュレーション，モノとイメージの区別が解消されて，マーケターは生活をショーとして演出することに深く関与するようになった．ポストモダニズムはシンボルとショー（スペクタクル）の時代でもあった．それゆえ，消費は社会的コードを決定し，再生産する象徴交換の発生の機会に変わり，価値を創造する場となった．消費者が求めるものは意味と経験であり，ブランドがつくるイメージやシンボルにロイヤルティを感じるようになる．

ポストモダニズムのなかでの「現実（実在）」とは，審美や商業的目的のための操作対象ともなるイマジネーションの世界を含んでおり，それは例えば製品やパッケージのデザインや演出された商業空間などである．これらはハイパーリアリティとも呼ばれる．商品は言語学的記号となり，マーケティングはその生産に関与する．モダニティは線形の，進化論的視点から消費者を描写し，ニーズの階層性，二項対立的意思決定によって消費者の選択の主体性を強調するが，ポストモダニズムの特色は非線形，偶発性などにあり，消費者を日常性の文脈で見る．その焦点は消費経験の多様性の描写にある．したがって，サブカルチャー，ローカリズムなどの視点が重要となり，市場の論理を逸脱したノミの市のような場に注目する．

ポストモダンの潮流を質的研究に関連づけて論じることもある．そうした研究を通じて，近年の特色として注目すべきは，人々の意識が人間行動における経済的な次元以外のところや，規範的次元に向かい始めたことである．

また，ディスコースという言葉が多く用いられるようになった．これは表象に近い意味をもつ言葉であり，「表象」とは何かを表すことを指している．結論的には，モダニストは表象との結びつきが深く，ポストモダニストはディスコースやダイアローグとのつながりが大きい．表象が言語的成果を閉じたものとして扱うのに対して，ディコースは開いた過程とする点に大きな相違がある．後者は，状況特定的文脈で著者と読者が無限の動

態的相互作用をすることを意図している．ひとつの意味，あるいは「正しい」意味を理解することを前提にすれば表象という概念を使用するが，ディスコースやダイアローグには意味を関係する者たちが相互作用を通じて構築するというニュアンスがある．すなわち，表象は限定的意味と関連し，ティスコースはポストモダンの流動性と結びつく．その他にも，ナラティブ，リーディングとライティングなどが表現や理解の様式として使われる．エモーションやホリスティックな視点を重視すれば，ナラティブこそが状況の本質を最も的確に描写できるのではないかという立場を言語学的転回と呼ぶ．

(7) エスノグラフィーの応用

第7章では，マーケティングにおけるエスノグラフィーの展開について論じた．本章と次章は1990年代以降の解釈的特質を備えたマーケティング研究のアプローチを説明するものである．消費者の日常の生活世界の意味や価値を知るための記述と分析のフィールドワークの方法がマーケティングにおけるエスノグラフィーの展開である．それは文化を記述することに方向づけられた研究ということもできる．すなわち，集団的社会生活の維持のための文化的方法の記述と分析を目的としている．そこでは言語によって伝えられる知識だけではなく，文化的に共有された暗黙知が対象となる．つまり，異質世界との遭遇と，そのなかでの意味の理解を目的とした社会調査の方法がエスノグラフィーの中核をつくる．したがって，方法的には，内部者の視点で研究を行うために，フィールドの構成員としての役割を獲得し，参与を果たすことにポイントがある．当該方法についてはシカゴ学派と呼ばれる人々の詳細な研究がある．シカゴ学派の影響を受けながらも，より革新的方法を提唱したものが，実存的社会学ならびにエスノメソドロジーの研究者たちであった．エスノメソドロジーは，現象学的哲学から派生して，50年代から60年代にかけて確立された学問的立場である．そして意味や社会構造の解釈と創造，および文脈性に注意を払う．また，知るための主体と知識の対象としての客体という主客の分離的関係を排する特色を備えている．エスノメソドロジーの起源としての現象学は，経験されたものとしての現実（実在）に注目し，行為者自身の主観的

解釈を理解すること,ならびにそれを社会的世界の描写に織り込むための学問的試みであり,行為者にとっての意味を解釈することによって,その行為を説明する方法を用いる.

このような方法や体系を意識したマーケティング研究の成果は,社会学者によるものを含めて1990年代前後から著されている.観察,参与,面接などの手法がそこにおいて活用されているが,社会学などで用いられてきた多様な社会的調査の手順がそのための重要な基盤となっている.

社会には「伝統」と呼ばれる重要な要因がある.それは人が経験から「意味」を解釈する際に利用する資源である.異なる伝統が接触した際に現れる相違をブレークダウンと呼ぶ.それは伝統の分裂であり,エスノグラフィーの役割は分裂を除去する説明を提供することにある.こうしたブレークダウンから新しい理解へのプロセスをレゾリューションと呼ぶ.人は自己のスキーマに導かれた期待や予想との間に生じた不適合状況を,スキーマの修正や新しいスキーマの構築による再解釈で解消しようと努める.首尾一貫したレゾリューションが達成された状況をコヒーレンスと称する.人が日常的に行っている解釈や理解の過程は以上のものに他ならない.コヒーレンスによって,人間の行為に関する推論(インフェレンス)が円滑なものとなる.スキーマとは,こうした推論の束を指すものといえよう.

(8) クリニカル・アプローチ

第8章では,マーケティングとクリニカル・アプローチ(臨床的接近)について論じた.1950年代から購買行動についての精神分析的関心は存在していた.その典型は既述のようにモチベーション・リサーチであった.組織論の研究によれば,依頼人(クライアント)の問題に対する診断と解決を病理的側面を重視して図る方式をクリニカル・アプローチと呼ぶ.

相手にとっての意味や価値がどこにあるのかを探ることは学問研究の本質のひとつであるにもかかわらず,近代科学はこうした方法論を十分に具備しているとはいえない.人間の認知を深く探ると「意味」とのかかわりが生ずる.閉じた世界に対象を置くのではなく,外側のより広い世界との

関係性を意識して対象を位置づければ，情報についての「意味」の解釈が焦点となる．ここには内容を相手に正しく伝えるためのコミュニケーションとは次元を異にするコミュニケーション研究の新たな課題を発見できる．相手の先行的理解はそのひとつである．記憶のなかの先行的理解が素情報を方向づけて，組み合わせをつくり，意味を解釈させるメカニズムが知られている．それを，マーケティング文脈に応用すれば，広告主の意図に沿うメッセージ内在的な意味解釈ばかりではなく，受け手の生活，経験などを反映した主解的意味理解にも目を向ける必要があることがわかる．これはメッセージに対する解釈の多様性や新奇性につながるものである．

　前章で論じたエスノグラフィーの方法とクリニカル・アプローチの共通点は，人々の間で暗黙のうちに当然のものと理解されている知識や常識の枠組み自体を問い直すことにあり，「あたり前」と認識されている内容に新たな角度から光をあてることである．Scheinによれば，個人，集団，組織，地域社会などを対象として，「援助の役割」にかかわる専門家をクリニカル・アプローチの実践者と呼ぶ．2つのアプローチには，情報収集の手段，専門家の育成方法，研究の焦点などにおいて相違点がある．

　クリニカル・アプローチは，相手の抱える悩みや問題を受けとめ，その解決に共同して取り組むという方法上の特質を備えており，精神医学に依拠して論じられることが多い．そこでは，主観的意味の把握，「了解」などの概念が引用される．また，「事例」を普遍的命題を支える証拠のひとつではなく，独立したケースとして尊重する姿勢や，現実とイメージの両面での共感（エンパシー）などが不可欠のものとなる．Schein は当該アプローチの詳細をコンサルテーションという言葉を用いて説明した．そして，エキスパート・モデル，医療モデル，プロセス・コンサルテーション・モデルを提示して，援助を提供するコンサルタントが協力することによって，クライアント自身に問題を知覚し，理解させ，解決を図る方式であるプロセス・コンサルテーションの有用性を指摘した．これは人が「生きる」場としての広い領域に応用可能な援助の一般理論といえるものである．

(9) リフレクション研究

　第9章では，意味解釈という行動と関係が深い，思考の過程を振り返る，別の角度から検討し直す，あるいは本質に立ち戻って考えることを意図したリフレクションについて論述した．消費者の生活世界のなかでの「意味」をテーマとした研究は2000年以降にも継続して認められる．消費は節約的消費という制約を離れて，ヒドニズムの追求や経験の消費という新たな次元でも論じられてきた．快楽的と功利主義的という2つの言葉によって消費の両面を対比させ，分類しようとする試みが見られた．深みのある研究としては，人間の生と死を対象として，儀礼の役割を文化人類学な視点を交じえて論じた研究や，重篤な病いのなかでの患者の心理の変化と消費の行動を現象学的アプローチを用いて研究したものなどがある．後者の研究においては，購買行為が人を「今」につなぎとめる役割を果たすなどの，消費を人間の存在に関係させて論ずることによって，数多くの貴重な示唆を提示した．これは消費が将来に向けての自己のイメージをつくるうえでてことしての役割を担うことを意味している．

　リフレクションの和訳的意味は，反射，反映，内省，熟考などである．内省は内観と同義であり，自己観察とも呼べる．今田高俊は，リフレクションを自省あるいは再帰性と訳して，立ち返るというニュアンスで独自な理論を展開した．今田は，物質やエネルギーについて論じるためには機能や構造の立場が重要であるが，生命やエコロジーに関しては意味の視点を重視すべきであると指摘した．そして，近代の優先様式と運営原理は成果と制御であったのに対して，ポストモダンのなかでは差異と自省が重要性を増すと述べた．今田の考え方は自己組織性に通ずる．マーケティング文脈に応用すれば，「何のための消費か」を生活世界のなかで問い直し，消費のイメージを生活，社会，文化の観点から再構築することが必要と考えられる．

　リフレクティブな方法論に着目すれば，存在論と認識論のあり方が焦点となる．これらは質的研究の本質的課題である．研究成果は，一般に，社会の知的・文化的伝統，研究者集団を背景として生まれてくるために，解釈の批判的探究の過程を欠かすことができない．すなわち，それは「解釈の解釈」と呼び得るものである．質的研究のなかで重要であるのは，事実

を集めて，なんらかのパターンの発生確率を知ることではなく，状況について人々がもつ解釈や意味を把握し，理解し，説明することである．人の行為や反応は自己がつくる意味に対するものと考えることができる．それゆえ，解釈の差異をクリティカルな視点で検討することが重要である．

リフレクションにはつぎの4つの道筋と具体的内容がある．①グラウンディド・セオリーやエスノメソドロジーなどに見られるデータ志向的方法，②解釈学の輪，直観，メタファーやナラティブなどを活用した解釈学に基づく解釈と洞察の方法，③個人，社会，イデオロギーなどの次元でのクリティカル・セオリー，④口頭と記述の両面より成る言語を用いた社会的テクストとしてのディスコースの分析．「解釈」には水準の違いがあり，それぞれが明らかにしようとするリアリティの内容があり，方法論を備えているのである．

(10) メタファー研究

第10章では，前章での説明を引き継いで思考や解釈のなかでのメタファーについて論じた．消費者研究では2000年代までの研究成果を整理し，人類学的接近，解釈的研究，ナラティブの分析，消費者の無意識への着目，視覚と情報処理などへの関心の高まりに触れた．

メタファーはレトリック，アナロジー，シンボリズムなどと関連し，ある実体を別のもので表す比喩的表現である．そして，宗教的世界，詩人や劇作家，精神医学などに広く活用されてきた．レトリックは，今日，修辞学と理解されるが，単なる技巧を超えて，人間の言語や記号的認識のなかで捉えようとする動きが見られる．また，アナロジーは類推，推論などと訳され，歴史的にはシンボリズムと共に豊富に用いられた時期もあった．シンボリズムは見えないものを見えるようにするための工夫である．メタファーは，あるものを明示的に別のものになぞらえる直喩と，暗示的・間接的つながりが大きい隠喩に分類される．それ以外にも詳細な分類がある．瀬戸賢一は，現実世界と意味世界の橋渡しをするものがメタファーであって，外にある現実世界と内にある意味世界を結ぶメタファーは身体が媒介するという興味深く，本質的な指摘をした．

メタファーの役割は，既存の知識を未知のものへ応用する情報の移転に

あるが，こうしたことによって，いきいきとした表現が可能になる，コンパクトに描写できるなどの効果が発生する．また，メタファーを用いることによって，完璧な理解には及ばないが，十分な認識を伝えることも可能になる．人間の日常の知識，あるいは専門的認識の多くはメタファーに支えられており，考えることや方法論自体もまたメタファーに依拠しているといえる．このように，人間の存在や認識を根底において支える役割を担うものがメタファーである．

　メタファーを組織研究に応用することによって，組織の変革を図るための考え方を示した研究がある．それは認知，文化，あるいは無意識を焦点としたものであった．認知を重視するアプローチは頭脳としての組織というメタファーを備え，支配的な信念としてのスキーマやフレーム，認知マップの変革を狙いとする．文化を焦点とするアプローチは，文化として組織というメタファーを備え，組織構成員の集合的信念に象徴的様式を通じて働きかけることで変化を誘発する．無意識を重視するアプローチは，精神分析学派に通底するものであって，無意識の力学が組織のなかの知覚，意味，行為に影響すると考え，象徴（シンボル）の活用を通じた変化を図る．以上のメタファーを用いた変革の方式は象徴的意味体系に働きかけることによって，組織構成員の主観的な意味における変化を導出するという特色を有している．メタファーはテーマと関連し，テーマが機械論的（メカニカル）であるとすれば，組織は部品を組み合わせて設計されたマシーンと認識されて，組織の変革とは故障の修理，新型モデルへの切りかえというイメージになる．テーマが生物学的である場合には治療や新しい環境への適合などのイメージとなる．また，テーマが認知的であれば，組織は認識や学習にかかわる頭脳とみなされるために，誤りや考え方の訂正というイメージとなる．さらに，テーマが政治的同盟などの関係的なものであれば，組織はつながりや結束に重点があり，組織の変革はほころびを修繕するイメージとなる．

　メタファーでは言語学的側面に目が向きがちとなるが，人間の理解や意味の創造に深くかかわるものと認識すべきである．すなわち，既述のように，われわれは外界とかかわり，得たものを組織化し，理解しようとする際に，ある現象を別のものを通じて理解するプロセスとしてのメタファー

を使用している．研究者のなかには，今後のメタファー研究の中核には言語学や哲学よりも，認知や脳の研究が位置するであろうと予測する者もいる．メタファーの変革によって，認識が変わり，新たな知識への突破口が生まれる可能性がある．別の表現を使えば，言葉やイメージが現実をつくっているのであり，どのような学問体系も何らかのメタファーに依存しているので，新しい知識を産出するためには，メタファーを脱構築のための手段として活用する必要がある．

　消費者研究でのメタファーへの関心は，消費者の自覚的部分や研究者にとっての可視的現象を超えて，消費者の動機，目標，欲求などを中心に無意識や不可視的部分に光をあてて探ろうとする研究に始まる．すなわち，暗黙知，無意識，日常性などを対象とした研究である．それらは，思考の大部分は無意識のなかで行われるという認知科学や神経科学の近年の見解と，思考はメタファーやイマジネーションに基づいているという見方に基礎を置いている．メタファーには言語的に表されるものと，非言語的なものがあるが，それらを知ることは，暗黙知や消費者の動機や欲求の深い理解につながる．コミュニケーションにおける非言語的側面に着目して，メタファーを中心とした消費者研究を提唱したのがZaltmanによるZMET法であった．それは写真や絵を用いたリサーチ，深層タイプの面談などを特色としている．近年は，これらに加えてfMRIなどの神経科学（neuroscience）に基づく技術が応用されて，脳の働きに基づく新たな発見が報告されている．

3. 結論と課題

(1) 「あたり前」の理解

　対象を深く知ろうとすることは，人間にかかわるさまざまな社会的活動に従事する者にとって必要なことであり，また責務と言える場合もあろう．本書では，それを方法的側面を中心として，マーケティングにおける消費者理解を主題に，関連する学問領域の研究成果も交じえて広範に論じた．われわれが取り上げたのは「解釈」という行為であった．既述のように，これまでの研究によって，これは消費者が自己の生活世界について行

うものと，消費者の解釈の内容を研究者が解釈する行為の両面を指している．解釈は人間の行為の基盤を成している．人は他者からの働きかけや情報に対して，直接的に反応するというよりはむしろ，それらの自己における解釈に基づいて行為すると考えることができる．

「解釈」によってつくられるものが「意味」である．そして「意味」を形成するのは，「経験」や「先行的理解」，そして「コンテクスト（文脈）」である．すなわち，「意味解釈のマーケティング」は，企業と消費者の認知的な先行的理解や経験をベースとして，そこにコンテクストが織り込まれて展開される，マーケティング・ダイアローグの状況を示すものであって，かつそれを方向づける概念ということができよう．

情報処理パラダイムに基づく「意味」形成のメカニズムでのコンテクストの重要性については，"Time flies like an arrow." の翻訳を事例として他のところで説明した[2]．

本書で触れたように，意味の解釈や理解に関しては社会学などを中心として長い研究の歴史があり，解釈学という立場をとれば聖書解釈を通じて宗教の世界とも深くかかわるものである．また，本書での中心的問題意識であった意味をミーニング（meaning）と捉える立場からすれば，それは哲学や思想の領域と関連するといえよう．意味にはまたセマンティクス（semantics）としての意味論の研究もあり，これは言語学に属する．さらに近年になり，エスノグラフィーの立場からの議論も少なくない．マーケティングにおいて「意味」への関心を戦後いち早く指摘したS. J. Levyは，当時の心理言語学の興隆などに影響を受けて問題意識を深め，主に行動科学の概念と方法を応用して研究を進めたと考えられる．無意識や深層心理などの，外側からは知ることのできない人間の内部的要因の行動への働きかけが当時の先進的研究者たちの大きな関心事であり，その解明が研究動機を構成していたといえよう．既述のように，Levyの生涯にわたる研究テーマは，いかにして人々の動機が対象のなかに意味を知覚させるのか，そして，こうした対象の意味がどのように動機に影響するのかを解明することによって，製品やブランドのもつ人々の「生」を象徴化する意味あい，人々が目的を追い求める際に抱くストーリー（物語）を知ることにあった．

社会生活のなかで他者を深く知ろうとすることの意義の解明と手法の開発が多くの研究者の心を占めてきたことはこれまでの記述より明らかである．その動機は，社会の円滑な運営，コミュニケーションの活性化，また利潤の増大など，さまざまであろう．本書では，質的研究の観点より，追体験，感情移入，場所やイメージの共有などの方法について論じた．しかし，どのような手段をもってしても，他者をあるがままに，完全に知ることは難しく，むしろ理解には条件が伴うとの見方が碩学の結論に近いように思われる．むしろ理解とは違い（差異）を認識することを本質とするとも考えられる．人々の思考のなかには当人にとっては「あたり前」となっていて，自覚されない部分がある．これは，日常の知識や常識，無意識，暗黙知など，学問分野によっていろいろな名前で呼ばれてきたものである．これらの多くは人々の存在を根底において支える事柄のように思われる．そして，それらは異質性との出会いによって本人に初めて自覚される特性をもつ．したがって，集団のレベルであれ，個人のレベルであれ，他者の「あたり前」という，自覚的認識に至る以前の，存在にかかわる無意識的部分を発見し，それを言語化し，論理的に解釈することが「理解」に通ずる道筋であると思われる．このためには対象との関係の継続が必要である．

(2)　一体的理解

　科学的思考の基本は対象化にある．何について，どのような手続きで調べた研究であるかを明確にすることが最も重要であると認識されている．いわゆる，対象と方法の明示である．これらを変化させて，どのように変えたかを詳述して，誰でもが一定の手順を踏んで，結論を導き，それを以前のものと比較することによって，検証し，内容を一歩，一歩前進させることがサイエンスであり，学問に他ならないと考えられてきた．それゆえ，主体としての研究者と対象（客体）は分離して位置づけられ，研究者は対象の存在や意味を問うことはせずに，その変化に焦点をあてて，原因と結果を客観的立場から解き明かし，説明することが正当な方法であると主張されてきた．マーケティング文脈でこれを表現すれば，焦点は市場の「反応」を詳しく研究することにある．マーケティングは歴史的に戦略的

色合いの強い行為であることから，その本質が市場の反応をベースとした行為体系にあると考える研究者も多い．本書の立場は，これに異を唱えるものではない．サイエンスの思想が，実験という手段を中心として対象に働きかけて，実証的方法によって理論を築く過程は大いに尊重すべきである．

対象化は時として，人をみるのではなく，現象をみるという罠に陥ることがある．医療モデルでいえば，医師が患者を診るという視点を忘れて，病気を治療することに注意を集中してしまうことである．それによって患者の生活の質が低下するという問題が生じた．ホリスティック・メディスンの必要性はこうしたなかから唱えられた[3]．マーケティングは日常の消費を研究の中心に置くことが多く，研究の方法的特質が人々の日常的感覚を歪める度合いはさほど大きいとは考えられないが，それでもサイエンスの規範を重視することによって抜け落ちる側面がないとは言えない．

本書で論じた解釈主義的立場は，対象の存在に，個別的な注意を払うことによって，その置かれた状況（コンテクスト）をトータルに把握し，対象との相互作用をつうじて，存在につうじる新たな「理解」を得ようとするものである．対象と交じわるなかで，視点を移動させ，相手にとっての現実を知ることで，研究者の既存の認識の枠組みが変化して，新たな理解が得られるという柔軟な特徴がある．実証主義の単一の現実，二元論，特権的観察に対する，多数の現実，相互作用的，非特権的観察などの特色は，こうした内容を要約的に表わしている．

解釈主義は対象をモノと考えることはない．それを，人間や，ヒトがつくりだした現象と捉えることによって，現象の人間的側面に注意を向ける．研究の期間に対象の考えや態度が研究者との相互作用をつうじて変わる場合もあれば，常に冷静に反応するとは限らない．つまり相手は理性的存在であると同時に，生身の，感情的実在でもあることを認識する必要がある．それゆえ，研究者には客観性という冷めた姿勢と共に，豊かな感受性が必要である．そして研究者も同様に変化する可能性がある．

主客の垣根をとり払った一体的理解に肉薄する鍵は存在論的試みにあると考えられる．既存のように，「意味」はテクストのなかに封印されており，それを発見することが解釈であると考える立場と，解釈者の地平（視

界）と時点による文脈化を重視する立場がある．後者をとれば，人はその時々において同じテキストから異なる解釈を引き出す可能性がある．われわれは日常生活でこうしたことを実感することが少なくない．同じ小説を読んでも，音楽を聴いても，そこから受ける感想や意味は時や場所，状況に応じて異なるといえる．すなわち，ヒトはモノや情報に反応しているように見えて，実は自己の認識に反応していると考えることができる．それゆえ，対象について解釈し，理解することは，相手に通じるというよりはむしろ，自己が内面において変容することによって，対象との一体化を図ることに要諦があるといえる．多くの認知研究が，主体から対象に向かう意識の流れを前提としてきたのに対して，認知はアフォードされるというアフォーダンス理論[4]の立場がある．本書で論じる主客一体化の認識はこうしたものに近いかもしれない．対象を映し出した自己の内面が変容するためには，存在を変えて，より具体的には身体と心を移して，新たな認識をつくることが必要である．ここで身体の移動とは物理的な視点の移動を意味し，心の移動とはイメージを働かせることや感情移入を意味している．本書ではリフレクションを介してこうしたことが可能になると考えた．既述の精神医学者の神田橋の患者理解のための方法は，実践から導かれた存在論的理解の見事な体系化といえよう．

　方法としての対象化の長所は証明可能性を伴う厳格さである．反面，抜け落ちるものは，相手の立場に立った解釈の意志，研究への素朴な知的関心の排除，立場や視点を移動させて観察や分析を行う柔軟性の欠如などであろう．対象との距離を変化させて，言語や非言語の手段を組み合わせながら，イメージやシンボルを織り込んで進める研究には対象との一体感を醸成し，相互に敬意や信頼を築く利点があるといえよう．

(3)　虚と実の演出

　今村仁司は1980年代に消費に関する鋭い指摘を残した[5]．それはJ. Baudrillardの『消費社会の神話と構造』[6]が読まれていた時代であった．指摘のポイントはつぎのように整理できる．①古代ギリシャやヨーロッパ中世などでは，消費行動は身分の高い者，自由市民の高貴な行為であり，消費活動は大きな意味をもっていた，②近代の消費は，わき目もふらずに

勤勉に働き，可能なかぎり倹約する行為，文字通りの「インダストリー」が尊重されて，節約的消費となった．③物質的財が豊かになった現代でも生産中心主義の思想は根強い．④消費行為を経済学的な捉え方から解き放ち人類学的視角から再構築する必要性がある．⑤消費の精神的効果を考察し，消費論を人間存在の探究へと発展させて哲学的な人間研究と合流させる．HolbrookとHirschmanが提唱したヒドニック・コンサンプションは，まさに消費に対する認識を転換する象徴的概念であったといえよう．

　消費を通じた楽しみや充実感，内面での豊かさを消費者が感じるためには，働きかける側での演出とも呼べる表現の工夫が必要であろう．ここではそれを「虚」と「実」という言葉で説明したい．ここで用いる「虚」とは偽りの，とか内容が無いというニュアンスよりはむしろ，イメージに近い概念である．虚数はimaginary numberと表す．想像上の，実在しないという訳語を用いることもできる．小学校の理科の実験で見たものはろうそくの炎の虚像であったと記憶する．「虚」の反対概念は「実」で，これはrealと表現される．すなわち，イメージとは「実」に対する「虚」の世界である．虚と実は文学の方法論の基本と位置づけられるようである．作家の車谷長吉はこれを三島由紀夫の書籍から学んだと述べている．そして，その評論的作品のなかで，近松門左衛門の「文学における真は虚実皮膜の間にある」という言葉を引用して，非日常性，非現実性としての「虚」の重要性を指摘した．そして，その例のひとつとして，松尾芭蕉の「閑さや岩にしみ入蝉の声」をとりあげ，岩という硬い石の塊に音波がしみ透るというあり得ないことを，あり得ることとして詠んだところに，実から虚への移行が成立すると述べた．また，こうした虚のないものは，小説にも詩にも短歌にも俳句にもならず，単なる文字の羅列に過ぎないと論じている[7]．

　確かに，日常会話を録音しただけでは聴き手の心を動かすドラマにできあがらない．「虚」の世界を演出するためにはそれに適した表現の工夫や装置が必要といえよう．むしろ「虚」としての豊かさが「実」の意味を視る者や聴く者に実感させるのかもしれない．本書で論じたメタファー，あるいはレトリックの手法などはそれを実現するものと考えられる．「解釈」はその実施を要請する主体も，行う者も「濃さ・厚さ（thickness）」を規

範とすべきといえよう．濃い・厚い解釈は深みを伴う．深みのある解釈をするためには経験と知識を必要とする．わが国の和歌や連歌などにおいては，先行文学をもとにして作る本歌取りの手法が多用されてきた．深みのある解釈は重層性を特徴としている．濃い（厚い），深みのある解釈に心がけることは，結果として関係する者の知識を磨き，広がりのある，柔軟な理解を導いて，知識の質を向上させる効果を発生させる．歴史や文化，言語，思想，哲学など，人間を焦点とした幅広い知識を結集してメッセージをつくることが，興味の幅を広げ，イメージを拡張することによって生活世界の充実に役立ち，マーケティング・ダイアローグの発展をもたらすといえよう．

豊かなイメージは創造力の源泉として，充実した社会生活を招き，社会の活力を生みだす潜在力となると考えることができる．

正解以外はすべて価値がないという基準が支配的である社会は効率的であるかもしれないが多様性に乏しく，息苦しさや閉塞感をつくり出す．人々の豊かな内面的イメージのベースとなるのは広さと深みを備えた教養的知識であると考えられる．それは歴史のなかで磨かれた，人間の充実した「生」を実現するため知恵の結晶といえよう．視点を移すことによって，正解の多様な顔が見えてくるかもしれない．視点の移動という柔軟性は豊かな学識に支えられて実現する．これまでのコミュニケーション・パラダイムでの情報の受け手は，周知のように，情報通信機器のここ四半世紀の飛躍的発達と普及によって，送り手としても行動するようになった．ビジネスの世界から事例を求めれば，堤清二氏の「無印良品」というコンセプトの先見性のように，意味解釈を受け手に任せるという方法論も今日有効であると考えられる．こうした時代状況のなかで，成果と制御をマネジメント・サイクルのなかでどのように位置づけ，そのプロセスの修正を図っていくかに大きな課題があるといえよう．

(4) 意味解釈の意義

これまで，本書の結論的部分として，意味解釈における当事者すらも気づいていない「あたり前」となっている日常の知識，無意識，暗黙知などの発見と解明の重要性，主客の垣根をとり払った一体的理解の方法論，さ

らには,「虚」と「実」という概念を用いた表現の工夫, 重層的意味解釈の意義などについて論述してきた.

人間が生きることの「意味」を自己に真剣に問うのは危機に瀕したときである. それは「存在」の意味を求めるからである. 本書で論じた意味解釈のマーケティングの本質は, 日常的状況も含めて, 消費者とのダイアローグを通じて, 消費者の存在を過去, 現在, 未来という認知的時間のなかに位置づけて, そのつながりを強化する, あるいはそうした消費者の意識をつくるうえで重要な役割を担い, かつ方向づけることにあった. それゆえ, 消費者についての存在論的理解, さらにはそれに対応したマーケティングの存在論的あり方を問い直すことが本書の主要テーマのひとつであった. そのために, Levyを中心とした約60年前の研究から21世紀の研究まで, とくにHolbrookとHirschmanの研究を中核に据えて, さまざまな理論的見解や研究を紹介した. 重篤な病いのなかで, 購買行為が人の意識を「今」につなぎとめる役割を果たす可能性があるという第9章で提示した事例は, 最も深い内容をわれわれに示した研究であった.

対象や現象を深く理解することとは存在に寄り添って知ろうとする姿勢である. 本書で論じたエスノグラフィーやクリニカル・アプローチはこれを物語っている. そして, その結果を「わが事」として理解することである. 一体的理解の意義と方法はこれを指している. われわれは対象を認識していると考えるが, 実は自分が映し出す自己の内面を見ているに過ぎないのかもしれない. これは, 第3章で引用した哲学者のものを見る際の「内から知る」方法に通じる考えである. すなわち, リフレクションによって変化した自己の認識を凝視して浮かび上がるものが「わが事」としての理解の内容といえよう.

2011年3月11日に発生した東日本大震災の被災地では震災で亡くなった親族の帯を形見とするのでクリーニングして欲しいという要望があり, またカラオケに加わることによって互いの無事を確認し, 元気を回復して, 支え合う関係を強化することが行われている. 東北地方の人情の厚さは暮らしに根差しており, そこに住む人々の意識の奥底で働く他人への思いやりと, 強い連帯の心は, 厳しい自然を背景として, 先祖から何代にもわたって継承されてきた地域共同体としての心根といえよう. 消費は, こ

のように，現在と，過去や将来を結びつけて自己の存在を認識するなかでも発生するのである．存在への深い理解なくしては血の通った支援はできないともいえよう[8]．

意味解釈の方法論は，これまで論述したように，存在論，認識論，方法論において独自な性格を備えている．知識の生成プロセスのなかで主客の関係が変化し，部分の変化が全体の解釈を大きく変えることもある．それ故，普遍的真理や絶対的基準という概念には馴染みにくい特色をもっている．そして，外に向かいがちな研究の意識を内に向ける自己凝視の方法論を伴う．研究者には，いわば自己の存在の底をはずし，自己の認識を疑い，つぎつぎと改訂していく柔軟で，機動的な姿勢が求められよう．それは途切れることなく，解釈を継続することに他ならない．本書では，ヒトが日常において「生きる」ことの本質は解釈を続けることであると考えた．こうした観点に言及することにより，マーケティング活動としての，市場での取引（交換）は生きることと不可分の行為となり，人間的特性を強めると考えられる．

注

1 本章は本書の第1章から第10章までの内容の要約的部分と結論で構成されている．それゆえ，既出の人名はできるだけ簡潔に記載した．また基盤となっている論述，ならびに引用については，それぞれの章に戻って参照されたい．

2 武井寿『解釈的マーケティング研究——マーケティングにおける「意味」の基礎理論的研究——』白桃書房，1997，290-293頁．

3 飯尾正宏・河野博臣『ホリスティック・メディスン』有斐閣，1986．

4 佐々木正人『アフォーダンス——新しい認知の理論——』岩波書店，1994．

5 今村仁司・山本哲士「労働・消費の二重螺旋」（山本哲士監修『〈欲望のアナトミア〉消費の幻視人』ポーラ文化研究所，1985，所収）．なお今村の指摘についてはつぎの文献で論述した．武井寿『現代マーケティング・コミュニケーション——基礎理論的研究——』白桃書房，1988，176-178頁．

6 Jean Baudrillard, *La Societe de Consommation*, Planete, 1970（今村仁司・塚原史訳『消費社会の神話と構造』紀伊國屋書店，1979）．

7 車谷長吉「読むことと書くこと——文学の基本——」（車谷長吉『錢金について』朝日新聞社，2005，所収）．

8 武井寿「震災後，お金の使い方はどう変わったか？」『新鐘』No.79，早稲田大学学生部，2012，11月，64頁；武井寿「存在に寄り添う消費」『CAMPUS NOW』No.210，早稲田大学広報室広報課，2014，3月，16頁．

事項索引

あ 行

あたり前 272
アナロジー 226
アフェクト 54
アフォーダンス理論 274
アレゴリー 228
暗示的意味 10
暗黙知 33, 117, 160, 236
生きた意味 40
異端的アプローチ 14
イーテック的理解 123
異文化の視点 182
イマジネーション 40
意味 5, 61, 66
　――情報 177
　――的意味 10
　――に基づく広告体験のモデル 181
　――の交換 61
　――の自律性 10
　――表現 92
　――のメタセオリー 110
　――論 118
イーミックな理解 123
イメージ 65, 139
　――・マネジメント 224
医療モデル 189
インダストリー 275
インフォーマント 160, 166, 201, 223, 241
隠喩 227
ウィーン学団 29
右脳と左脳 56
エキスパート・モデル 188
エスノグラフィー 122, 163
エスノグラフィック・アプローチ 182
エスノメソドロジー 91, 156, 161, 212
エモーション 54, 74
演繹的体系 15
エンコーディング 69
援助の役割 182
エントレインメント 178
エンパシー 76

オートドライビング 124
オペラント・アプローチ 176

か 行

外延的意味 116
解釈 2, 45, 278
　――学 93, 212
　――学的解釈 10
　――学的努力 42
　――学の輪 10, 111, 119, 212
　――主義 14, 97, 273
　――的アプローチ 9
　――的相互作用論 85
　――的理解 93
　――の解釈 207
　――の構築 38
　――のシステム 73
　――の評価 38
回想 127
概念の突破口 38
外部的（客観的）視点の研究 29
快楽型消費 55
快楽的（HED）尺度 199
価値観 121
価値論 97
カテゴリー形成 72
関係科学 177
観察調査 16
患者の身になる技法 187
間主観的 156
感受性 273
感情移入 11, 36, 213
完全構成員 163
観念論的意味 53
換喩 227
記号内容 53
記号表現 53
記号論 53
機能 199
帰納的体系 15
客体 272
客観的理解 179

279

共感法	187
共示的意味	53
共有的意味	99
教養的知識	276
「虚」と「実」	275
近代科学の方法論	176
グラウンディド・セオリー	6, 212
クリティカル・セオリー	8, 213
クリティカル・リフレクシブ	208
クリニカル・アプローチ	182
──の方法	185
グループインタビュー	16
ゲシュタルト	34, 38
ケース・スタディ	76
研究者内観	126
言語学的転回	148
言語相対主義	9
現象学	97, 156
現象学的アプローチ	24
現象学的立場	1
濃い・厚い解釈	276
構成主義	110, 203
行動科学的アプローチ	59
行動主義	74, 88, 108
行動的コンステレーション	123
功利主義	95
功利主義的(UT)尺度	199
9つの「意味」の分類	10
コード	53
コネクショニズム	110
コヒーレンス	164, 165
混合型内観	127
コンサマトリー	199
コンサルテーション	188
コンセプチュアル・メタファー	237, 242
コンテクスト	1, 98, 221
コンプレックス・メタファー	237

さ 行

差異	135, 205
サイエンス観の対比	26
再帰性	204, 206
サブカルチャー	143, 236
参与観察	36, 76
──法	161
視覚化された全体	13
シカゴ学派	161
「刺激(S)─反応(R)」パラダイム	60
自己凝視	278
自己言及作用	205
自己組織化	109
自己組織的	235
指示的意味	10
市場交換	157
自省	204
事前理解	117
視聴覚機器の応用	124
実証主義	13, 28, 273
──的／経験主義者的アプローチ	25
──と解釈主義	100
──とナチュラリストの原理の対照	30
質的研究	144
──法	4
自動駆動法	223
シネクドキ	228
社会階層	64
社会化された身体	122
社会的知性	89
写真導出法	125
写真を用いた意味導出の手法	223
周辺的構成員	163
自由連想	175
主観的理解	179
主客の垣根	273
主体	272
手段としての言葉	2
象徴	88
──的意味体系	232
──的相互作用論	6, 86
──的メタファー	120
消費経験	55
──のC→E→Vモデル	59
──論	12, 51
消費社会	138
消費者研究	1
消費者行動のモデル比較	58
消費における意味創造のモデル	115
消費の劇場	201
情報処理の二元的システム	56
情報創造	73
情報の冗長性	33
事例方式	34
神学	93
進化論	87
神経科学	109
心身二元論	41
深層面接法	15
身体	199
心脳マーケティング	243
人文主義	34
人文主義的アプローチ	38
シンボリズム	226

シンボル	62, 139
──の販売	61
心理言語学	67
推論	165
スキーマ	109, 164, 166
ステイタス・シンボル	64
ストーリー	145
ストーリー(物語)	271
ストリップ	165
生活史	159
生活世界	2, 199, 221
生産中心主義	275
聖書解釈学	1
精神科学	91
精神分析	175
──学	92
──的意味	123
精緻化	142
「生」と消費	201
説明	98
セマンティクス	271
選好	54
先行的理解	178
先入観	117
相互作用的内観	127
相対主義	24
──的/構成主義者的アプローチ	25
壮大な理論	198
組織文化	93
組織変革	233
ソフトサイエンス	177
「存在」の意味	277
存在論	1, 97, 206, 207

た 行

ダイアローグ	145
対象との一体化	274
態度	54, 60
対話	117
多属性態度モデル	55
脱構築	10, 136, 235
達成	36
短期記憶	109
知覚	5
知識社会学	91
「知→情→意」モデル	56
知的情報処理過程	72
血の通った支援	278
地平の融合	10, 119
抽象	72
長期記憶	109

直喩	227
直観	36, 39, 76, 212
追体験	92
ディコーディング	69
ディスコース	145
──分析	214
ディープ・メタファー	237, 242
提喩	228
テクスト	118, 145
手引き内観	126
テーマ	121
伝承記述	163
伝統	164
ドイツ観念論	91
投影的技法	125
同感	187
当事者の記述	159
統辞論	118
道徳的言説	95
ドメイン	168
トランスフォーメーション	69
取引(交換)	278

な 行

内観法	77, 126
内省	118, 203, 204
内部者	99
内部的(主観的)視点の研究	29
内包的意味	116
ナチュラリスティック・インクワイアリー	28, 96
ナラティブ	145
──分析	241
二項対立	136
日常性	199, 236
「日常」の社会学	199
人間行為	89
認識の形成	179
認識マーカー	53
認識論	1, 97, 141, 206, 207
認知	176
──科学	56, 71, 72, 109
──学派	231
──的意味	123
──的不協和の理論	108
ネイティブ	160
濃厚な記述	184
能動的構成員	163
ノード	166

は 行

ハイパーリアリティ……………………… 140
ハードサイエンス………………………… 177
場の情報…………………………………… 178
パラダイム・シフト……………………… 24
パラレル・パス…………………………… 35
反射………………………………………… 203
反省………………………………………… 204
反応………………………………………… 272
──法……………………………………… 159
東日本大震災……………………………… 277
非指示的面接法…………………………… 5
非反応法…………………………………… 159
ヒューマニスティック・インクワイアリー
………………………………………………… 43
ヒューマニズム…………………………… 43
表現的意味………………………………… 13
表示的意味………………………………… 53
表象…………………………………… 139, 144
──媒介過程……………………………… 67
ファッション……………………………… 238
フィールド・リサーチにおける関与…… 163
フィールドワーク…………………… 37, 161
諷喩………………………………………… 228
プラグマティズム…………………… 87, 121
ブランド・イメージ………………… 60, 65
ブレークダウン……………………… 164, 165
プロセス・コンサルテーション………… 190
──・モデル……………………………… 189
文化…………………………………… 63, 236
──学派…………………………………… 231
──記号…………………………………… 54
──資本…………………………………… 142
──人類学………………………………… 92
──的アプローチ………………………… 14
──的意味………………………………… 123
──的カテゴリー………………………… 143
──的テーマ……………………………… 170
──的転回………………………………… 14
──の研究………………………………… 160
方法論……………………………………… 207
ポスト構造主義…………………………… 122
──者的方法……………………………… 134
──の批判………………………………… 8
ポストモダニズム…………………… 138, 139
ポストモダン………………………… 205, 235
没入…………………………………… 6, 37, 76
ホームレス………………………………… 143
ホリスティック…………………………… 1
──・アプローチ………………… 24, 74, 75

──・メディスン…………………… 93, 273

ま 行

マウンテンマン…………………………… 143
マーケティング活動の使命……………… 253
マーケティング行動……………………… 61
マーケティング・ダイアローグ………… 61
ミステリーショッピング………………… 16
ミーニング………………………………… 271
無意識思考………………………………… 236
無意識・精神分析学派…………………… 231
無印良品…………………………………… 276
明示的意味………………………………… 10
命題知……………………………………… 33
メタセオリー……………………………… 209
メタファー………………………… 40, 224, 228, 275
──の機能………………………………… 229
メトニミー………………………………… 228
面接………………………………………… 159
メンタルモデル…………………………… 240
モダニズム………………………… 137, 138, 139
モチベーション・リサーチ………… 4, 123, 175

や 行

役割取得…………………………………… 89
豊かなイメージ…………………………… 276
夢分析……………………………………… 175
欲望………………………………………… 73

ら 行

ライティング……………………………… 145
ライフスタイル……………………… 64, 134
理解………………………………… 2, 98, 272
──社会学………………………………… 91
──の概念………………………………… 164
リーディング……………………………… 145
リフレクション…………………………… 203
了解………………………………………… 186
両義性……………………………………… 10
リンク……………………………………… 166
臨床心理学………………………………… 92
レスポンデント・アプローチ…………… 176
レゾリューション…………………… 164, 165
レトリック………………………… 224, 225, 275
ロール・テイキング……………………… 76
論理実証主義……………………………… 29

わ 行

「わが事」としての理解………………… 277

欧　文

C→E→Vパラダイム ……………… 56
C→A→Bパラダイム ……………… 56
fMRI …………………………………… 243
Harlay-Davidson …………………… 143
PET …………………………………… 243
SD ……………………………………… 108
　——法 ………………………………… 66
ZMET ………………………………… 238
　——法の手順 ……………………… 240

人名索引

A
Adler, P. ... 161
Adler, P. A. ... 161
Agar, M. H. ... 163
Ahuvia, A. C. ... 223
Alderson, W. ... 59
Alvesson, M. ... 206, 209
Anderson, P. F. ... 97
Applbaum, K. ... 143
Argyris, C. ... 175, 231
Arnold, S. J. ... 116
Arnould, E. J. ... 122

B
Baudrillard, J. ... 135, 274
Belk, R. W. ... 96, 143, 201, 222, 223
Bell, D. ... 95
Bell, S. ... 43
Berger, P. L. ... 91
Blonsky, M. ... 53
Blumer, H. ... 87
Bonsu, S. K. ... 201
Brown, S. ... 201
Brucks, M. ... 126

C
Carson, D. ... 207
Charon, J. M. ... 87
Costa, J. A. ... 143
Coulter, R. ... 236

D
Denzin, N. ... 87
Derrida, J. ... 10, 136
Dhar, R. ... 200
Dholakia, N. ... 201
Dichter, E. ... 4, 73
Dijksterhuis, Ap ... 223
Dilthey, W. ... 11, 43, 91, 92, 94, 161

Dyer, G. ... 53

E
Elliott, R. ... 137

F
Fernandez, K. V. ... 223
Festinger, L. ... 108
Firat, A. F. ... 137, 201
Fischer, E. ... 143
Fisk, R. P. ... 25

G
Gadamer, H. G. ... 11, 117
Garfinkel, H. ... 162
Gilmore, J. H. ... 199
Glaser, B. G. ... 6
Goffman, E. ... 87
Gould, S. J. ... 126
Grant, D. ... 229, 231, 234
Grayson, M. W. ... 43
Guba, E. G. ... 28

H
Habermas, J. ... 213
芳賀純 ... 222
Haytko, D. L. ... 143
Heidegger, M. ... 11, 43, 117, 161
Heisley, D. D. ... 124
Hill, R. P. ... 143
Hirschman, E. C. ... 1, 24, 36, 55, 122, 148, 157
Holbrook, M. B. ... 1, 36, 43, 51, 55, 95, 201
Holt, D. B. ... 134, 142
星野克美 ... 53
Hoyer, W. D. ... 54
Hudson, L. A. ... 1, 45, 97
Husserl, E. ... 161

I
今田高俊 ... 204
今村仁司 ... 274

J
Jacobs, J. ... 159
Jordt, I. ... 143
Joy, A. ... 199

K
Kaiser, S. B. ... 238
金井壽宏 ... 175
神田橋條治 ... 187
Kernan, J. B. ... 112
Ketchum, K. ... 238
Kleine III, R. E. ... 112
子安増生 ... 222
Kozinets, R. V. ... 144
車谷長吉 ... 275
楠見孝 ... 230
桑原武夫 ... 125

L
Lastovicka, J. L. ... 223
Levi-Strauss, C. ... 135
Levy, S. J. ... 3, 4, 61, 124
Lincoln, Y. S. ... 28
Locander, W. B. ... 24, 40, 119
Luckmann, T. ... 91

M
Mahoney, M. J. ... 108, 225
Marshak, R. J. ... 231
Mason, M. J. ... 201
McAlexander, J. H. ... 143
McCracken, G. ... 112, 143, 157
McQuarrie, E. F. ... 141
Mead, G. H. ... 87
Mick, D. G. ... 141, 179, 235

284

Morgan, G. ················ 234
Muncy, J. A. ················ 25
Murray, J. B. ················ 8

N

野田正彰 ················ 185

O

O'Guinn, T. C. ················ 224
O'Shaughnessy, J. ··· 2, 9, 95, 156, 175
Ogden, C. K. ················ 70
Okada, E. M. ················ 200
Olsen, G. D. ················ 224
Olson, J. C. ················ 25
澤瀉久敬 ················ 39
大平健 ················ 182
Osgood, C. E. ········ 66, 108
Oswick, C. ········ 229, 231
Ozanne, J. L. ········ 1, 8, 45, 97

P

Pavia, T. M. ················ 201
Peter, J. P. ················ 25
Peterson, R. A. ················ 54
Pine II, J. ················ 199
Pollio, H. R. ········ 24, 40, 119
Pracejus, J. W. ················ 224
Prus, R. C. ················ 157

R

Ratneshwar, S. ················ 235
Richards, I. A. ················ 70
Ritson, M. ················ 137
Rogers, C. R. ················ 5
Rose, D. ················ 230

S

Saint-Simon ················ 28
佐藤信夫 ················ 225
Schein, E. H. ······ 93, 182, 188
Schleiermacher, F. D. E.
················ 11, 94
Schouten, J. W. ················ 143
Schroeder, J. E. ················ 224
Schutz, A. ················ 91
Schwartz, H. ················ 159
Sebeok, T. A. ················ 53
瀬戸賢一 ················ 222
Shannon, C. E. ················ 177
Sherry Jr., J. F. ······ 96, 144, 157, 199, 201
清水博 ················ 177
Sköldberg, K. ········ 206, 209
Smith, P. K. ················ 223
Spradley, J. P. ········ 160, 168
Stamey, M. ················ 143
Stern, B. B. ······ 136, 142, 144
Stern, G. ················ 70
Strauss, A. L. ················ 6
Suerdem, A. ················ 141

T

Thompson, C. J. ······ 24, 40, 119, 122, 143, 147, 208
Tian, K. ················ 223
Turley, D. ················ 201
高橋秀明 ················ 230
堤清二 ················ 276

V

Venkatesh, A. ················ 137
Voss, K. E. ················ 199

W

Wallendorf, M. ···· 96, 122, 126
Weaver, W. ················ 177
Wertenbroch, K. ················ 200
Wilson, W. R. ················ 54

Z

Zajonc, R. B. ················ 54
Zaltman, G. ········ 236, 238

■著者略歴

武井　　寿（たけい　ひさし），博士（商学）早稲田大学
　　昭和29年　神奈川県生れ
　　昭和51年　早稲田大学商学部卒業
　　昭和51年　早稲田大学大学院商学研究科入学
　　昭和53年　同大学院修士課程修了
　　昭和56年　同大学院博士課程修了
　　昭和56年　大分大学経済学部専任講師
　　昭和58年　同大学助教授
　　平成元年　神奈川大学経営学部助教授
　　平成4年　同大学教授
　　平成5年　早稲田大学商学部助教授
　　平成7年　同大学教授，現在に至る
　　主要著作　『現代マーケティング・コミュニケーション』（白桃書房），『解釈的マーケティング研究』（白桃書房），『現代マーケティング』（共著，白桃書房），『マーケティング』（共著，白桃書房），『市場調査の理論と実際』（共著，白桃書房），『小売業のマーケティング』（共著，白桃書房），『マーケティング組織』（共著，誠文堂新光社），『新日本式経営』（共著，ダイヤモンド社），『最新マーケティング総論』（共著，実教出版），『現代マーケティング試論』（共著，実教出版），『マーケティングの最前線1，2』（共著，学文社），『新時代のマーケティング理論と戦略方向』（共著，ぎょうせい），その他論文多数

■意味解釈のマーケティング
　人間の学としての探究

■発行日──2015年1月26日　初版発行　　　　　　〈検印省略〉

■著　者──武井　寿
■発行者──大矢栄一郎
■発行所──株式会社　白桃書房
　　　　　〒101-0021　東京都千代田区外神田5-1-15
　　　　　☎03-3836-4781　℻03-3836-9570　振替00100-4-20192
　　　　　http://www.hakutou.co.jp/

■印刷・製本──シナノ
© Hisashi Takei 2015　Printed in Japan
ISBN 978-4-561-66209-9 C3063

本書のコピー，スキャン，デジタル化等の無断複製は著作権法上での例外を除き禁じられています。本書を代行業者等の第三者に依頼してスキャンやデジタル化することは，たとえ個人や家庭内の利用であっても著作権法上認められておりません。

JCOPY〈(社)出版者著作権管理機構　委託出版物〉
本書の無断複写は著作権法上での例外を除き禁じられています。複写される場合は，そのつど事前に，(社)出版者著作権管理機構（電話03-3513-6969，FAX 03-3513-6979，e-mail : info@jcopy.or.jp）の許諾を得てください。
落丁本・乱丁本はおとりかえいたします。

好 評 書

武井　寿著
現代マーケティング・コミュニケーション
本体 3100 円
　―基礎理論的研究―
マーケティング・コミュニケーションを共通経験の創造過程を中心に，態度変容，象徴交換，エモーションなどの研究課題を包摂し，最新の研究成果から学際的に分析することによって，「意味」のフロンティアを探究．

栗木　契著
リフレクティブ・フロー
本体 3300 円
　―マーケティング・コミュニケーション理論の新しい可能性―
マーケティングの諸活動における，様々な表現要素が果たしている役割を，リフレクティブ・フローという概念のもとで定式化．マーケティング・コミュニケーションの創発的な作動を捉える分析枠組みを提示する．

鈴木智子著
イノベーションの普及における正当化とフレーミングの役割
本体 3500 円
　―「自分へのご褒美」消費の事例から―
消費様式をイノベーションとして捉え，それらが新たな需要を生み出していることに注目．イノベーションには価値を普及させるプロセスとしての役割があることを，マーケティングとコミュニケーションの観点から解明．

嶋口充輝監修　川又啓子・余田拓郎・黒岩健一郎編著
マーケティング科学の方法論
本体 3200 円
マーケティングは「科学」といえるのだろうか．マーケティングの科学論争，マーケティング理論発見の方法論，マーケティング実践知の発見，という3つの視点から，この問題を問い直す．マーケティング研究者必読の書．

―――――― 東京　**白桃書房**　神田 ――――――

本広告の価格は本体価格です．別途消費税が加算されます．